Mrs Kristal ist 1993 in Hessen geboren und studierte Medien in Marburg. Sie veröffentlichte viele Jahre unter demselben Pseudonym auf Wattpad, ehe sie 2021 den Entschluss fasste als Autorin durchzustarten. 2022 unterschrieb sie ihre ersten Verlagsverträge und brachte erfolgreiche Sports Romance Reihen heraus.

MRS KRISTAL

BAY ROUGE LIONS
QUARTERBACK DEAL

Erstausgabe Oktober 2023

Copyright © 2023 dp Verlag, ein Imprint der
dp DIGITAL PUBLISHERS GmbH
Made in Stuttgart with ♥
Alle Rechte vorbehalten

Bay Rouge Lions - Quarterback Deal

ISBN 978-3-98778-702-7
E-Book-ISBN 978-3-98778-658-7
Hörbuch-ISBN 978-3-98778-661-7

Covergestaltung: Anne Gebhardt
Umschlaggestaltung: ARTC.ore Design
Unter Verwendung von Abbildungen von
shutterstock.com: © EFKS, © Igor Kireev
elements.envato.com: © JeksonJS
periodimages.com: © Maria Chronis, VJ Dunraven Productions
Lektorat: Barbara Rath
Satz: dp DIGITAL PUBLISHERS GmbH
Druck und Bindung: Books on Demand GmbH, Norderstedt

1. Kapitel - Taylor

Louisiana ist einer der heißesten Staaten in den USA. Ganzjährig sind Temperaturen bis zu zwanzig Grad und mehr zu erwarten. Außer vielleicht beim Jahreswechsel. Zwischen Weihnachten und Ende Januar sind es manchmal nur fünfzehn oder sechzehn Grad, aber welchen Unterschied macht das schon? Für mich keinen, denn ich finde die Hitze in Louisiana von Kindesbeinen an unerträglich. Warum konnten meine Eltern sich nicht in Wisconsin oder Illinois niederlassen? Ich glaube, das hätte mir besser gefallen. Oder ich hätte mich durchgesetzt und mich in einem kühleren Teil des Landes aufs College beworben. Es gibt so viele gute und renommierte Colleges für Kommunikation und Medien in den USA, dass ich nicht in der Stadt, in der ich geboren bin, auch noch studieren muss.

Doch dafür müssten meine Eltern ihr Denken komplett über Bord werfen und das werden sie nicht tun: Seit ich ein Teenager bin, kontrollieren sie mich übermäßig. Mit einer Ortungsapp auf meinem iPhone, Überwachungskameras um unser Haus. Dass ich ein College tausende Kilometer entfernt besuche, ist für sie nicht denkbar.

Meine Mom ist Anwältin und arbeitet am College als Dozentin der Rechtswissenschaften. Sie nimmt mich morgens oft mit zum Campus, obwohl ich einen Führerschein und ein Auto habe. Außerdem darf ich nur auf Partys, die vorher gecheckt wurden, und mit einer speziellen Ortungssoftware auf meinem Handy, die Alarm schlägt, wenn ich mich mehr als zwei Kilometer vom abgemachten Standort entferne. Meine beste Freundin Alice, mit der ich seit der Grundschule befreundet bin, behauptet, dass meine Eltern spinnen. Ja, vermutlich tun sie das, aber ich kann ihnen das nicht sagen und absichtlich ihre Angst um mich schüren. Ihre Sorge kommt nicht von ungefähr und ich möchte sie dieser nicht unnötig aussetzen.

»Taylor«, ruft meine Mom vom Fuß der Treppe unseres Hauses. »Kommst du? Wir müssen los.«

»Gleich, Mom«, antworte ich und greife nach meiner Tasche.

Mein Zimmer ist immer noch dasselbe wie vor drei Jahren, als ich ein Teenager war. Während Alice in einer coolen WG auf dem Campus lebt, bin ich nicht von zu Hause ausgezogen, was auch an den Verlustängsten meiner Eltern liegt. Nächstes Jahr werde ich in den USA volljährig und einen Vorstoß wagen, um dieses Haus zu verlassen. Mir reicht eine kleine Wohnung, gern auch in einem sicheren Viertel in einem Mietshaus mit Kameras. Aber sie müssen mich loslassen. Dass ich weiterhin zu Hause wohne und meine Eltern jeden meiner Schritte überwachen, erdrückt mich sonst irgendwann.

Mit meiner Tasche gehe ich die Treppe hinunter, wo meine Mutter bereits in der offenen Haustür wartet:

Clarence Smith sieht wie immer aus, wie aus dem Ei gepellt. Die dunkeln schulterlangen Haare perfekt mit der Rundbürste frisiert, der beige Hosenanzug schmeichelt ihrer Figur und betont ihre Autorität. Für mich ist sie nur ‹meine Mom›, aber ich weiß, dass sie als Dozentin nicht unbedingt zu denen gehört, die es mögen, wenn Fristen nicht eingehalten werden.

»Du siehst hübsch aus.« Mom schenkt mir ein Lächeln.

»Danke«, sage ich.

Ich trage ein hellblaues Blumenkleid, das mir bis zu den Knien geht und dessen Oberteil unterhalb der Brust gerafft ist. Der V-Ausschnitt betont mein Dekolleté, aber lässt nicht zu viel zu.

Gemeinsam verlassen wir das Haus und gehen zum Auto, um zum Campus zu fahren. Dieser liegt mit dem Wagen zwanzig Minuten entfernt. Mit dem Bus eine halbe Stunde. Für Partys und Treffen am Abend wohne ich definitiv nicht zentral genug.

»Wie viele Kurse hast du heute?«, fragt meine Mom und ich sehe zu ihr rüber.

»Nur drei, aber ich treffe mich danach mit Alice.«
»Wo?«

»Mom!«, seufze ich. »Sie geht zum Footballtraining für einen Artikel der Collegezeitung und ich begleite sie.«

»In Ordnung.« Sie klingt, als müsse sie mir erlauben, dass ich mich mit Alice treffe. »Ich kann dich mit nach Hause nehmen. Ich bin bis fünf da.«

»Das ist nicht nötig«, erkläre ich. »Danach gehen wir noch etwas essen und Alice fährt mich.«

»Bist du sicher?« Ihre Stimme nimmt sogleich diesen lauernd besorgten Ton an.

»Ja!« Ich greife nach ihrer Hand und drücke sie. »Mach dir keine Sorgen.«

»Du weißt doch, wie ich bin, Schatz.«

»Ja, ich weiß«, murmle ich. »Du musst dir wirklich keine Sorgen machen, wenn ich mit Alice unterwegs bin.«

»Natürlich nicht.«

Ich schenke ihr noch ein Lächeln, das sie erwidert, aber wirklich überzeugt ist sie nicht.

***

Ich setze mich auf einen freien Platz im Hörsaal und packe meine Sachen aus: Notizbuch, Stifte, MacBook und meine Wasserflasche. Alles lege ich fein säuberlich auf dem kleinen Tisch vor mir ab. Die Sitzreihen sind viel zu eng und der Platz auf den Tischen lässt auch zu wünschen übrig. Ich bevorzuge die Seminarräume um ein Vielfaches, denn dort gibt es normale Tische mit normalen Stühlen.

»Hey.« Alice lässt sich auf den Stuhl neben mir fallen und packt ihre Sachen ebenfalls aus. »Alles klar?«

»Sicher«, erwidere ich. »Und bei dir?«

»Natürlich«, sagt sie. »Bist du heute Nachmittag beim Training dabei?«

»Habe ich dir doch gesagt«, erwidere ich. »Worüber genau schreibst du deinen Artikel?«

»Dies und das …«. Sie zuckt unmotiviert mit den Schultern. »Ich denke, einen Vorbericht für das nächste Spiel.«

»Das klingt doch ... spannend?« Nein, das tut es nicht.

Alice weiß auch, dass es nicht spannend klingt. Darum wirft sie mir jetzt einen wissenden Blick zu: »Na gut. Es klingt nicht spannend, aber was ist schon spannend? Du weißt, dass ich diesen Job nur wegen Alex angenommen habe.«

Ich rolle mit den Augen. Alex Fitzgerald ist seit ein paar Wochen ihr neuer Lover. Als ihren festen Freund kann ich den Footballspieler nicht bezeichnen. Sie gehen lediglich miteinander ins Bett. Er ist Running Back bei den Bay Rouge Lions und im letzten Semester. Im Frühjahr wird er das College verlassen – und beten wir alle, dass ein Football-Club ihn nimmt und er dort sein Geld verdienen kann.

»Dann arbeitest du wohl nicht mehr lange für die Collegezeitschrift.«

»Hey.« Alice stößt mich an. »Sei nicht so, Tay! Du könntest dir auch einen Spieler klarmachen.«

»Auf gar keinen Fall«, erwidere ich lachend.

»Stimmt auch wieder ...«. Sie zuckt mit den Schultern. »Dein Leben wird besser überwacht als das des Präsidenten. Stell dir vor, der will in dein Höschen und deine Eltern können dich orten ... Gruselig!«

Ich verdrehe die Augen, aber im Grunde hat Alice nicht unrecht. Durch die Überwachung, die meine Eltern betreiben, ist es nicht leicht, Kerle zu halten. Es nervt sie, dass meine Eltern immer genau wissen, wo wir sind, oder vorher erfragen, wohin wir gehen. Dann bitten sie darum, den Ort nicht unplanmäßig zu wechseln. Mein Ex-Freund Jasper und ich haben uns letztes Jahr getrennt. Es ging freundschaftlich über die Bühne und wir verstehen uns immer noch gut, aber auch ihm war das Verhalten meiner Eltern ein Dorn im Auge.

»Würdest du dich nicht immer darüber lustig machen?«, frage ich. »Das ist nicht nett.«

»Nein.« Sie nickt. »Aber es ist die Wahrheit. Du wirst zwanzig.«

»Auch das weiß ich.«

»Gut«, meint Alice. »Ich wollte nur sichergehen, dass …«.

»Guten Morgen«, hallt die Stimme unseres Dozenten Professor Derksen durch den Hörsaal. »Ich hoffe, Sie sind alle physisch und psychisch in meiner Vorlesung angekommen und der Restalkohol des Wochenendes hat Ihre Körper verlassen.«

Ein Lachen geht durch die Reihen.

»Heute beschäftigen wir uns mit der Lehre des deutschen Soziologen Niklas Luhmann. Hat schon einmal jemand von ihm gehört?« Allgemeines Kopfschütteln. »Gut, denn nach dieser Stunde werden Sie …«.

Krachend fällt eine der großen Hörsaaltüren ins Schloss und alle Studenten drehen den Kopf herum. Wie sollte es anders sein schlendert Zack Wilson, Quarterback der Bay Rouge Lions, die Treppenstufen herunter, um sich zu seinen Kumpels in der Mitte des Hörsaals zu setzen. Nicht nur, dass er das gesamte Auditorium stört und die Vorlesung von Professor Derksen unterbricht. Zack beansprucht auch noch den Platz in der Mitte der Reihe, sodass fünfundzwanzig Kommilitonen aufstehen müssen.

»So ein Idiot«, flüstere ich Alice zu. »Wieso kommt er nicht pünktlich?«

»Er hatte Training, weil er beim letzten Spiel nicht seine Bestleistung gezeigt hat.«

»Du verteidigst ihn?« Fassungslos sehe ich sie an.

»Ja. Er ist der Star.«

»Aha.« Ich nicke ihr zu und richte meinen Blick wieder auf Zack, der es endlich geschafft hat, sich zu setzen. Aber nicht, bevor er eine theatralische Begrüßungsrunde mit seinen Freunden zelebriert hat.

»Mr. Wilson.« Professor Derksen ist angespannt. »Sie sind zu spät.« Er ruft etwas auf seinem iPad auf. »Das dritte Mal in der fünften Vorlesung. Haben Sie etwas zu Ihrer Verteidigung zu sagen.«

»Das Wasser in der Dusche wurde zu langsam warm.«

Natürlich hat Zack mit dieser Aussage die Lacher auf seiner Seite. Professor Derksen hebt die Hand, sodass alle verstummen.

»Mr. Wilson«, meint er. »Ich möchte Sie bitten, nach der Vorlesung zu mir nach vorn zu kommen.«

»Okay«, antwortet Zack unbeeindruckt.

»Prima«, murrt der Dozent. »Kommen wir zurück zu Niklas Luhmann.«

Ich versuche, mich auf die Worte von Professor Derksen zu konzentrieren, aber meine Gedanken wandern immer wieder zu Zack. Das ärgert mich. Er denkt sicherlich nicht an mich. Vermutlich weiß er nicht mal, dass ich existiere und einen Namen habe. Warum auch? Er ist der Star des Colleges. Als Starting-Quarterback auch innerhalb seiner Mannschaft. Wie kann ihm der Rest des Campus' nicht zu Füßen liegen? Er spielt verdammt gut Football!

Zack und seine Brüder Trevor und Cole sind die sportlichen Aushängeschilder des Bay Rouge Colleges.

Mittlerweile sind sie im zweiten Jahr, haben noch ein Jahr vor sich und werden dann zum NFL Draft gehen, um in die höchste Football-Liga der Welt zu gelangen.

Mit seinen kurzen blonden Haaren, den blaugrauen Augen und seinem einnehmenden Wesen ist Zack nicht umsonst ein absoluter Frauenschwarm. Außerdem soll er Charaktereigenschaften wie Cleverness und Humor besitzen. Ob das stimmt, kann ich nicht beurteilen. Mehr als ein ‹Hallo› und ‹Tschüss› in Gegenwart von Alice und Alex habe ich noch nie mit ihm gewechselt.

Das Besondere an den Wilson-Brüdern ist, dass sie Drillinge sind. Das muss man sich mal vorstellen! Ein Kind empfinde ich schon als eine Herausforderung, aber drei auf einmal? Wirklich hart für ihre Mutter! Zack und Trevor sind eineiige Zwillinge. Man kann sie auch nur unterscheiden, weil Trevor einen Bart trägt und Zack nicht. Cole dagegen hat dunkle Haare und Augen ...

»Vielen Dank für Ihre Aufmerksamkeit.«

Ich schrecke aus meinen Gedanken hoch, die sich eineinhalb Stunden darum gedreht haben, welchen Charakter Zack Wilson und seine Brüder wohl besitzen. Das kann doch nicht wahr sein! Meine Notizen bestehen aus dem Namen des Theoretikers, über den ich gar nichts weiß, und dem heutigen Datum. Große Klasse!

Genervt klappe ich mein MacBook zu.

»Das war langweilig«, meint Alice.

»Hm.«

»Du hast überhaupt nicht zugehört, oder?« Amüsiert funkelt sie mich an.

»Doch ... Sicher«, rede ich mich aus. »Ich kann schließlich auch mal etwas langweilig finden.«

»Stimmt«, meint Alice. »Was bereitest du bis nächste Woche vor?«

»Hä?« Hitze steigt in mir auf und ich sehe Alice mit großen Augen an. Es gab eine Aufgabe für zu Hause und ich habe sie nicht mitbekommen! Das ist mir noch nie passiert.

»Wir sollen Zweiergruppen bilden und Luhmanns Theorie an verschiedenen Beispielen verschriftlichen. Bis zum Semesterende jede Woche eine Ausarbeitung ...«.

»Oh!«

»... und diese werden per Zufallslos vorgetragen«, vollendet meine beste Freundin die Aufgabenstellung.

»Ich habe wohl doch nicht zugehört«, räume ich ein. »Welche nehmen wir?«

»Tay, es gibt nur eine Systemtheorie, die wir unter verschiedenen Aspekten analysieren müssen.«

»Oh ... Ach ja.« Verlegen sehe ich sie an. »Tut mir leid.«

»Wo warst du denn mit deinen Gedanken?«, schimpft sie, als wir aufstehen und unsere Sachen packen. Nach und nach leert sich der Hörsaal.

»Nicht bei Luhmann«, erwidere ich grinsend.

»Das habe ich ...«.

»Ms. Smith!«, ruft Professor Derksen und ich habe für eine Sekunde die Hoffnung, dass es hier noch eine andere Ms. Smith gibt, aber dem ist nicht so.

»Ja?«, erwidere ich zögerlich und hebe die Hand. »Ich bin hier.«

»Bitte kommen Sie zu mir vor.«

Ich soll …? Wieso das denn? Ja, ich habe nicht zugehört heute und ja, das tut man nicht, aber ich musste noch nie zu einem Dozenten nach vorne kommen nach einer Vorlesung. Panisch sehe ich Alice an. Meine beste Freundin zuckt mit den Schultern.

»Hals- und Beinbruch«, kichert sie und verschwindet aus dem Hörsaal.

Schöne Scheiße.

Ich schultere meine Tasche und gehe die Stufen hinunter bis zu Professor Derksen. Als ich einen Blick durch den Hörsaal werfe, fällt mir auf, dass bis auf Zack und mich alle Studenten gegangen sind. Er lehnt in einiger Entfernung gelangweilt an der Sitzlehne eines Stuhls und spielt auf seinem iPhone herum. Ich wäre gern auch so gechillt und mir wäre alles egal, was passiert. Wenn ich solch ein sportliches Talent hätte wie er und mir eine Millionen-Dollar-Zukunft bevorstünde, solange ich mich nicht verletzte, wäre ich vermutlich ebenso gelassen.

»Hier bin ich«, sage ich zuversichtlich zu Professor Derksen.

»Sehr schön, Ms. Smith«, meint er und lächelt mich an. »Ich habe eine Bitte oder vielmehr ein Anliegen.«

»Ach … ja?« Das klingt schon mal nicht nach einer Maßregelung.

»Ihr Kommilitone Mr. Wilson …«, er zeigt auf Zack, der nicht mal mit der Wimper zuckt, als er seinen Namen nennt, »… hat ein paar Probleme in seinen Kursen.«

»Aha.«

»Genauer gesagt so enorme Probleme, dass ich es melden muss.«

»Oh.«

»Ms. Smith ... Sie sind meine beste und zuverlässigste Studentin.«

»Da ... danke, Professor Derksen.«

»Und ich möchte Sie bitten, Mr. Wilson dieses Semester als Ihren Projektpartner zu nehmen.«

Mir fällt alles aus dem Gesicht, mein Mund öffnet sich, um etwas zu sagen, aber schlussendlich kommt kein Ton hervor. Ich soll mit Zack Wilson Projektarbeit leisten über das gesamte Semester? Ich meine, bis Februar? Das ist ein Ding der Unmöglichkeit.

»Natürlich müssen Sie das nicht umsonst tun, Ms. Smith«, bietet Professor Derksen mir sofort an.

»Nicht ... umsonst?«, hake ich nach und ziehe skeptisch die Augenbrauen zusammen.

»Ich weiß, dass ich viel von Ihnen verlange, aber ich biete Ihnen auch etwas.«

»Und ... Und was?«, stammle ich.

»Wie Sie wissen, pflegen wir seit Jahrzehnten eine Austauschpartnerschaft mit der Oxford University in England.«

Natürlich weiß ich das. Eine der renommiertesten und ältesten Universitäten Englands. Es ist mein Traum, eines Tages dort zu studieren.

»Ja?«, frage ich und trete nervös von einem Fuß auf den anderen.

»Ich schlage Sie für das nächste Wintersemester vor und verfasse das nötige Empfehlungsschreiben, ohne dass sie dafür eine zusätzliche Leistung abliefern müssen ...«, bietet er mir an, »... wenn Sie Wilson auf Kurs bringen.«

Ich öffne den Mund und schließe ihn wieder. Es wäre unglaublich, wenn er das tun würde. Meine Noten sind gut, sehr gut sogar, aber die Empfehlung von einem Dozenten fehlt mir noch, um zum Bewerbungsverfahren zugelassen zu werden. Professor Derksens Angebot klingt wie der Himmel auf Erden.

»Bis Februar?«, frage ich nach dem Zeitplan, um zu wissen, wie lange ich Zack an der Backe haben werde.

»Wilson muss das Semester mindestens mit einer Drei abschließen oder besser.«

»Das kriege ich hin«, antworte ich zuversichtlich, obwohl ich keine Ahnung habe, wie ich einem ignoranten Footballspieler, der nichts anderes als seinen Sport im Kopf hat, beibringen soll, dass er mit mir lernen muss.

»Dann haben wir einen Deal, Ms. Smith?«

Er hält mir die Hand hin und ich schlage, ohne zu zögern, ein.

2. Kapitel - Zack

Es gibt Dinge in meinem Leben, die sind mir egal. Dazu gehört auch diese todlangweilige Vorlesung von Professor Derksen, die ich nur besuche, weil in Pflichtveranstaltungen Fehltage gezählt werden. Ich habe keine Ahnung, worum es hier geht und was mir das für meinen Lebensweg bringen soll. Noch dazu ist der Dozent so unglaublich langweilig, dass ich jedes Mal fast einschlafe. Obwohl: Ein Nickerchen nach einem anstrengenden Frühtraining am Montagmorgen ist ja nicht verkehrt. Mal ehrlich: Ich gehe zum College, weil es nun mal der Weg ist, um in die NFL zu kommen. Nichts anderes ist seit der Junior-High mein Ziel. Ich will in die beste Football-Liga der Welt. Was interessiert mich eine blöde Vorlesung über einen saulangweiligen deutschen Theoretiker, wenn ich auf dem Platz stehen kann und Bälle werfe? Glaubt irgendwer, dass ich kurz vor dem Snap noch mal über diese Theorien nachdenke? Das ist totaler Bullshit und ich weiß auch nicht, wie ich so blöd sein konnte, mich von Trevor überreden zu lassen, eine Vorlesung Montagmorgen um zehn zu belegen. Dass Derksen mich sprechen möchte, ist nun mal so, aber Coach Peters wird schon nicht zulassen, dass mir jemand ans

Bein pisst und meine Noten wirklich ein Thema werden.

Ich bin Zack Wilson, der Quarterback der Bay Rouge Lions und der *fucking* Superstar dieser Institution.

Ich werfe einen Blick auf Professor Derksen und die junge Frau, die bei ihm steht. Ich habe sie schon ein paar Mal beim Training auf der Tribüne sitzen sehen. Ihre Freundin Alice ist die aktuelle Flamme von unserem Running Back Alex Fitzgerald. Sie begleitet sie oft. Allerdings kann ich mich nicht an ihren Namen erinnern. Oder doch ... Tony heißt sie. Ihre Mutter ist Dr. Smith. Sie lehrt Jura. Tony ist hübsch. Ihre langen braunen Haare fallen in weichen Wellen über ihren Rücken. Sie ist kaum geschminkt, was ihre Natürlichkeit unterstreicht. Auch das hellblaue Kleid, das sie trägt, ist süß. Aber süß ist nicht unbedingt das, worauf ich stehe. Vielmehr auf heiß und sexy.

Tony ist nicht gerade heiß und sexy.

Sie unterhält sich angetan mit Professor Derksen. Zwischendurch werden ihre Augen groß und sie lächelt breit. Dann plötzlich schlägt sie bei ihm ein und schüttelt seine Hand. Na endlich, das ist hoffentlich das Ende ihres Gesprächs und ich kann mit ihm reden. Ich habe heute echt noch mehr vor!

»Mr. Wilson«, ruft er nach mir. »Bitte kommen Sie zu uns.«

Hat er ... *uns* gesagt? *Uns* wie ... er und Tony? Offenbar, denn sie bleibt weiterhin neben ihm stehen. Die Lippen zusammengepresst starrt sie mich an. Ich nehme zwei Stufen auf einmal, sodass ich binnen weniger Sekunden vor ihnen ankomme.

»Sie wollten mit mir sprechen, Professor Derksen?«, frage ich.

»Das wollte ich«, nickt er. »Sie beiden sind einander bekannt?«

»Wir ...«, eröffnet Tony das Gespräch, aber ich würge sie sofort ab. Mir fehlt die Zeit für eine schmachtende Studentin.

»Wir kennen uns flüchtig«, antworte ich und ein Grinsen erscheint auf dem Gesicht des Professors.

»Wunderbar«, meint er. »Ms. Smith wird dieses Semester Ihre Projektpartnerin sein, Mr. Wilson.«

Ich schaue Derksen einen Moment an und warte darauf, dass er lacht, aber das tut er nicht. Seine Miene ist bitterernst. Schnell schaue ich noch einmal zu Tony in der Hoffnung, dass sie die Situation auflöst, aber ihre Lippen sind weiterhin verschlossen.

»Sie soll meine ...«, ich suche nach den richtigen Worten, »... Projektpartnerin sein für das Semester?«

»Ganz genau.« Stolz sieht er mich an.

»Und wie soll das funktionieren?«, frage ich. »Ich arbeite mit Trevor zusammen.« Ich will keine neue Projektpartnerin. Mein Bruder und ich arbeiten immer zusammen. Schon seit Kindertagen sind wir ein Team.

»Dieses Semester nicht, Mr. Wilson«, entscheidet Professor Derksen. »Wer ist Ihre Partnerin, Ms. Smith?«

»Alice Westwood.«

»Ms. Westwood arbeitet mit Mr. Wilson zusammen ... dem anderen Mr. Wilson.«

Zumindest diese Nachricht lässt Tony nach Luft schnappen. Das wurde aber auch mal Zeit, dass sie eine

Reaktion zeigt. Das ist doch das größte Schmierentheater aller Zeiten!

»Aber ...«, protestiere ich, doch der Dozent fällt mir sofort ins Wort.

»Es ist bereits entschieden, Mr. Wilson«, sagt er. »Ms. Smith wird sie ausgezeichnet durch das Semester bringen und ...«.

»Das ist mir völlig egal«, unterbreche ich ihn. »Ich arbeite mit meinem Bruder zusammen. Wie stellen Sie sich das eigentlich vor bei unserem straffen Zeitplan?«

Tony schnappt nach Luft, als wäre sie tatsächlich überrascht, welchen Ton ich an den Tag lege. Leider zwingt mich Derksen aber dazu. Sein Vorschlag ist komplett bescheuert und dermaßen wenig durchdacht, dass ich glaube, ich drehe gleich durch. Mein ganzes Leben am College ist nach dem Trainingsplan und den Spielen ausgerichtet. Trevor hat denselben Plan. Das funktioniert perfekt so. Wieso will Derksen plötzlich, dass ich mit Tony zusammenarbeite? Ja, ich bin nicht gut in seinem Kurs und ja, ich komme immer mal zu spät. Das ist aber noch lange kein Grund, mich so auszubooten.

»Die Frage ist nicht, wie ich mir das vorstelle, Mr. Wilson«, erwidert er. »Die Frage ist, wie Sie sich Ihre Zukunft vorstellen, wenn ich gezwungen bin, Ihre unterirdischen Leistungen in meinem Kurs zu melden.«

Die Regeln am College besagen, dass, wenn die Noten der Sportler nicht stimmen, die Dozenten dies melden müssen. Aber bisher dachte ich immer, das kommt in der Praxis nicht mehr vor. Außerdem wird niemand so saublöd sein, mich vom Training und den Spielen zu suspendieren. Ich bin der Star der Mannschaft.

»Das können Sie nicht machen«, verteidige ich mich wenig eloquent, was auch Tony auffällt, denn sie rollt mit den Augen.

»Ich sage es noch einmal«, meint Professor Derksen, »es geht nicht darum, was ich machen kann, sondern, was ich machen muss. Ich muss Sie melden, weil ich sonst meinen eigenen Job und Ruf gefährde.«

»Hm.« Ich stemme die Hände in die Hüften. »Und der Deal ist, dass ich mit Tony zusammenarbeiten muss?«

»Wer ist denn Tony?«, fragt sie plötzlich und sieht mich scharf an.

»Na du, wer sonst?«, entgegne ich genervt.

»Mein Name ist nicht Tony«, berichtigt sie mich.

»Wie auch immer ...«. Ich blende sie aus und sehe wieder Derksen an. »Ich muss mit Tony oder ... wie auch immer sie heißt, dieses Semester zusammenarbeiten und im Gegenzug verpfeifen Sie mich nicht?«

»Wenn Sie es so zusammenfassen wollen ... Ja.«

Sein genervtes Augenrollen entgeht mir nicht.

»Okay«, sage ich. »Dann machen wir das so. Kann ich gehen?«

Professor Derksen sieht mich überrascht an, dass ich nicht noch weiter diskutieren will.

»Natürlich«, meint er. »Sie beide sollten Telefonnummern austauschen und sich auf nächste Woche vorbereiten. Sie werden die erste Ausarbeitung vortragen.«

»Okay«, stimme ich auch diesmal zu. Bloß weg hier. »Bis nächste Woche.«

Dann drehe ich mich um und lasse Tony stehen. Es ist mir echt scheißegal, was sie bis nächste Woche auf die Beine stellt. Ich bin anwesend, lausche ihren klugen Worten und bekomme mein Fleißsternchen. Ich jogge die Stufen des Hörsaals nach oben, als ich eine helle Stimme hinter mir vernehme.

»Zack!«, ruft sie. »Warte bitte.«

Ich bleibe stehen und drehe mich herum. Tony holt schwer atmend zu mir auf und sieht mich genervt an.

»Wir sollten Nummern tauschen und … uns verabreden für morgen oder übermorgen.«

»Ich habe keine Zeit«, sage ich und gehe weiter.

»Wie meinst du das?«, will sie wissen. »Jetzt bleib gefälligst stehen!«

Ihre Stimme ist überraschend laut und ausdrucksvoll, sodass ich tatsächlich anhalte.

»Danke«, sagt sie und sucht meinen Blick. »Ich kann verstehen, dass du keine Lust darauf hast, mit mir zusammenzuarbeiten. Ich kann mir auch Schöneres vorstellen, aber wir haben keine andere Wahl.«

»Hör zu«, entgegne ich und checke noch mal, ob Derksen den Hörsaal verlassen hat. »Wie ich bereits sagte, ist meine Zeit sehr begrenzt. Ich muss viel trainieren und darf sie nicht für so was Unsinniges wie eine Projektarbeit verschwenden.«

»Aber …«.

»Wie wäre es, wenn du alles vorbereitest, mir am Sonntagabend ein Skript mailst, und dann wird das ein Selbstläufer. An meine Mailadresse des Colleges Z Punkt Wilson @ BR minus College Punkt com.«

»Du nimmst mich auf den Arm, oder?«, fragt sie nun. »Das ist eine Partnerarbeit, Zack. Du musst aktiv mitmachen, sonst bist du am Arsch.«

»Bin ich nicht.«

»Bist du wohl«, erwidert sie energisch. »Hast du Professor Derksen nicht zugehört?«

»Doch, habe ich.« Grinsend sehe ich sie an. »Er sagte, dass wir Montag etwas vortragen müssen. Wie das entstehen soll, hat er nicht gesagt.«

»Gott!« Sie wirft den Kopf in den Nacken. »Womit habe ich das nur verdient?«

»Du hättest ablehnen können«, schlage ich vor und ihr Kopf schießt nach oben. Ihre Augen funkeln mich wütend an und ich muss zugeben, dass das tatsächlich sexy auf mich wirkt. Sehr sexy sogar.

»Das glaubst du doch selbst nicht, oder?« Sie schüttelt den Kopf. »Was frage ich dich eigentlich? Du glaubst ja, dass du mit dem Verhalten weiterhin durchkommst.«

»Tony ...«, sage ich.

»Wer, zur Hölle, ist Tony?«, keift sie mich an.

»Na du.«

»Mein Name ist nicht Tony, das wollte ich dir eben schon erklären«, zischt sie. »Aber weißt du, was? Mach, was du willst. Ich brauche diesen Kurs nicht, um das Semester zu bestehen. Wahrscheinlich lasse ich ihn am Ende auch komplett streichen, sodass er mir meinen Notendurchschnitt nicht versaut. Für dich geht es um alles, aber das scheinst du nicht zu kapieren, solange es nichts mit einem eiförmigen Ball zu tun hat.«

Dann rempelt sie mich, aber so richtig, an der Schulter an und verlässt den Hörsaal, dessen Tür sie noch hinter sich zuknallt.

Tony ist heiß, wenn sie sauer ist.

***

Cole hat sich auch Stunden später in unserem Stammdiner noch nicht eingekriegt, dass Professor Derksen mir Tony als Wachhund an die Seite gestellt hat.

»Und dann auch noch die Tochter von Dr. Smith«, freut er sich erneut. »Du sitzt echt in der Scheiße!«

»Ich sitze nicht ...«, wiederhole ich mich und schüttle den Kopf. »Ich habe Tony klargemacht, dass ich keine Zeit habe.«

Meine Brüder tauschen einen Blick.

»Und was hat sie geantwortet?«

»Nach anfänglichem Motzen hat sie eingesehen, dass sie das allein stemmen muss und mir nur das Skript mailt mit den Passagen, die ich vortrage.«

»Du verarschst uns?«, fragt Trevor. »Das wird sie niemals machen.«

»Wenn ich es euch doch sage«, erwidere ich und sehe meine Brüder an.

»Wie genau hat sie sich ausgedrückt?«, fragt Trevor.

»Sie hat gemeint, dass ich machen soll, was ich will und sie diesen Kurs am Ende nicht nötig hat.«

»Ah ...«, machen meine Brüder im Chor.

»Was ist denn jetzt wieder?« Genervt lehne ich mich zurück und beiße in meinen kalorienarmen Burger, der wie Pappe schmeckt, wohlgemerkt.

»Warum sollte sie das tun?«, mischt Cole sich wieder ein. »Du hast sie nicht wirklich auf deiner Seite, Zack. Und wie sie selbst festgestellt hat, sie hat die Note nicht nötig. Sie könnte dich bei Derksen anschwärzen und dann ...«.

»Das traut sie sich nicht«, zische ich. »Dafür wird sie diesen Kurs viel zu sehr mit Eins bestehen wollen. Im Grunde bin ich nur Ballast für ihre Note. Da es eine Partnerarbeit ist, werden wir auch als Partner bewertet.«

»Nein«, entgegnet Trevor.

Mein Kopf fährt herum und mein Puls beschleunigt sich. Hat er gerade ‹Nein› gesagt? Schweiß bricht auf meiner Stirn aus und ich sehe meinen Bruder entgeistert an.

»Wie ... Nein?«, erwidere ich.

»Wenn du Derksen mal fünf Minuten zugehört hättest, als es wichtig war, und nicht gepennt hättest oder ein Fick-Date mit Chelsea ausgemacht ...«.

Ich rolle mit den Augen.

»... wüsstest du, dass wir zwar Partnerarbeit machen, aber die Beteiligten unterschiedlich bewertet werden.«

»Das ...«, ich suche nach den passenden Worten, »... ist richtig scheiße.«

Cole grinst dreckig und steckt sich eine Pommes in den Mund. Trevors Blick ist auch nicht besser. Panik macht sich in mir breit. Tony wird das alles wissen und genau deswegen auch ihren Teil der Arbeit sauber erledigen. So eine verdammte Scheiße, das kann doch wohl nicht wahr sein! Und ich Idiot habe nicht mal ihre Nummer, um sie anzurufen und zu klären, wann wir uns treffen!

»Was mache ich denn jetzt?«, frage ich angsterfüllt und sehe zwischen Trevor und Cole hin und her.

»Na ja ...«. Trevor schmunzelt. »Zunächst einmal solltest du ihren Namen lernen.«

Cole lacht schadenfroh und isst genüsslich weiter. Genervt ziehe ich ihm die Pommes weg. »Hör auf zu essen und hilf mir«, fordere ich ihn auf. »Und was ist denn mit ihrem Namen?«

»Sie heißt nicht Tony«, verkündet Trevor.

Dunkel erinnere ich mich daran, dass sie mir etwas Ähnliches heute Morgen auch gesagt hat. »Ach, und wie heißt sie?«, frage ich.

»Ihr Name ist Taylor«, korrigiert Trevor mich. »Was du auch wüsstest, wenn du zuhören würdest, Zack.«

»Sie hat mir ihren Namen nicht genannt«, entgegne ich patzig.

»Es ist egal, wie sie heißt«, bekräftigt Cole. »Taylor, Tony, Tania. Das Problem ist, dass du keine Adresse von ihr hast, keine Nummer und auch keine anderen Kontaktdaten.«

»Hm«, stelle ich fest und verschränke die Arme vor der Brust.

»Man könnte manchmal meinen, dass du der Jüngste von uns dreien bist«, stöhnt Trevor genervt. »Jetzt hör auf, dich wie ein Kind zu verhalten, und überleg dir was, Zack. Deine Karriere steht hier vielleicht auf der Kippe und es geht mir gerade echt auf die Nerven, dass ich mit dir rede, als lägen zwischen uns sechs Jahre und nicht sechs Minuten.«

Betreten sehe ich meinen Bruder an und nicke. Sie haben doch recht, beide. Ich muss mit Tony – ich meine Taylor – reden und mich bei ihr entschuldigen.

Dann muss ich sie überzeugen, dass ich mit möglichst wenig Aufwand eine möglichst gute Note bekomme.

3. Kapitel - Taylor

Den verbliebenen Tag rege ich mich über Zacks Verhalten auf.

Wie unverschämt kann eine einzige Person sein? Nicht nur, dass er glaubt, dass ich allein den aktiven Teil in einer Partnerarbeit übernehme, er kennt nicht mal meinen Namen und nennt mich *Tony*. Immerhin ist das ein Name mit T und Tony und Taylor haben wenigstens ein bisschen Ähnlichkeit. Aber trotzdem ist es unverschämt.

Er muss doch wissen, dass es seine letzte Chance bedeutet, wenn Professor Derksen mich beauftragt, seine Projektpartnerin für dieses Semester zu sein. Für ihn steht nicht nur die Abschlussnote für dieses Modul auf dem Spiel, sondern vielleicht auch seine komplette berufliche Zukunft. Mr. Wilson fühlt sich seiner Sache so sicher, weil für ihn noch nie etwas Konsequenzen hatte.

Egal, wie lange ich mich über ihn aufrege, das ändert nichts daran, dass ich die Vorlesung von heute Morgen auch nacharbeiten muss. Alice hat mir ihre Notizen gegeben, die ich mir inzwischen abgeschrieben habe. Jetzt überlege ich mir, wie ich die Theorie von Luhmann an einem Beispiel festmache. Dazu gab es zum Download Texte von Professor Derksen. Ich habe zu Zack gesagt, dass ich auf die Note in der Vorlesung scheiße und sie von meinem Notenspiegel streichen lasse, aber die Wahrheit ist, dass ich das nicht mit mir vereinbaren kann. Zack darf das jedoch nicht erfahren. Ich will ihn schmoren lassen, auch wenn er wahrscheinlich nicht schmoren wird. Ihm ist es egal, dass seine gesamte Zukunft auf der Kippe steht.

Ich rufe in meinem Browser die Internetseite des Colleges auf, und melde mich mit meinen Log-in-Daten an. Auf meiner Startseite wird mir neben meinem Stundenplan für diese Woche auch mein Postfach angezeigt. Alice wollte mir noch weitere Mitschriften schicken.

Neben der Mail von Alice habe ich auch eine von Zack. Ich schließe die Augen, weil ich es nicht glauben kann, und öffne sie wieder. Doch die Mail bleibt in meinem Postfach.

Was will er denn jetzt von mir? Hoffentlich reumütig zu Kreuzen kriechen und mich um Verzeihung bitten. Vor allem, weil er mich Tony genannt hat. Was ist das für ein Name? Wie kommt er darauf?

Mutig öffne ich die Mail:

Von: Zachary Wilson (z.wilson@br-college.com)

An: Taylor Smith (t.smith@br-college.com)

Betreff: Partner?

Hallo Taylor,

zuerst einmal entschuldige bitte, dass ich dich Tony genannt habe. Ich war mir sicher, dass dies dein Name ist. Das kommt nicht wieder vor.
Können wir uns morgen Mittag gegen halb eins in der Bibliothek auf dem neuen Campus treffen? Ich habe danach noch Training, das würde mir einen Weg ersparen und wir haben mehr Zeit.
Zack

Ich lese die Mail dreimal, um zu begreifen, dass er sich bei mir entschuldigt für den falschen Namen und dieses Semester mein Projektpartner bleiben will. Wobei er nur schreibt, dass er mich treffen möchte. Davon, dass er aktiv etwas beiträgt, ist nicht die Rede. Das wäre auch zu viel verlangt.

Von: Taylor Smith (t.smith@br-college.com)

An: Zachary Wilson (z.wilson@br-college.com)

Betreff: AW: Partner?

Hallo Zack,
Wir können uns morgen treffen.
Taylor

Ohne weiter auf seine Entschuldigung einzugehen, schicke ich die Mail ab.

Dann öffne ich die Mail von Alice und lade mir die fehlenden Unterlagen herunter, die sie mir noch geschickt hat, um eine Zusammenfassung zu schreiben, sodass ich morgen bei dem Treffen mit Zack zumindest ein bisschen vorbereitet bin. Zu meiner Überraschung ploppt das E-Mail-Postfach wieder auf und zeigt mir an, dass ich eine neue Mail bekommen habe.

Wieder von Zack.

Mein Puls beschleunigt sich und ich öffne sie:

Von: Zachary Wilson (z.wilson@br-college.com)

An: Taylor Smith (t.smith@br-college.com)

Betreff: AW: AW: Partner?

Hallo,
super, ich bin da.
Im Anhang schicke ich dir die Unterlagen von meinem Bruder. Du kannst sie mit deinen vergleichen. Vielleicht findest du schon einen Ansatz. Ich habe diesmal nicht mitgeschrieben.
Meine Nummer: +1 888 987654
Zack

Ich öffne den Anhang der Mail und schaue mir Trevors Aufzeichnungen an. Sie decken sich mit denen, die Alice hatte. Das bedeutet aber auch, dass sie mich nicht weiterbringen. Ich antworte Zack erneut auf seine Mail.

Von: Taylor Smith (t.smith@br-college.com)

An: Zachary Wilson (z.wilson@br-college.com)

Betreff: Danke

Hallo,
Danke für deine Nummer und die Unterlagen. Ich habe noch keine Idee, aber wir überlegen uns morgen zusammen etwas.
Taylor

Ich sende die Mail ab und greife nach meinem iPhone.

Taylor: Zack hat mir eine Mail geschrieben und sich entschuldigt. Wir treffen uns morgen!!!

Alice: OMG!!!

Alice: Kopiere mir die Mail!!!

Ich rolle mit den Augen, weil das typisch Alice ist, und öffne die College-App auf meinem iPhone, um Zacks Mail dort aufzurufen. Ich kopiere den Text und schicke ihn meiner besten Freundin. Witzig finde ich, dass der Server des Colleges so sicher ist, dass er nicht mal einen Kopierschutz im Mailprogramm besitzt.

Alice: Ich kann nicht glauben, dass er sich entschuldigt, Tony ????

Taylor: Ich auch nicht

Alice: Vielleicht bin ich morgen auch zufällig in der Bibliothek, wenn ihr euch trefft. Das wird heiß ...

Taylor: Wir machen eine Projektarbeit!

Alice: Egal! Hat er noch mehr geschrieben?

Taylor: Er hat mir seine Nummer gegeben für eine bessere Absprache.

Alice: Du hast Zacks Handynummer? OMG!!!

Taylor: Du spinnst. Zack ist nur nett zu mir, weil er endlich kapiert hat, dass ich seine einzige Chance bin, das Semester zu schaffen.
Alice: Hast du ihn schon angeschrieben?

Taylor: Natürlich nicht und das werde ich auch nicht.

Alice: Wieso?

Taylor: Das vertiefen wir nicht weiter ...

Ich lege mein iPhone beiseite und schaue wieder auf meinen MacBook-Bildschirm, der mir erneut eine Mail anzeigt. Sie muss von Zack sein. Ich öffne den Posteingang und ja, sie ist von ihm:

Von: Zachary Wilson (z.wilson@br-college.com)

An: Taylor Smith (t.smith@br-college.com)

Betreff: AW: Danke

Schreib mir bitte mal. Dann habe ich deine Nummer auch.
Zack

Mein Herzschlag beschleunigt sich und ich scrolle nach oben zu der Nachricht, in der seine Nummer steht. Dann greife nach meinem iPhone und speichere sie mir ein. Den rasenden Herzschlag ignorierend öffne ich seinen Chat in meinen Nachrichten und tippe.

Hallo

Etwas mehr Informationen hätte ich ihm geben können, aber etwas in mir sträubt sich noch immer dagegen. Noch dazu wird ihm klar sein, dass das meine Nummer ist.

Zack: Tony?

Ich verdrehe die Augen.

Taylor: Ich dachte, du wüsstest, dass das nicht mein Name ist.

Zack: Sieh es als Spitznamen.

Taylor: Tony ist doch kein Spitzname für Taylor.

Zack: Klar.

Taylor: Du spinnst.

Zack: Was muss ich morgen mitbringen?

Er wechselt einfach so das Thema, ohne darauf einzugehen, dass ich weder mit Vornamen noch als Spitzname von ihm ‹Tony› genannt werden möchte. Der Kerl ist so unverschämt!

Taylor: Deinen Laptop oder Tablet, deine Notizen, Stift und Zettel.

Zack: Okay. Hast du schon eine Idee?
Taylor: Nein.

Zack: Das ist schlecht, weil wir schneller fertig sind, wenn du eine hast.

Sagte ich bereits, dass er unverschämt ist?
Ich glaube schon, ja. Ich mache das nicht unter der Voraussetzung, dass er nur physisch anwesend ist, um am Ende nicht von Professor Derksen angeschwärzt zu werden.

Taylor: Noch mal für dich zum Mitschreiben: Ich mache das nicht allein, Zack. Wir sind ein Team. Als Footballer solltest du wissen, wie wichtig Teamwork ist, wenn man gemeinsam in die Endzone will. Der Touchdown wird deine Note sein.

Zack: Wie philosophisch. Magst du Football?

Taylor: Was glaubst du denn?

Ich lehne mich zurück und habe allmählich Spaß an der Unterhaltung.

Zack: Du weißt, was ein Touchdown sowie dass es ein Teamsport ist und die Endzone kennst du auch. Das ist doch schon recht viel.

Taylor: Glaubst du, ich mag Football nicht?

Zack: Ich habe dich noch nie bei einem Spiel gesehen. Darum dachte ich, dass es dich nicht interessiert.

Taylor: Hättest du mich überhaupt wahrgenommen im Stadion?
Zack: Punkt für dich. Oft sehe ich nicht mal meine Freunde, wenn es richtig voll ist. Also: Magst du Football?

Taylor: Ein bisschen.

Ich mag Football, aber das sage ich ihm nicht. Das Einzige, was ich nicht mag, ist das, was der Sport charakterlich aus den Spielern macht. Zack ist arrogant und nimmt sich Vieles heraus, was andere Studenten sich niemals erlauben dürften. Ja, gut, einmal darf das vielleicht jeder, aber eine zweite Chance gibt es für Normalsterbliche nicht. Für ihn schon, weil er der Quarterback der Bay Rouge Lions ist. Er kommt ständig zu Veranstaltungen zu spät, schreibt unterirdische Tests, denen nicht nachgegangen wird, und gibt den Dozenten oft so flapsige Antworten, dass andere eine Sechs dafür eingetragen bekämen.

Zack: Du könntest am Wochenende zu unserem Heimspiel gegen Louisiana State kommen. Hast du Lust?

Überrascht schaue ich auf den Bildschirm und weiß nicht, was ich antworten soll. Das Spiel ist seit Wochen ausverkauft. Dass Zack Karten bekommt, sollte mich nicht wundern, aber dass er sie für mich opfern will, schon. Er kennt mich nicht mal richtig.

›*Er will dich kennenlernen*‹, sagt das Engelchen auf meiner Schulter.

Taylor: Warten wir morgen ab.
Zack: Ich benehme mich.

Ich lache laut auf.

Taylor: So wie heute früh?

Zack: Ich verspreche es, Tony (Das ist ein liebevoller Spitzname.).

Shit, wenn er so weitermacht, kann ich ›humorvoll‹ wirklich zu seinen Charaktereigenschaften zählen und das möchte ich nicht. Humor ist eine positive Eigenschaft, die nicht jeder hat.

Taylor: Gute Nacht, Zack

Zack: Es ist nicht mal neun?

Das stimmt, aber ich beende unser Gespräch jetzt.

Taylor: Ich gehe nun mal zeitig ins Bett. Morgen ist ein langer Tag.

Zack: Okay. Gute Nacht, Tony!

Ich schüttle lächelnd den Kopf und lege mein iPhone beiseite.

Was für eine verrückte Unterhaltung mit Zack Wilson!

Und dann, ganz langsam dämmert mir, was geschehen ist.

Ich, Taylor Smith, habe mit Zack Wilson, dem begehrtesten Typen auf dem College geschrieben.

OMG.

Ich hoffe, ich höre schnell wieder damit auf, mich seinetwegen hysterisch zu benehmen. Das ist peinlich.

4. Kapitel - Taylor

»Ich kann nicht glauben, dass du dich mit Zack triffst.«

Alice krallt ihre spitzen rot lackierten Fingernägel in meinen Oberarm, was mich zischen lässt. »Das tut weh, Alice«, murre ich und schüttle sie ab. »Lass das!«

»Sorry.« Sie lässt meinen Arm sofort los. »Ich will dich nicht beschädigen, bevor du ihn triffst.« Der süffisante Unterton in ihrer Stimme ist nicht zu überhören.

»Ich bin doch keine Ware«, gebe ich ihr entrüstet zur Antwort.

»Nicht direkt, aber wärst du eine, eine echt Heiße.« Sie zwinkert mir zu. »Ich treffe mich mit Alex.«

»Wir haben Mittag«, stelle ich fest. »Wo wollt ihr Sex haben? In der Kammer des Hausmeisters?«

Alice Wangen erröten und sie beißt sich verlegen auf die Lippe. Mit dieser Reaktion habe ich nicht gerechnet. Normalerweise ist sie bei dem Thema immer extrem schlagfertig.

»Ich habe es dir noch nicht gesagt, aber ...«, ihr Lächeln wird breiter, »... wir sind zusammen.«

Meine Augen werden riesig und ich öffne den Mund, doch kein Ton kommt heraus. Alice und Alex sind ... zusammen? Heilige Scheiße, damit habe ich gar nicht gerechnet! Bisher machte meine beste Freundin nie den Eindruck, dass zwischen ihr und dem Footballspieler mehr als Sex ist.

»Seit wann?«, frage ich.

»Seit ein paar Tagen«, entgegnet sie. »Ich wollte es dir längst sagen, aber irgendwie, na ja, du magst ihn nicht.«

Traurig sieht sie mich an, sodass ich mich augenblicklich schuldig fühle. Ja, ich mag Alex nicht sonderlich, was aber mehr an seinem Ruf und seinen zweifelhaften Aussagen liegt als an seinem Charakter.

»Es ist nicht so, dass ich ihn nicht … mag«, beteuere ich und ihre Augenbrauen schießen in die Höhe. Das klang nicht so glaubhaft, wie ich erhofft habe. »Er sagt nur oft dumme Dinge.«

»Das ist seine Art«, verteidigt sie Alex. »Du könntest mit uns essen gehen und ihr lernt euch kennen.«

»Ich weiß nicht …«, druckse ich herum. »Ihr wollt doch sicher lieber Zweisamkeit, oder?«

»Ein Abend wird schon nicht so schlimm sein.« Sie winkt ab. »Außerdem kannst du Zack mitbringen.« Und schon ist die alte Alice wieder zurück, die kein Blatt vor den Mund nimmt.

»Gott, Alice!«, rufe ich und werfe den Kopf in den Nacken. »Wir sind bloß Projektpartner.«

»Ja, Partner, sag ich doch.«

Sie ist völlig besessen von dem Gedanken, dass Zack und ich für den Kurs von Professor Derksen zusammenarbeiten und wenig später auch ein Paar werden. Das ist aber totaler Quatsch. Wir kooperieren für einen Kurs, so wie zehntausend andere Studenten ebenfalls. Aus denen wird auch nicht das neue Traumpaar des Colleges. Und nur, weil sie sich einen der Footballer geangelt hat, brauche ich nicht auch einen.

Ich ziehe die Eingangstür zur Bibliothek auf. »Bis später«, verabschiede ich mich bei ihr. »Wir sehen uns.«

Ich betrete den Neubau, der auch noch entsprechend riecht. Als ich mein Studium letztes Jahr begonnen habe, haben sie die Bibliothek eröffnet. Das alte Gebäude wurde zu klein und hatte nicht die neusten technischen Standards, um optimal lernen zu können. Das Dach ist gläsern, sodass viel Licht hindurchfällt. Die Wände sind im Bay Rouge-Blau gestrichen, das ans Meer erinnert. Mitten im Foyer prangt ein riesiges Graffiti der Bay Rouge Lions mit ihren Erfolgen an der Wand. Die ‹Wall of Fame› ist das Schmuckstück des Gebäudes. Der Gewinn der letzten College-meisterschaft liegt allerdings schon zehn Jahre zurück, weshalb ich mich frage, wieso man es in Auftrag gegeben hat. Wir besitzen eine deutlich erfolgreichere Frauenfußballmannschaft. Ein paar Spielerinnen haben es bis in die Top Clubs der USA und sogar nach Europa geschafft. Sport wird am Bay Rouge College mehr als großgeschrieben. Kein Wunder, dass Zack & Co. sich für die Allergrößten halten.

»Beeindruckend, nicht?«

Ich zucke heftig zusammen und fahre herum.

Grinsend steht Zack vor mir, seine riesige Sporttasche über die linke und seinen Rucksack über die rechte Schulter gehängt. Er sieht verdammt heiß aus. Sein Basecap trägt er lässig mit dem Schild nach hinten, das Muskelshirt ist weit geschnitten und betont seinen durchtrainierten Oberkörper. Dasselbe gilt für die kurzen Shorts, die einen Blick auf seine muskulösen Beine freigeben.

»Erschreck mich nicht so!«, zische ich.

»Sorry, Tony«, erwidert er und zwinkert mir zu. »Bist du bereit oder möchtest du weiterhin unsere Tributwand anstarren?«

»Tributwand?« Fragend sehe ich ihn an. »Du hast für diese Wand noch nichts Nennenswertes geleistet oder warst du bei der letzten Meisterschaft vor sieben Jahren schon hier?«

»Du brichst mir das Herz«, erwidert er theatralisch, aber immer noch gut gelaunt. »Aber einen Titel werde ich bestimmt holen.«

»Dein Wort in Gottes Ohr!«

»Warum bist du schon wieder so schnippisch?«, fragt er und wir gehen gemeinsam zur Treppe, um uns einen Tisch im ersten Obergeschoss zu suchen. Dort sind die Bücher unserer Fakultät und genügend Arbeitsplätze.

»Ich bin nicht schnippisch«, erwidere ich.

»Sehr wohl bist du das«, kontert er. »Und du siehst heiß aus.«

Hitze steigt mir in die Wangen, als er mich so offensichtlich von der Seite mustert. Ich trage ein weißes Crop-Top und eine Straight-Jeans von Levi's. Dazu schlichte weiße Sneakers. Kein besonderes Outfit, bei dem ich gedacht hätte, dass er es heiß findet.

Um ehrlich zu sein habe ich mich sogar sehr schwergetan bei der Auswahl meiner heutigen Garderobe und stand länger als nötig vor meinem Schrank. Dass das Treffen mit Zack dafür der Grund war, ignoriere ich gekonnt. Auch im Alltag sollte man etwas aus sich machen.

Gott, wieso gebe ich nicht einfach zu, dass ich gut für ihn aussehen will? Das ist doch kein Drama!

»Danke«, antworte ich leise und wende meinen Blick von ihm ab.

Wir suchen uns einen Tisch im hinteren Teil der Bibliothek und packen unsere Unterlagen aus. Zu meiner Überraschung hat Zack alles dabei, was er mitbringen sollte: MacBook, Texte, Notizblock, Stifte.

»Ich bin beeindruckt«, lasse ich ihn ehrlich wissen.

»Wovon?«, fragt er.

»Du hast alles dabei, worum ich dich gebeten habe«, antworte ich und setze mich an den Tisch.

»Ich bin eben ein gelehriger Schüler.« Zack nimmt auch Platz und zwinkert mir zu.

»Davon bin ich überzeugt«, murmle ich, öffne meinen Block und lege meine Texte vor uns aus. »Fangen wir damit an, dass wir uns mit Luhmanns Vita auseinandersetzen. Wer er war und wie er dazu kam, seine Theorie aufzustellen.«

»Wir legen direkt los?«, fragt er und verzieht den Mund.

»Äh ... Ja?« Irritiert schaue ich ihn an. »Was dachtest du denn?«

»Ich dachte, dass wir das alles ein bisschen ... langsamer angehen.«

»Zack«, beginne ich und suche seinen Blick. Wow, seine Augen haben die gleiche Farbe wie das Meer während eines Sturms. Dieses Blaugrau fasziniert mich auf unanständige Art und Weise. Ich wette, dass Zack auch über mich herfallen würde wie ein Seesturm ...

»Ja, Tony?«, unterbricht er meine Gedanken.

Augenblicklich steigt Hitze in mir auf und ich blättere hastig in meinen Texten. »Wir wollen doch schnell fertig werden und nicht mehr Zeit als nötig damit verbringen, richtig?«, werfe ich ein.

»Richtig«, bestätigt er meine Annahme mit einem angesäuerten Unterton.

»Also müssen wir anfangen. Was hattest du denn vor?«

»Ich dachte, dass wir noch ein bisschen quatschen.«

»Oh, wow.« Ich stoße genervt Luft aus. »Du überraschst mich immer wieder.«

»So bin ich.« Zack faltet seine Finger ineinander und lehnt sich zu mir vor. »Erzähl mir was von dir.«

»Zack!«, protestiere ich.

»Bitte!«, setzt er nach.

»Wieso willst du plötzlich so viel über mich erfahren?«, hake ich nach. »Gestern war es dir noch zu viel, dass ich überhaupt atme und heute ...«. Ich schüttle den Kopf. »Das ergibt für mich keinen Sinn.«

»Ich war mies drauf, ja?«, räumt er ein. »Heute bin ich gut gelaunt und ich erfahre nun mal gern etwas über die Leute, mit denen ich auf längere Sicht meine Zeit verbringe. Du nicht?«

So ein Mist! Jetzt hat er mich. Natürlich weiß ich auch gern mehr über mein Gegenüber. Vor allem, wenn er Zack Wilson heißt und mein Projektpartner für dieses Semester ist.

»Doch, schon«, gebe ich zu und seufze. »Was willst du wissen?«

Ein Strahlen legt sich auf seine Lippen, dem ich nun doch nicht mehr widerstehen kann.

»Alles.«

»Alles?«

»Okay, das ist etwas viel«, gibt er zu. »Wann hast du Geburtstag?«

»Am 26. September und du?«

»Das sind nur noch ein paar Wochen«, stellt er fest und ich nicke. »Gibt es eine Party?«

»Ich weiß nicht.«

»Wie alt wirst du?«

»Zwanzig.«

»Es muss eine Party geben!«, beschließt er.

»Das sagt Alice auch.«

»Super.« Zack klatscht in die Hände und sieht mich an, als hätte er bereits genaue Vorstellungen davon, wie mein Geburtstag seiner Meinung nach aussehen muss. »Wir bereiten eine Megaparty vor, von der in Jahren noch jeder spricht.«

»Warum?«, frage ich.

»Warum nicht?« Zack lächelt mich an und legt den Kopf schief. »Du wirst zwanzig, das muss gefeiert werden.«

»Ich denke darüber nach, ja? Können wir uns darauf einigen?«, bitte ich ihn.

»Schön.« Zufrieden sieht Zack nicht aus. »Vergiss nicht, mich einzuladen, okay?«

»Okay«, sage ich. »Wann hast du Geburtstag und wie alt bist du?«

»Ich habe am vierundzwanzigsten Dezember Geburtstag und werde zweiundzwanzig.«

»Du bist ein Christkind«, platzt es aus mir heraus und Zack lacht so schallend, dass die Studenten am Nachbartisch zu uns herüberschauen.

»Ja, ich bin ein Christkind«, meint er. »Wir sind Christkinder.«

»Ach, stimmt ...«, erwidere ich. »Ihr seid Drillinge. Wer ist der Älteste? Seid ihr eineiig?«

Auf einmal durchfährt mich eine regelrechte Aufregung, ihm all diese Fragen zu stellen. Das will ich schon, seitdem ich weiß, dass sie Drillinge sind. Leider hatte ich nie engeren Kontakt zu einem von ihnen, sodass es sich ergeben hätte.

»Trevor und ich, ja. Cole nicht«, erklärt er mir. »Das heißt auch, dass Trev und ich dieselbe DNA haben. Ich kann für ihn pinkeln beim Dopingtest und er für mich. Man könnte nicht nachweisen, wer wer ist.«

»Das ist verrückt«, stoße ich aufgeregt aus. »Dann könntest du auch eine Frau schwängern und Trev behaupten, dass es sein Kind ist und der Vaterschaftstest würde es ... bestätigen?«

»Das ist ein seltsames Beispiel, aber ja.« Zack schmunzelt. »Von Baby an gleichen wir uns, wie ein Ei dem anderen. Mittlerweile ist Trev massiger als ich und auch ein bisschen größer. Aber wer uns nicht kennt, kann uns immer noch nicht unterscheiden. Cole ... ist Cole.«

Ich kichere.

»Ja«, sage ich daraufhin. »Du und Trevor, ihr beide ähnelt euch sehr. Sein Bart verrät ihn auch.«

»Stimmt.«

»Und wer ist nun der Älteste?«

»Cole«, sagt er. »Danach ich und dann Trev.«

»War es eine natürliche Geburt?«

»Ja.«

»Eure arme Mom«, erwidere ich und wieder erhaschen wir Blicke vom Nachbartisch. »Wie war das für eure Eltern mit Drillingen?«

»Wolltest du dich nicht unseren Aufgaben widmen?«, unterbricht er meine Fragestunde.

»Auf keinen Fall.« Ich winke ab. »Also?«

»Zwischen Cole und mir liegen sechs Minuten und zwischen Trevor und mir weitere fünf. Ich kann mir nicht vorstellen, wie heftig das für unsere Mom gewesen sein muss. In den ersten Monaten hatten wir noch unsere Bändchen aus dem Krankenhaus an. Auch weil unsere Eltern Hilfe bekamen und nur sie uns unterscheiden konnten.« Er verzieht den Mund.

»Wie war es als Kinder für euch, Drillinge zu sein?«

»Für uns Jungs war es cool. Wir hatten unsere besten Freunde immer an unserer Seite. Da wir uns nie sonderlich individuell entwickelt haben, ergab es sich auch nie, dass wir viele Freunde außerhalb unserer Gruppe hatten. Während der High School haben unsere Eltern uns auf drei verschiedene Schulen geschickt, um uns zu trennen. Sie wollten nicht, dass wir typische Drillinge werden. Als feststand, dass wir unabhängig voneinander alle drei aufs Bay Rouge College gehen, war es sehr amüsant.«

»Das glaube ich dir«, antworte ich. »Hat sich Cole nicht manchmal ausgeschlossen gefühlt? Trevor und du, ihr konntet euch doch viel besser für den jeweils anderen ausgeben.«

»Das hat er.« Zack lacht. »Der Idiot hat sich mal die Haare blondieren wollen. Danach waren sie grün und Mom hat sie abrasiert.«

»Oh nein!« Vor lauter Schreck fasse ich mir in die Haare. Ich wollte zwischenzeitlich auch mal blond sein. Gut, dass ich es gelassen habe. Denn natürlich hat meine Mom es auch nicht erlaubt. »Wenn ich daran denke ...«.

»Er war doch selbst schuld.« Zack zuckt mit den Schultern. »Hast du Geschwister?«

Und plötzlich, als würde sich eine düstere Wolke über unser Gespräch legen, verschlägt es mir die Sprache. Mein Lächeln erstirbt und mein Herz zieht sich schmerzhaft zusammen.

Diese Frage wurde mir schon sehr lange nicht mehr gestellt, weil eigentlich jeder weiß, was mit meiner Schwester McKenzie passiert ist. Mein Gott, es gibt auf dem Campus so viele Gerüchte um ihren Tod, dass ich sie gar nicht alle aufzählen kann. Zack scheint meine Stimmungsänderung zu bemerken und zieht die Augenbrauen zusammen.

»Habe ich etwas Falsches gesagt?«, hakt er vorsichtig nach.

Oh Gott, der Kerl kann doch nicht auch noch einfühlsam sein, wenn es darauf ankommt? Das passt so gar nicht in mein Bild des arroganten Quarterbacks.

»Nein, es ist nur ...«. Ich schlucke und falte meine Finger nervös ineinander. »Meine Schwester ist tot.«

Zack entgleisen jegliche Gesichtszüge und er schluckt heftig. Für einen Moment schweigen wir, ehe er sich räuspert.

»Das tut mir leid, Taylor«, sagt er und nennt mich das erste Mal bei meinem richtigen Vornamen. Das zeigt mir, dass auch ihm jeglicher Humor vergangen ist und es ihm ehrlich leidtut. »Darf ich fragen ... wie lange schon und ... was passiert ist?«

»Seit zehn Jahren«, presse ich hervor. »Über die Gründe möchte ich nicht sprechen.«

»Okay.« Er nickt. »In Ordnung. Fangen wir ... vielleicht endlich mit unserem Projekt an? Du hast vorgeschlagen, dass wir zuerst über Luhmann als Person referieren.«

Dankbar, dass er das Thema wechselt, nicke ich. »Ja ...«. Meine Stimme ist dünn und brüchig. »Fangen wir an.«

***

Als ich abends mein Zimmer betrete, fällt mein Blick nach langer Zeit wieder auf das Bild von McKenzie und mir, das auf einem Regal steht. Es wurde einige Wochen vor ihrem Tod aufgenommen und mit den Jahren musste ich begreifen, dass man ihr die Drogensucht ansah: Ihre Wangen sind eingefallen, ihre Augenlider schlaff und sie war so dünn. Natürlich ist mir aufgefallen, dass sie des Öfteren sehr aufgedreht war und gerade zu hysterisch agierte, aber als Kind redete ich mir ein, dass das die gute Laune eines Teenagers sei.

Ich nehme das Bild in die Hand und streiche über ihr Gesicht. Meine langen braunen Haare sind zu Zöpfen geflochten und ich strahle in die Kamera, weil ich so glücklich darüber bin, ein Foto mit meiner großen Schwester zu schießen. McKenzies Blick ist leer.

Ich kann mich noch gut daran erinnern, wie meine Eltern mir von ihrem Tod erzählt haben. Meine Mom war leichenblass und hat geweint, während mein Dad versuchte, in Worte zu fassen, was passiert war. Bis heute weiß ich nicht, wo sie gefunden wurde und in welchem Zustand.

Von diesem Moment an änderte sich alles. Meine Eltern waren nicht mehr dieselben und ein nicht unbedingt kleiner Teil von mir ist stinksauer auf McKenzie, dass sie sich ihren Problemen nicht gestellt hat. Wir haben sie geliebt, wir hätten ihr geholfen und mir wäre viel erspart geblieben in den letzten Jahren. Das Allerwichtigste: Ich hätte meine große Schwester noch.

»Du hast das Bild sehr lange nicht mehr angesehen.«

Ich zucke zusammen und fahre herum. Meine Mom steht in der halbgeöffneten Tür und lächelt mich an.

»Nein.« Ich stelle das Foto zurück. »Ich habe heute über sie geredet.«

»Oh ...«, stößt sie überrascht aus. »Wie kam es dazu?«

»Mit einem Kommilitonen«, antworte ich, verrate ihr aber nicht, dass es Zack Wilson war. »Ich habe nur gesagt, dass sie tot ist. Nicht warum.«

»Okay.« Mom nickt mir zu.

Ich bin froh, dass sie nicht weiter fragt. Und auch, dass sie nicht noch einmal wissen will, mit wem ich gesprochen habe. Ich kann doch selbst nicht glauben, dass ich ausgerechnet Zack davon erzählt habe.

»Ich denke, ich werde meinen Geburtstag dieses Jahr feiern«, platzt es aus mir heraus, weil ich nicht weiter mit ihr über McKenzie sprechen möchte. Meine Mutter wird mir niemals sagen, was wirklich passiert ist. Warum soll ich meine Zeit damit verschwenden, über die Gründe nachzudenken, statt nach vorne zu sehen und mein Leben zu leben? Das hätte McKenzie gewollt. Sie hat mich geliebt.

»Du?«, fragt sie nach.

»Ja.« Ich nicke. »Ich werde zwanzig, Mom.«

»Das weiß ich.« Sie lächelt mich liebevoll an. »Und wo? Wie viele Gäste sind es?« Aufregung klingt in ihrer Stimme mit, dass ich viele ihr unbekannte Leute zu uns einladen könnte.

»So weit bin ich noch nicht, aber wenn ich es weiß, sage ich dir Bescheid.«

»Ist gut«, antwortet sie. »Unser Haus ist groß genug, um ein paar Freunde einzuladen.«

»Ja genau und Mom ...«. Ich sehe sie entschlossen an. »Du bist an dem Abend bei Tante Cory.« Tante Cory ist ihre ältere Schwester.

Ihre Augen werden groß, dass ich sie auslade, bevor es Einladungen gibt, aber auf keinen Fall kann meine Mutter an dem Abend anwesend sein. Sie ist Dozentin am College. Ich glaube nicht, dass meine Freunde ausgelassen mit mir feiern können, wenn ihre Dozentin im Raum steht und sie dabei beobachtet.

»Du lädst mich aus?«, fragt sie. »Denkst du nicht, dass es besser ist, wenn ... na ja, ein Erwachsener dabei ist?«

»Mom«, nörgle ich. »Das ist nicht nötig.«

»Taylor«, erwidert sie und greift nach meinen Oberarmen. »Es wird Alkohol geben und Gott ... vielleicht auch Drogen.«

»Mom!«, stöhne ich. »Hör auf damit. Ich habe noch nie Drogen genommen und werde es auch nicht tun.«

»Aber ...«.

»Nein!« Entschieden sehe ich sie an und löse mich von ihr. »Bitte vertrau mir. Nur dieses eine Mal.«

Sie nickt. »Du bekommst deine Party, aber die Überwachungskameras laufen und du gibst mir eine Gästeliste.«

»Schön«, stimme ich zähneknirschend zu. »Dann machen wir das so.«

Sie drückt mich noch einmal und verschwindet wieder aus meinem Zimmer. Ich werfe noch einen letzten Blick auf das Bild von McKenzie und mir und nehme mein iPhone aus meiner Tasche.

+ 1 neue Nachricht von Zack

Mein Herz schlägt schneller und ich öffne sie.

Zack: Morgen selbe Zeit, selber Tisch?

Damit habe ich definitiv nicht gerechnet. Nach unserem Gespräch über meine Schwester habe ich mich emotional von Zack zurückgezogen. Das hat er auch gemerkt. Unsere Verabschiedung fiel sehr knapp aus und er war verschwunden.

Taylor: Bis morgen.
Zack: Bis morgen, Tony ????
Tatsächlich entlockt mir das ein Lachen.
Zack: Ich habe dich sicherheitshalber auch mit Tony eingespeichert, damit ich weiß, wer du bist.

Erneut macht mein Herz einen Hüpfer, den ich nicht verstehe.

Zack ist ein arroganter Arsch.

5. Kapitel - Zack

Die Trainingseinheit heute früh kommt mir besonders hart vor. Der Coach ist erbarmungslos mit mir und lässt mich jeden Zug mehrere Male hintereinander wiederholen, aber zufrieden wirkt er nicht. Ich sage mir, dass es die Nervosität ist, die ihn uns noch härter rannehmen lässt als sonst. Samstag spielen wir gegen unsere Erzrivalen aus New Orleans von der Louisiana State. Letzte Saison haben die Wichser uns alt aussehen lassen. Das müssen wir dieses Jahr um jeden Preis vermeiden, und wenn ich sage, um jeden, meint der Coach, dass wir in den Krieg ziehen. Manchmal glaube ich, der Mann ist kein College-Coach, sondern ein geflohener Drillinstructor aus einem Bootcamp.

Ich gehe hinter meinem Center Asher in die Hocke. »Down! Set! Hut!«, rufe ich und er passt mir den Ball perfekt zu. Er gleitet in meine Finger, ich richte mich auf und tänzle einige Schritte zurück, um ihn über das Feld zu Trevor zu werfen.

»Guter Pass«, ruft Coach Peters. »Zack ... Versuch dennoch mehr, das Feld im Blick zu haben.«

»Ist gut, Coach.« Ich hebe den Daumen, um ihm noch mal zu signalisieren, dass ich ihn verstanden habe. Asher und ich gehen wieder in die Positionen.

»Down! Set! Hut!«, rufe ich wieder und Asher spielt mir den Ball zu. Erneut gehe ich einige Schritte zurück und scanne den Platz, immer in der Gewissheit, dass ich mir auch nicht zu viel Zeit lassen darf. Dann sehe ich, dass der Coach nicht nur Trevor als Anspielstation auf das Feld geschickt hat, sondern auch unseren Running Back Louis.

Ich werfe ihm den Ball zu, den er spielerisch fängt.

»Sehr gut, Zack!«, lobt mich der Coach. »So musst du das machen. Das will ich Samstag gegen Louisiana State sehen.«

Bei dem Spiel gegen diesen Gegner geht es nicht nur darum zu gewinnen, um in der Division vorn zu stehen, sondern auch um Prestige. Wir können jedes Spiel verlieren, aber gegen Louisiana müssen wir liefern! Es ist jede Saison das Spiel mit den meisten Fans im Stadion, dem meisten Adrenalin im Körper und der größten Angst zu versagen.

»Brick, Carson«, ruft der Coach unsere Defense-Spieler. »Wir machen das noch mal und ich will, dass ihr Wilson nicht schont.«

Oh Fuck, das will ich aber! Brick und Carson sind richtige Brecher. Gegen sie fühle ich mich wie eine kleine Maus. Wenn die zwei mich in die Zange nehmen, muss ich echt aufpassen. Natürlich würden sie mich niemals so zu Boden reißen wie den Gegner, aber ich habe dennoch enorm Respekt vor ihnen. Louis wirft mir den Ball zurück, den ich an Asher übergebe.

»Du packst das«, spricht er mir Mut zu.

»Danke«, sage ich und wir gehen erneut in Position. »Down! Set! Hut!«, gebe ich das Kommando, das meine Offense in Bewegung bringt.

Asher passt mir den Ball zu und ich gehe zurück. Von links flankiert mich Brick bereits, sodass ich nach rechts laufe, um auszuweichen. Es dauert keine zwei Sekunden, bis ich gegen etwas Hartes knalle. Carson hält mich nicht fest oder bringt mich zu Boden. Ich lasse dennoch den Ball sinken. Das hat gar nicht funktioniert. Coach Peters Blick zufolge sieht er das auch so.

»Noch mal von vorne«, brüllt er in seiner gewohnt sympathischen Art über den Platz. »Und konzentrier dich gefälligst, Zack!«

»Sicher, Coach«, rufe ich und richte meinen Helm, ehe ich wieder hinter Asher in Position gehe.

* * *

Eine Viertelstunde zu spät hetze ich die Treppe in der Bibliothek hinauf. Ich nehme zwei Stufen auf einmal. Nachdem ich es heute mehrfach nicht geschafft habe, mich aus den Klauen der Defense zu befreien, hat Coach Peters kurzen Prozess mit mir gemacht und ich musste Strafzüge üben. Normalerweise habe ich damit kein Problem.

Heute wollte ich aber unbedingt pünktlich beim Training aufbrechen, um mich mit Taylor zu treffen. Es ist verrückt, dass wir uns eigentlich erst seit zwei Tagen richtig kennen, aber trotzdem verstehen wir uns, als wären wir seit Jahren Freunde. So fühlt es sich zumindest an.

Taylor wird es sicher nicht gutheißen, dass ich zu spät komme. Wenn sie noch da ist. Sie mag es sowieso nicht, dass der Football immer an erster Stelle in meinem

Leben steht. Das hat sie auch mehrfach klargemacht. Sie nun zu versetzen, tut mir leid. Coach Peters hätte mir wohl kaum eine schriftliche Entschuldigung für sie mitgegeben. Doch zu meinem Glück entdecke ich ihren braunen Haarschopf an unserem Tisch von gestern. Schnellen Schrittes eile ich auf sie zu.

»Hey«, sage ich. »Es tut mir leid.«

Taylor hebt den Kopf und erst jetzt sehe ich, dass sie AirPods trägt, die sie herausnimmt. »Zack.« Ihre Stimme ist kühl. »Du bist noch gekommen.«

»Ja, natürlich«, erwidere ich.

»Viel zu spät«, setzt sie nach.

»Ja.« Ich ziehe mir einen Stuhl zurück und nehme Platz. Meinen Rucksack und meine Sporttasche werfe ich neben mich auf den Boden. »Aber ich habe heute Nachmittag kein Training mehr und mehr Zeit als gestern.«

Sie sieht mich abschätzend an. »Und wer sagt, dass ich nichts mehr vorhabe?«, entgegnet sie und ich presse die Lippen zusammen.

Das habe ich nicht bedacht. »Oh ...«, murmle ich. »Tut mir leid.«

»Lass uns bitte anfangen.« Taylor klingt immer noch genervt, was mir nicht gefällt. Ja, ich bin zu spät, aber das kann passieren. Mein Trainingsplan ist voll und das muss sie verstehen. »Ich habe nicht getrödelt«, verteidige ich mich erneut. »Aber der Coach ...«.

»Es ist doch gang und gäbe, dass du kommst, wann du willst«, erwidert sie. »So auch zu unseren Treffen. Du musst dich nicht rechtfertigen, das bekommt man im Footballer-Paket mitgeliefert.«

»Du bist schon wieder so schnippisch«, platzt es aus mir heraus.

»Und du bist eine Viertelstunde zu spät und diskutierst jetzt noch mit mir rum«, zischt sie. »Ich … Tut mir leid. Mein Tag war scheiße.«

Taylor fährt sich durch die Haare und legt den Kopf in den Nacken. Dabei wird ihr schlanker Hals freigelegt und zieht mich in seinen Bann: Wie muss es sich anfühlen, meine Lippen über die zarte Haut gleiten zu lassen, ihren blumigen Duft einzuatmen und sie zu schmecken? Ob sie empfindlich reagiert, wenn ich an ihr knabbere?

Ich schlucke und vertreibe die Gedanken. Taylor ist heiß, aber immer noch die Tochter von Dr. Smith und meine Projektpartnerin. Allein das sollte Abschreckung genug sein, mit ihr in die Kiste zu steigen. Ganz egal, wie verführerisch ich ihren Hals finde.

»Warum?«, frage ich und packe meine Sachen aus.

»Es ging schon damit los, dass ich mir heute Morgen meinen Kaffee übergeschüttet habe«, erzählt sie mir. »Dann wollte ich schnell was im Supermarkt um die Ecke holen und stand fast zwanzig Minuten an, weil die Omi vor mir ihre Pennys loswerden wollte, aber die Zahlen wohl nicht mehr lesen konnte. Zum Schluss hast du mich fast versetzt.«

»Noch einmal«, seufze ich. »Es tut mir leid und für den Rest … kann ich leider auch nichts.«

Tatsächlich huscht so was wie ein Lächeln über ihr Gesicht.

»Ich lade dich später auf einen Kaffee ein«, biete ich an. »Ich trage ihn auch, damit nichts passiert.«

»Du ziehst alle Register, was?«, fragt sie nun deutlich versöhnlicher und legt den Kopf schief. Das betont ihren Hals erneut.

»Wenn es funktioniert«, kontere ich und zwinkere ihr zu.

Taylor lächelt und zuckt mit den Schultern. »Lass uns an Luhmanns Intention arbeiten.«

»Ist gut«, sage ich und klappe mein MacBook auf. »Kannst du mir noch mal eine Zusammenfassung von gestern geben?«

»Zack ...«.

»Bitte.«

»Na schön ...«.

Zwei Stunden später verlassen wir die Bibliothek wieder und haben heute richtig viel geschafft. Unser Ansatz, warum Luhmann seine Theorie geschrieben hat, steht und auch alle Facts zu seinem Leben haben wir zusammengetragen. Das müssen wir nur noch ordentlich ausarbeiten in den nächsten Tagen und Montag im Kurs geht nichts mehr schief. Zu meiner Überraschung ist es gar nicht so schlimm, aktiv an dem Thema zu arbeiten, wie ich es mir zu Beginn vorgestellt habe. Taylor beweist enorm viel Geduld mit mir, weil ich öfters mal auf dem Schlauch stehe. Fast jeden Satz muss sie mir erklären, weil ich diesem Luhmann nicht folgen kann.

Taylor und ich schlendern über den Campus zum Café ‹Rouge›, das von einer Gruppe Studenten betrieben wird. Runter zum Hafen oder an den Strand zu fahren ergäbe ein schöneres Ambiente, aber ich will nicht sofort meine Begeisterung übertreiben, dass sie mir ihre Zeit schenkt. Das ist etwas für ein richtiges Date.

Und schon wieder frage ich mich, was ich denke: Taylor und ich kennen uns seit zwei Tagen – es gibt keinen Grund, sie zu daten oder zu küssen.

Ich halte ihr die Tür auf und sie tritt ein. Ihr Outfit ähnelt dem von gestern, nur dass sie heute ein blaues Crop-Top und eine Skinny-Jeans trägt. Die betont ihren Pfirsichhintern auch viel besser – gefällt mir. Wir gehen zum Tresen und werfen einen Blick auf die üppige Karte an der Wand.

»Was willst du?«, frage ich und ziehe meine Geldbörse heraus.

»Einen Karamell-Macchiato mit extra Sahne und Zimt.«

»Mit extra Sahne und Zimt?«

»Ja.« Sie nickt. »Oder hast du etwas dagegen?«

»Gott, nein«, erwidere ich hastig. »Ich habe gedacht, dass du zu den Frauen gehörst, die einen fettfreien Sojalatte nehmen.«

»Du spinnst wohl.« Taylor zeigt mir einen Vogel.

Ich zucke mit den Schultern und wende mich der Verkäuferin zu.

»Hi, Zack«, säuselt sie und drückt ihre Brüste nach vorn, die unter ihrer Schürze hervorlugen. Taylor neben mir räuspert sich, was ich versuche zu ignorieren. Die Situation ist echt unangenehm.

»Erinnerst du dich an mich? Ich bin's, Eliza.«

Und sie wird immer unangenehmer. Ich habe keinen blassen Schimmer, wer sie ist. Wo und wann ich sie gesehen haben soll. Eliza hat wasserstoffblonde Haare und große Brüste. Mehr muss ich nicht über wissen, um zu ahnen, was wir gemacht haben. Mein Schwanz steckte vielleicht mal zwischen ihnen, wahlweise in ihrem Mund oder in ihrer Pussy. Ich weiß es nicht und es wäre schön, wenn sie das jetzt auch nicht weiter vertieft. Ich bin in Begleitung hier.

»Wir würden gern etwas bestellen.« Deutlich nicke ich Taylor zu.

»Ah«, macht Eliza. »Und was?«

»Für mich einen Kaffee, schwarz, und du …«. Ich bekomme Taylors Bestellung nicht mehr zusammen. »Kannst du bitte noch mal wiederholen, was du möchtest?«

»Einen großen Karamell-Macchiato mit Sahne und Zimt.«

»Zum Hiertrinken oder Mitnehmen?«, fragt Eliza spitz.

»Zum Hiertrinken«, antwortet Taylor.

Ich sehe zu ihr rüber und lächle. Es beeindruckt mich, dass sie Eliza ohne viel Tamtam die Stirn bietet und dabei überhaupt nicht zickig oder angefressen wirkt, dass die sich so schamlos an mich ranschmeißt.

»Das macht zehn Dollar«, sagt Eliza und ich reiche sie ihr. »Danke. Ich bringe euch beides.«

»Danke«, erwidere ich und sehe Taylor an. »Wo setzen wir uns hin?«

»Irgendwohin, wo sie uns nicht sieht«, murmelt sie und geht an mir vorbei in die hinterste Ecke des Cafés. Ich folge ihr.

Taylor setzt sich an den Tisch, sodass sie die Theke immer noch im Blick hat. Notgedrungen muss ich mit dem Rücken dazu Platz nehmen. Ich mag es nicht, das Geschehen im Rücken zu haben. Schon als Kind mochte ich es nicht. Im Bus oder Flugzeug macht es mir nichts aus.

»Du hattest keinen Schimmer, wer sie ist, oder?«, rät Taylor.

»Absolut keinen«, antworte ich ehrlich.

»Na, da habe ich Glück, dass ich von dir nur einen falschen Vornamen bekomme.« Amüsiert zwinkert sie mir zu, aber ich teile ihre Erheiterung nicht.

»Sehr witzig«, murre ich.

»Ach, komm schon ...«, meint Taylor. »Ein bisschen witzig findest du es auch. Wobei, nein ... Du hattest was mit ihr und überlegst unterbewusst, wann und wie es passiert ist.«

»Das ist ...«, bringe ich hervor, »... nicht wahr.«

»Ach ja?«

»Ja«, beharre ich auf meinem Standpunkt. »Ich erinnere mich an jede, mit der ich Sex hatte.«

»Das ist eine Lüge, Zack Wilson.«

»Und woher willst du das wissen?«, gehe ich in die Konfrontation. »Erinnerst du dich vielleicht an etwas, das zwischen uns war, und ich ... nicht?«

Taylors Augen werden groß und ihre Wangen färben sich rot. Sie möchte etwas erwidern, als Eliza neben mich tritt.

»Hier sind eure Getränke«, zwitschert sie und stellt erst Taylor den Karamell-Macchiato hin und danach mir den Kaffee. »Lass es dir schmecken, Zack.«

Als sie sich zurückzieht, streift ihre Hand meine Schulter, sodass mein Körper sich anspannt. Ich hasse es, wenn Frauen so aufdringlich sind! Ich habe kein Interesse und wenn ich es mal hatte, war ich dicht.

Gut, Taylor hat recht, ich kann mich nicht an jede Frau erinnern, mit der ich Sex hatte. Vor allem nicht an ihre unzähligen Namen. Wer kann das schon?

Taylor beobachtet das Ganze stumm und rührt ihren Macchiato um.

»Was für eine Zuckerbombe«, kommentiere ich ihr Getränk.

»Willst du probieren?« Sie schiebt ihn mir stolz rüber.

»Nein«, sage ich. »Das kannst du schön selbst trinken.« Ich greife nach meinem Kaffee.

»Na gut.« Taylor schenkt mir ein Lächeln und trinkt von ihrem Karamell-Macchiato. Die Sahne bleibt an ihrer vollen Oberlippe hängen und Taylor leckt sie genussvoll ab. »Bestes Getränk«, kommentiert sie.

»Freut mich, dass ich meine sieben Dollar sinnvoll investiert habe.« Ich zwinkere ihr zu.

»Das hast du definitiv«, sagt Taylor. »Wie bist du zum Footballspielen gekommen?«

»Football ist ... eine Religion in unserer Familie«, antworte ich. »Mein Grandpa hat gespielt. Auch in der NFL, mein Dad im College und dann hatte er eine schwere Verletzung. Es wurde uns in die Wiege gelegt.«

»Klischeehafter geht es nicht, was?« Taylor zwinkert mir zu.

»Wieso?« Ich zucke lässig mit den Schultern. »Es ist die Wahrheit.«

»Na gut«, erwidert sie. »Bei welchem Team war dein Grandpa?«

»Den Las Vegas Pirates«, antworte ich.

»Hat er den Super Bowl gewonnen?«

»Leider nicht.« Ich schüttle den Kopf. »Ich hoffe, dass es einem von uns gelingen wird.«

»Das wäre sicher ein großer Erfolg«, stimmt sie mir zu. »Die Chance, dass ihr alle drei im gleichen Team landet, ist sehr gering, oder?«

»Das kommt drauf an«, erwidere ich. »Je nachdem, welche Teams welche Position besetzen müssen. Ich kann es mir aber nicht vorstellen.«

»Hm ...«. Taylor rührt mit ihrem Löffel die Sahne unter. »Übrigens werde ich meinen Geburtstag feiern.«

»Ach ja?«, will ich interessiert wissen. »Und wie sehen deine Pläne aus?«

»So weit bin ich noch nicht ...«. Sie winkt ab. »Es reicht doch schon mal, dass ich es machen will. Findest du nicht?«

»Hm ... Nein.« Ich schüttle Kopf. »Es sind nur noch einige Wochen. Deshalb muss die Party bald stehen. Weißt du schon, wen du alles einladen möchtest?«

»Grob, ja.«

»Sind es viele Leute?«

»Es kommt darauf an, wie groß ich letztendlich feiern will«, erwidert sie. »Ich habe sicher einige Leute, die ich gern einladen würde und es wäre schön, sie alle wiederzusehen. Meine Freundinnen, ihre Freunde ... Da kommen ein paar Gäste zusammen. Ich bin in Bay Rouge aufgewachsen. Teilweise leben auch noch Highschool-Freunde von mir hier.«

»Und ich.«

»Und du«, kichert sie. »Deine Brüder.«

»Meine Brüder kommen sicher auch«, antworte ich. »Das wird super.«

»Du bist eine Spur zu begeistert«, wendet sie ein. »Ehrlich, Zack, das ...«.

Taylors iPhone vibriert und sie wirft einen Blick darauf. Sie nimmt es aber nicht an sich, um zu antworten, was ich als gutes Zeichen werte. Stattdessen schiebt sie es weiter von sich weg, als es ein weiteres Mal vibriert.

»Sorry«, meint sie. »Wo waren wir? Ah ja, bei meinem …«.

Nun leuchtet das Display auf und es klingelt. Taylor sieht auf das iPhone und presst die Lippen zusammen.

»Du kannst rangehen«, biete ich ihr an.

»Danke«, murmelt sie und nimmt den Anruf entgegen. »Hallo … Nein … Ich bin noch unterwegs … Ja, im Rouge.« Sie presst die Lippen zusammen. »Ich fahre mit dem Bus und … Mache ich. Bis dann.«

Taylor beendet das Gespräch und knallt das Gerät auf den Tisch. Ich unterstehe mich zu fragen, wer sie angerufen und dermaßen verärgert hat. Müsste ich raten, würde ich sagen, ihre Mom.

»Sorry«, entschuldigt sie sich abermals bei mir. »Ich plane und organisiere die Feier selbst, aber lieb, dass du so engagiert bist. Hast du Zeit dafür? Es ist an einem Freitagabend.«

Das ist eine berechtigte Frage. Ich nehme mein iPhone aus meiner Jeans und checke unseren Spielplan, da ich mir manchmal nicht sicher bin, an welchen Samstagen wir frei haben. »Spielfrei«, verkünde ich stolz. »Ich habe definitiv Zeit.«

»Dann bist du mündlich eingeladen.«

»Ich fühle mich sehr …«.

Taylors Augen werden groß und im nächsten Moment klatscht eine Hand auf meine Schulter.

»Zack, hey.« Alex Fitzgerald lässt sich auf den Stuhl zwischen Taylor und mir fallen. »Was für eine Überraschung, dich hier zu finden, nachdem der Coach dir heute so den Arsch aufgerissen hat.«

Verdattert schaue ich meinen Kumpel an.

»Hey, Taylor«, meint er.

»Hallo, Alex«, murmelt sie. »Schön, dich zu sehen.«

Das klingt nicht überzeugend und ich verstehe sie. Alex und ich sind Freunde, aber ich hätte den Nachmittag lieber weiterhin zu zweit genossen.

»Hi, Tay.« Ihre beste Freundin Alice lächelt sie an. »Hi, Zack.«

»Hi«, sage ich. »Setz dich doch ...«.

»Oh, wir ...«, sie zeigt auf Alex, »... wollten nur ‹Hallo› sagen.«

»Wollten wir?«, fragt Alex und nippt an seinem Kaffee.

»Ja«, erwidert sie. »Jetzt komm. Ciao, ihr beiden.«

»Ciao«, murmle ich und sehe, wie Taylor ein stummes ‹Danke› in ihre Richtung absetzt.

Alex erhebt sich schwerfällig von seinem Stuhl und klopft mir zum Abschied auf die Schulter. Dann greift er nach Alice' Hand, was mich kurzweilig sprachlos zurücklässt.

»Sind die ...«, stottere ich. »Ich meine die ... Die haben doch nur ... Sex, oder nicht?«

Taylor kichert.

»Sind sie«, bestätigt sie. »Alice hat ihn gut unter Kontrolle.«

»Definitiv«, stimme ich zu. »Planen wir deine Party weiter?«

Taylor stöhnt auf.

6. Kapitel - Zack

Eine Woche später

Die Bay Rouge Lions haben das Spiel gegen Louisiana verloren. Es war keine krachende Niederlage und keine Demütigung, aber auch kein Sieg. Am Ende hatten die Wichser noch genug Zeit auf der Uhr, um in Field Goal-Reichweite zu kommen, was unsere Defense nicht verhindern konnte.

Aber eine Niederlage ist eine Niederlage und dementsprechend mies gelaunt bin ich seit Tagen. Mittlerweile haben wir Mittwoch und ich muss mich wieder mit diesen ätzenden Theorien rumschlagen, die ich nur schwer verstehe und die mich nicht interessieren. Taylor sitzt mir gegenüber und während sie mal wieder genau weiß, was Phase ist und was dieser Spinner von uns will, mache ich mir wahllos irgendwelche Randnotizen und streiche Sätze an, damit Taylor denkt, ich arbeite ernsthaft an dem Text. Außerdem – gut markiert ist halb gelesen. Ein frohes Farbspektrum meiner Textmarker hat auch etwas für sich.

»Zack«, spricht sie mich an und ich hebe den Kopf. »Liest du den Text auch?«

»Ja«, lüge ich.

»Wo bist du und was steht dort?«

Mist.

»Was steht denn da, wo du bist?«, erwidere ich angesäuert, dass sie mich so schnell durchschaut hat. Meine Wut gilt nicht Taylor, aber sie bekommt sie ab.

»So geht das nicht.« Taylor legt ihren Stift nieder und reibt sich übers Gesicht. »Professor Derksen fand unseren Ansatz gut, doch wir haben zu wenig über Luhmanns Theorien referiert.«

»War das meine beknackte Idee, Luhmanns Leben in den Fokus zu stellen oder deine?«, pflaume ich sie an.

»Was soll das, Zack?«, zischt sie, jetzt auch verärgert. »Von dir kam gar keine Idee.«

»Ich habe dir schon mal gesagt, dass das auch nicht meine Aufgabe ist. Du bist hier, um mich vor einer schlechten Note zu retten, also lass dir gefälligst was einfallen.«

Taylor schnappt empört nach Luft und funkelt mich wütend an.

»Wieso mimst du wieder das Arschloch vom ersten Tag?«, wirft sie mir vor. »Professor Derksen fand den Ansatz gut, aber wünscht sich mehr von seinen Theorien. Das bringen wir nächstes Mal mit ein und alles ist gut.«

»Das ist doch logisch, dass er mehr Theorien fordert, wenn das das Thema des Kurses ist, oder?«, reite ich weiter auf dem Streitpunkt herum. »Das müsstest du wissen.«

Taylors Augenlid zuckt verdächtig und ihr Brustkorb hebt und senkt sich angestrengt. »Ach, müsste ich das?«, faucht sie. »Ich habe keine Lust, der Sündenbock zu sein, weil ihr Samstag verloren habt, Zack.«

Ich zucke zusammen und presse die Lippen fest aufeinander. Natürlich rührt meine schlechte Laune in erster Linie von Samstag. Aber das wäre alles nicht passiert, wenn ich mich besser auf das Training konzentrieren könnte und nicht mit meinen Gedanken bei unserer Partnerarbeit wäre.

Unterbewusst weiß ich, dass es nicht die zwei Stunden in der Bibliothek sind, die mich vom sportlichen Kurs abbringen, sondern die Zeiten, die wir darüber hinaus beim Essen, beim Kaffee und mit Quatschen verbracht haben. Das größte Problem ist, dass ich lieber mit ihr zusammen bin, statt zu trainieren, und das ist falsch.

In eineinhalb Jahren ist der Draft, der bis dato wichtigste Tag meines Lebens. Natürlich zählen auch alle Leistungen aus dieser Saison dafür. Ich muss mein Bestes geben, voll und ganz beim Training und in den Spielen sein. Ich kann mir keinerlei Nebenaktivitäten leisten.

»Das wäre auch nicht passiert, wenn ich nicht meine gesamte Zeit mit dir in dieser beschissenen Bibliothek verbringen müsste!«, herrsche ich sie an.

Taylors Augen werden groß und sie schluckt. »Deine gesamte Zeit.« Sie holt tief Luft. »Du kannst mich mal.«

»Schön«, erwidere ich patzig und verschränke die Arme vor der Brust. »Du mich auch.«

Es folgt ein Blickduell, das sie schließlich abbricht. Damit bin ich der Sieger dieser stummen Auseinandersetzung. Ich warte darauf, dass Taylor sich bei mir entschuldigt und einsieht, dass sie mir unrecht getan hat.

Doch sie springt auf und packt ihre Sachen zusammen. Wütend stopft sie alles in ihre Handtasche, ehe sie ihr iPhone obendrauf knallt und ihre AirPods einsteckt.

»Gehst du jetzt?«, frage ich und sie deutet stumm auf ihre AirPods, die ihre Gehörgänge blockieren.

Als sie mir nicht antwortet, reiße ich ihr einen der Stecker aus dem Ohr und funkle sie an.

»Was soll das, Zack?«, faucht sie und nimmt mir den In-Ear-Kopfhörer wieder ab. »Du willst nicht mit mir zusammenarbeiten, das ist bei mir angekommen. Aber dann lass mich jetzt auch gehen.«

»Ich verstehe diesen Luhmann nicht«, entgegne ich. »Du musst den Großteil machen.«

»Du verstehst etwas ganz anderes nicht«, faucht sie. »Ich habe kein Problem damit, es dir zu erklären, aber es geht mir extrem auf die Nerven, dass du von Anfang an der Meinung bist, dass du mit einem Minimum am Aufwand durch das Semester kommst. Das ist eine Partnerarbeit, Zack. Stell dir vor, ich bin dein Center. Aber der Pass liegt bei dir. Kriegst du das hin? Sonst sage ich Professor Derksen, dass ich raus bin.«

»Mach doch«, murre ich und verschränke die Arme vor der Brust. »Vielleicht bekomme ich dann einen Projektpartner, der etwas mehr Verständnis für meine Situation zeigt. Ich bin der Quarterback des Footballteams. Hast du eigentlich eine Ahnung, wie viel Druck auf meinen Schultern lastet?«

»Nein, Zack, weil es mir egal ist«, antwortet sie geradeheraus, und ich schnappe nach Luft. »Du bist hier Student, so, wie jeder andere auch. Nur weil du meinst, diesen Sport ausüben zu müssen, bist du nichts Besseres als die anderen. Dein ständiges Zuspätkommen stört den ganzen Hörsaal, stört die Studenten, die wirklich gute Noten brauchen und natürlich auch wollen, weil sie nicht auf einen Millionen-Dollar-Vertrag hoffen können, da sie ein Ei werfen. Es wird Zeit, dass hier mal jemand anfängt, dir und deiner abgehobenen Gruppe die Meinung zu sagen.«

»Team.«

»Was?«

»Wir sind ein Team«, korrigiere ich sie. »Keine Gruppe. Tanzgruppen sind Gruppen oder es gibt Forschungsgruppen, aber wir sind ein …«.

»Es interessiert mich nicht, was ihr seid«, unterbricht sie mich barsch. »Ich bin fertig mit dir. War nett, eine Woche lang eine verstellte Version deines Ich kennenzulernen. Bye.«

»Meines …«. Ich sehe sie mit großen Augen an. »Du denkst, dass ich mich letzte Woche … verstellt habe?«

»Natürlich denke ich das.« Taylor lacht freundlos auf und schüttelt den Kopf. »Wie gesagt … Man sieht sich oder auch nicht, du musst sicher zum Training.«

Der Spott in ihrer Stimme ist nicht zu überhören und macht mich nur noch wütender. Dann dreht sie sich herum und geht. Ich sehe ihr nach und stemme frustriert die Hände in die Hüften.

»Scheiße, Scheiße, Scheiße!«, rufe ich und bemerke, dass mich ein nerdiger Student von der Seite mustert. »Was glotzt du denn so dämlich? Wenn du das irgendwem erzählst, schlag ich dich windelweich, verstanden?«

Sein Augenlid zuckt gewaltig, dann sammelt er seine Bücher auf und rennt weg.

***

Ich schlage die Wohnungstür wütend hinter mir zu, schmeiße meinen Rucksack in den Flur und kicke meine Sneakers von den Füßen. Dieser Tag wird immer schlimmer und das ist alles Taylors Schuld. Was denkt sie denn, wer sie ist? Sie hat keine Ahnung von meinem Leben, wie stressig es sein kann und was passiert, sollte mich kein Team beim Draft auswählen. Dann war alles umsonst. Allerdings würde nur eine gravierende Verletzung meine gesamte Karriere ins Aus befördern.

Taylor hat doch auch was davon, dass sie mit mir zusammenarbeiten darf und mit mir gesehen wird: Ihr Status auf dem Campus wird von null auf hundert steigen. Stattdessen macht sie mir ständig Vorwürfe. Ich bin auch noch so blöd und will ihr helfen, ihren Geburtstag zu planen. Blöde Zicke.

»Zack?« Cole kommt aus seinem Zimmer. »Alles okay?«

»Nein«, antworte ich angepisst.

»Okay ...«. Mein Bruder mustert mich. »Was ist passiert?«

»Tony ... Ich meine, Taylor ist passiert.«

»Deine süße Nachhilfelehrerin, mit der du in der vergangenen Woche fast jede Minute verbracht hast?«, schaltet sich Trevor ein. »Ich bin ganz Ohr.« Mit einem

70

fiesen Grinsen auf den Lippen lehnt er im Türrahmen seines Zimmers.

»Sie ist nicht meine …«. Ich seufze schwer. »Warum rede ich überhaupt mit euch?«

Meine Brüder ignorierend gehe ich in mein Zimmer, doch wie zu erwarten, folgen sie mir.

»Hast du sie vergrault?«, fragt Trevor direkt nach und setzt sich auf mein Bett, während sich Cole an meinen Schreibtisch lehnt. In Situationen wie diesen hasse ich es, ein Drilling zu sein. Sie werden keine Ruhe geben, bis ich ihnen erzählt habe, was vorgefallen ist. Andersrum bin ich auch nicht besser.

Ich schmeiße meinen Rucksack in die Ecke meines Zimmers und setze mich neben Trevor.

»Ich habe meine schlechte Laune an ihr ausgelassen«, gebe ich zu. »Das wollte ich nicht, aber ich …«. Genervt fahre ich mir durch die Haare. »Diese Woche geht mir so extrem auf die Eier! Das Spiel, dieser Kurs, diese Texte … Ich habe keinen Bock, mich damit zusätzlich rumzuschlagen. Wir sind zum Footballspielen hier, und nicht, um diese scheußlichen Texte zu lesen. Außerdem meinte Taylor, dass ich arrogant bin und … und mache, was ich will.«

»Zuerst einmal – da hat sie nicht unbedingt unrecht«, meint Trevor und ich werfe ihm ihnen bösen Blick zu, den er ignoriert. »Und du weißt, dass das so nicht stimmt, dass *nur* du die Texte nicht verstehst und lesen musst«, fährt er fort. »Ich muss die Texte auch lesen, Zack. Das müssen wir alle, egal in welchem Kurs. Sei doch dankbar, dass Derksen dir die Chance gibt, mit Taylor zu arbeiten. Du bist nicht nur zum

Footballspielen hier, sondern auch, um nächstes Jahr einen Collegeabschluss zu erlangen.«

»In der NFL brauche ich den nicht.« Meine Brüder verdrehen die Augen. »Sagt mir, wofür ich das alles mal brauche. Ich verdiene in der NFL Millionen.«

»Was machst du, wenn du total verkackst in der NFL?«, fragt Cole und ich hole tief Luft. »Du kannst die NFL nicht mit dem College vergleichen und umgedreht. Reiß dir jetzt noch eineinhalb Jahre den Arsch auf, um wenigstens einen vorzeigbaren Abschluss zu haben. Irgendwann bereust du es, wenn du jetzt nicht durchgehalten hast.«

Das steht außer Frage, aber ich hasse es, dass sie mich schon wieder in die Zange nehmen und recht haben. Ich hasse es, dass Taylor recht hat.

»Umso härter muss ich trainieren«, schlussfolgere ich, sodass meine Brüder aufstöhnen.

»Du brauchst gute Noten, Zack«, appelliert Trevor noch mal an mich. »Und Taylor ist deine einzige Chance, die zu bekommen. Du bist echt schlecht, Mann.«

Ich presse die Lippen zu einer schmalen Linie zusammen und gehe zu meinem Schrank, um mir Sportsachen rauszusuchen.

»Du solltest dich bei Taylor entschuldigen«, wendet Cole ein. »Nicht nur, weil du sie brauchst, sondern auch, weil sie im Recht ist.«

»Ich entschuldige mich nicht«, erwidere ich und wechsle mein Shirt.

»Aber ...«.

»Nein, Cole«, zische ich. »Ich entschuldige mich nicht bei Taylor. Sie soll sich wieder einkriegen und das war's.«

»Dein Wort in Gottes Ohr«, murmelt Trevor und steht von meinem Bett auf.

»Ich gehe joggen«, verkünde ich, nachdem ich meine Jeans gegen eine Sporthose getauscht habe. »Ihr könnt gerne in meinem Zimmer bleiben und euch weiter darüber beraten, wie gemein ich bin.«

Die beiden rollen demonstrativ mit den Augen und verlassen mein Zimmer.

Genervt schlage ich die Tür hinter ihnen zu und stampfe zu meinem Rucksack, aus dem ich mein iPhone ziehe, um Taylor zu schreiben.

Zack: Tut mir leid.

Das muss reichen.

7. Kapitel - Taylor

Ich nehme die letzte Stufe der Treppe in unserem Haus, und gehe zu meinen Eltern in die Küche. Dad ist gestern von seiner Bohrinsel im Golf von Mexiko nach Hause gekommen. Er arbeitet dort als Ingenieur. Aktuell hat er einige Tage frei. Meistens sagt er meiner Mom einen oder zwei Tage vor seiner Rückkehr Bescheid. Alles ist sehr spontan und genauso spontan muss er oft auch wieder zurück. Als ich noch jünger war, bedeutete es für mich immer ein Highlight, wenn mein Dad für mehrere Tage nach Hause kam und Zeit mit mir verbrachte. Mittlerweile finde ich es anstrengend, weil ich meine Termine und Verabredungen nicht absagen möchte. Das führt oft zu Unstimmigkeiten zwischen uns.

Meine Eltern sitzen an der Kücheninsel und trinken einen Wein.

»Ich treffe mich mit Alice«, sage ich und hebe mein iPhone hoch. »Wenn ich Netz habe, schicke ich euch einen Standort.«

Ihre Blicke werden sofort misstrauisch und ich sehe ihnen an, dass es ihnen nicht behagt, wenn ich an verschiedenen Orten in der Stadt oder am Strand möglicherweise kein Netz finde. Mir macht das nichts aus. Im Gegenteil, ich genieße es, immer öfter von ihnen nicht getrackt werden zu können. Es gibt mir eine gewisse Freiheit, die für andere in meinem Alter selbstverständlich ist.

»Hast du Alice nicht gefragt, wo ihr hingeht?«, erkundigt sich meine Mom und greift nach ihrem Wein.

»An den Strand«, antworte ich ausweichend. Natürlich weiß ich genau, wo wir hingehen. Ich sage es ihr nicht. Die Kontrolle nervt mich. »Ihr Freund fährt uns.«

»Ihr ... Freund?« Moms Blick wird noch skeptischer.

»Ja, ihr Freund ... Alex.«

»Hm.« Sie legt den Kopf schief und sieht zu meinem Dad. »Wir können dich fahren. Wir waren lange nicht am Strand und ...«.

Das darf doch wohl nicht wahr sein!

»Mom, bitte!« Entrüstet sehe ich sie an. »Das kannst du nicht ernst meinen.«

»Wieso nicht?«, fragt sie und ich verdrehe die Augen.

Unglaublich, dass sie wirklich vorschlägt, dass sie mich zu einem Treffen mit meinen Freunden fährt. Noch dazu, wo sie genau weiß, dass einige von ihnen ihre Studenten sind.

»Das kannst du mich nicht ernsthaft fragen«, wende ich ein. »Alex fährt uns und ich melde mich, wenn ich Netz habe. Okay?«

Sie presst die Lippen zusammen, nickt aber schließlich.

»Bitte mach die App an.«

»Ja, Mom«, stöhne ich. »Bis dann.«

Bevor sie mir noch weitere Vorschläge unterbreiten kann, drehe ich mich herum und warte auf dem Hof auf Alex und Alice.

***

Ich folge Alice und Alex zu dem Strandabschnitt, an dem eine Party mit Lagerfeuer stattfindet. Die Sonne lässt sich nur noch erahnen am Horizont. Das Meer wirkt tiefschwarz, während der Himmel aussieht, als würde er brennen. Der Schaum, den die Wellen erzeugen, wird durch das Licht des Lagerfeuers orange gefärbt.

Bereits von Weitem kann ich die lauten Stimmen der feiernden Kommilitonen hören. Alice gibt es nicht zu, aber ich bin mir sicher, dass die Footballer heute Abend ihre Finger mehr im Spiel haben, als mir lieb ist – denn das führt unweigerlich dazu, dass ich Zack begegnen muss: Wo die Footballspieler sind, ist auch ihr Kapitän und Quarterback nicht weit.

Ich habe all seine Bemühungen um ein Gespräch in den letzten Tagen ignoriert und seine Entschuldigung nicht angenommen. Ein ‹Es tut mir leid› per Chatnachricht als erste Reaktion reicht mir nicht. Denn es passiert immer dasselbe mit Zack: Er verbockt es, entschuldigt sich und die Welt ist wieder in Ordnung.

Nach diesem Prinzip lebt Zack Wilson – aber nicht mit mir! Er kann nicht erwarten, dass ich ihm all seine verbalen Entgleisungen wieder und wieder verzeihe. Er ist sauer, dass er die Partnerarbeit mit mir machen muss, statt sich in dieser Zeit auf den Football konzentrieren zu können. Dafür kann ich nichts. Ich habe ihn mir nicht als Partner ausgesucht und ganz nebenbei hätte ich das niemals gemacht, weil ich weiß, wie er ist.

Er lässt seinen Frust, dass es im Football aktuell nicht so läuft, wie er möchte, an mir aus und ganz beiläufig erwähnt er mindestens ein dutzend Mal, dass er, Zack Wilson, der Nabel der Welt ist. Die wichtigste Person des Campus', der am Ende niemand etwas kann. Das ist der Punkt, an dem ich endgültig raus bin.

Das rede ich mir zumindest ein, denn tief in mir weiß ich, was auch für mich auf dem Spiel steht, wenn er das Semester nicht schafft: Ich brauche das Empfehlungsschreiben von Professor Derksen für meine Oxford-Bewerbung. Ich möchte so gern in England studieren, aber ohne ein Empfehlungsschreiben geht es nicht.

Mich von Zack so unterbuttern und meine Arbeit in unserem Projekt als schlecht bewerten zu lassen, ist wirklich zu viel. Fürs Erste werde ich ihm nicht verzeihen.

Zacks Verhalten ist unvorhersehbar. In einem Moment ist er süß und will mir bei der Planung meiner Geburtstagsparty helfen, im nächsten Moment avanciert er zum größten Arsch. Ihm muss doch klar sein, dass jede Frau mit Verstand in der Birne das nicht cool findet. Für Viele hat es seinen Reiz, von ihm beachtet zu werden, aber das sind nicht die, die zu ihm stehen, wenn seine Karriere nicht so verläuft, wie er es sich wünscht, oder die noch Interesse an ihm haben nach einer schweren Verletzung.

Ich schiebe meine Gedanken über Zack beiseite und konzentriere mich auf die Strandparty. Als ich das Ausmaß des Lagerfeuers sehe, bin ich mir nicht sicher, ob das legal ist. Die Funken schlagen hoch in den Nachthimmel und einige Studenten halten nichts von einem Sicherheitsabstand. Um das Lagerfeuer liegen zur Hälfte dicke Baumstämme, die als Bänke genutzt werden.

Ich lasse meinen Blick über die feiernde Menge gleiten und es dauert nicht lange, bis ich die Wilson-Drillinge ausmache. Cole und Trevor stehen mit dem Gesicht zu mir, Zack zum Glück mit den Rücken. Mein Herz schlägt schneller, als ich ihn sehe, und die Schmetterlinge in meinem Bauch erwachen zum Leben. Er trägt ein weißes T-Shirt, das sich perfekt an seinen muskulösen Rücken schmiegt. Seine starken Oberarme spannen den Stoff an den Ärmeln.

Ich schaue einen Moment zu lang in ihre Richtung, als Cole die Hand hebt und mich grüßt. Zack dreht sich daraufhin um. Sein Blick trifft mich unerwartet und ich halte die Luft an, als er mich akribisch mustert. Ich wäre gern noch länger unentdeckt geblieben. Zögerlich hebe ich noch einmal die Hand und winke ihm zu. Es ist lächerlich, so zu tun, als hätte ich ihn nicht gesehen. Einerseits will ich nichts mehr mit ihm zu tun haben, weil er sich wie ein Arsch benimmt, und andererseits fühle ich mich zu ihm hingezogen. Mache mir ständig Gedanken um meine Outfits und ob sie ihm gefallen.

Zacks Blick bleibt an mir hängen, ehe er zu Alex und Alice sieht, die immer noch neben mir stehen.

Ich rechne damit, dass er seinen Blick abwendet und weiter mit Cole und Trevor redet, aber stattdessen kommt er auf uns zu. *Fuck!*

Ich hätte zu Hause bleiben sollen, das hätte meiner Mom auch besser gefallen. Mobiles Netz habe ich hier keins, sodass ich ihr notgedrungen eine altertümliche SMS schreiben musste, dass ich gut angekommen bin und alles in Ordnung ist.

Ich wende mich von Zack ab und Alice und Alex zu. »Was wollen wir trinken?«, frage ich meine beste Freundin.

»Bier?«, schlägt sie vor und ich verziehe den Mund.

Bier ist nicht das, was ich hören will, aber besser, als länger hier rumzustehen. Wir müssen uns unters Partyvolk mischen, damit Zack mich aus den Augen verliert.

»Klar, wieso nicht ...«. Ich lächle sie an. »Wo kann ich es ...«.

»Hey, Taylor!«, begrüßt mich Zack und ich kneife die Augen zusammen. Mich nicht umzudrehen und ihm ‹Hallo› zu sagen, ist kindisch, das weiß ich. Außerdem kann ich ihm nicht ewig aus dem Weg gehen und muss früher oder später wieder mit ihm reden, weil wir gezwungen sind, diese Partnerarbeit gemeinsam zu beenden. Es geht dabei um Oxford und dafür bringe ich auch das Opfer, dass ich mich weiter mit ihm herumschlagen muss.

Ich atme einmal tief durch und drehe mich herum. »Hey, Zack«, begrüße ich ihn und schenke ihm ein Lächeln. Dieses ist sogar echt. Ich muss mich nicht mal anstrengen, damit es gelingt, denn insgeheim freue ich mich doch, ihn wiederzusehen. Ich bringe mich in immer größere Schwierigkeiten bei dem Kerl, denn eigentlich bin ich sauer auf ihn. Aber: Wenn er so vor mir steht und wirkt, als könne er kein Wässerchen trüben, schlägt mein Herz unerwartet höher.

»Hey«, wiederholt er noch einmal. »Schön, dass du mitgekommen bist ...«.

Sein Blick fällt auf Alice, die ihm zuzwinkert und dann nach Alex' Hand greift und ihn hinter sich her zum Lagerfeuer zieht. Ich atme tief ein und schlucke jeden bissigen Kommentar in Richtung meiner besten Freundin herunter. Ich kann nicht fassen, dass sie sich auf Zacks Seite stellt, nachdem ich ihr erzählt habe, wie scheußlich er sich benimmt. Noch weniger kann ich fassen, dass sie mich hergelockt hat, damit ich wieder mit ihm spreche. Alice weiß genauso gut wie ich, dass ich Zack hier keine Szene machen kann.

»Sei nicht sauer auf sie«, meint Zack, als könne er meine Gedanken lesen. »Ich habe sie überredet.«

»Noch ein Grund mehr, oder?«, entgegne ich bissig.

»Taylor«, seufzt er, »bitte sei nicht mehr böse.«

»Und wieso nicht?«, gehe ich direkt in die Offensive und verschränke die Arme vor der Brust. So viel dazu, dass ich ihm keine Szene mache. »Du bist derjenige, der sich null bemüht, dass wir miteinander auskommen dieses Semester.«

»Meine Woche war echt mies, okay?«, meint er und kneift die Augen zusammen. »Das Spiel gegen Louisiana State ist das Wichtigste in der Saison. Das dürfen wir nicht verlieren – nie. Ich war frustriert, habe nach Erklärungen für meine Leistungen gesucht und ... und bin zu der Erkenntnis gekommen, dass es nur daran gelegen hat, dass ich meine Zeit lieber mit dir statt beim Training verbracht habe.«

Mein Herz macht bei ‹mit dir› einen Hüpfer. Zack verbringt lieber Zeit mit mir statt beim Training! Wow. Die Herzchen in meinen Augen blinken wie wild bei seinem Geständnis.

»Was ich nicht hätte tun dürfen.«

Und mit einem Satz holt er mich auf den Boden der Tatsachen zurück.

»Dieses Spiel hatte absolute Priorität und die habe ich nicht ... gesetzt.«

Zum Ende hin wird er immer leiser und kommt mir immer näher.

»Okay«, sage ich. »Ist angekommen. Kann ich gehen?« Ich deute in die Richtung, in die Alice und Alex verschwunden sind.

»Trotz allem ...«, Zack atmet tief durch, »... verbringe ich meine Zeit gern mit dir.«

Und mein Herz setzt zum nächsten Sprint an. Sein Blick sucht meinen und ich schlucke, als er mich trifft. Das Graublau seiner Augen nimmt mich völlig gefangen und meine Kehle fühlt sich staubtrocken an.

»Und ich hoffe, dass du mir noch eine Chance gibst, es wieder gutzumachen«, setzt er nach.

»Wegen deiner Note?«, frage ich und Zack zieht die Augenbrauen zusammen.

»Nein«, platzt es aus ihm heraus. »Doch, auch ... Ich muss den Kurs bestehen und ich weiß, dass ich das nur mit deiner Hilfe kann, Tay. Ich kapiere die Texte nicht. Gestern habe ich mich hingesetzt und habe versucht, sie zusammenzufassen, sodass du mich nicht weiterhin für einen Idioten hältst, aber die Wahrheit ist … Ich bin zu blöd.«

»Du bist nicht blöd«, rüge ich ihn und schüttle den Kopf. »Mir fällt es auch schwer. Ich schlage viele Fachbegriffe nach.«

»Oh …«.

Sein Blick ist unbezahlbar, als würde er gerade zu der Erkenntnis kommen, dass es Lexika gibt. »Zack Wilson!« Ich stemme die Hände in die Hüften. »Du willst mir nicht wirklich sagen, dass du nicht auf die Idee gekommen bist, ein Wörterbuch zu benutzen, um die Fachbegriffe und Fremdwörter besser zu verstehen, oder doch?«

»Ich verweigere die Aussage«, sagt er mit einem spitzbübischen Lächeln auf den Lippen und ich lache. Ich kann nicht anders als zu lachen, weil er jetzt wieder der Zack ist, den ich so gern mag und nicht der arrogante Football-Arsch, den ich am liebsten ohrfeigen würde.

»Verzeih mir«, wispert er. »Bitte, Tony.« Seine Mundwinkel zucken leicht, als er mich ‹Tony› nennt, was mich dazu veranlasst zu kichern.

Kichern ist nie gut in der Gegenwart eines Jungen, das war es in der Highschool schon nicht. »Na gut … Ich verzeihe dir«, höre ich mich sagen. »Das ist deine letzte Chance.«

»Danke.« Sein Lächeln ist ehrlich. »Was willst du trinken?«

Dass er so abrupt das Thema wechselt, wundert mich, aber schließlich nehme ich es hin. Schlussendlich habe ich keine andere Wahl, als seinen Worten Glauben zu schenken. Ich muss darauf vertrauen, dass Zack mich diesmal nicht bei der nächstbesten Gelegenheit als Idiotin sitzen lässt.

»Wasser wäre gut.«

»Wasser?«, fragt er und ich nicke.

»Okay«, meint er. »Besorgen wir uns ein Wasser. Komm.«

Ich folge ihm durch den Sand zurück zu seinen Brüdern. Ich spüre die Blicke der anderen Studenten auf mir, vorwiegend der Weiblichen, und es ist mir unangenehm. Obwohl es das nicht sein müsste. Zack und ich sind Projektpartner und wir verstehen uns gut. Das, was mein Herz in seiner Gegenwart veranstaltet, ignoriere ich. Vielleicht kann ich mich auch dazu hinreißen lassen, einzugestehen, dass wir uns miteinander angefreundet haben. Mehr ist da definitiv nicht.

Er zieht aus einer Wanne eine Flasche mit Wasser und nimmt zwei Becher aus dem Karton daneben. Wortlos schüttet er uns ein. »Bitte«, sagt er, als er mir den Becher hinhält. Unsere Fingerspitzen berühren einander und meine Haut kribbelt verräterisch. Die Wasserflasche wirft er zurück in die Wanne, sodass das Wasser rausspritzt und den weichen Sand drumherum weiter einnässt.

»Danke«, erwidere ich.

»Wie laufen deine Partyvorbereitungen?«, erkundigt er sich freundlich.

»Nicht *das* Thema schon wieder!«, stöhne ich und trinke von meinem Wasser.

»Wieso?«, fragt er.

»Weil ...«.

Trevor und Cole erscheinen hinter Zack und beenden unser Gespräch. Es ist das erste Mal, dass ich den Wilson-Drillingen gegenüberstehe. Trevor sieht Zack unglaublich ähnlich, aber bei Cole von Ähnlichkeit keine Spur.

»Machst du uns bekannt oder müssen wir das selbst tun?«, fragt Trevor amüsiert nach.

Zack verdreht die Augen, aber rückt näher an mich heran, um mehr Abstand zwischen mich und seine Brüder zu bringen.

»Taylor, das sind meine Brüder Trevor und Cole«, verkündet er wenig ambitioniert, weil er diese Vorstellungsrunde nicht möchte. »Trev, Cole – das ist Taylor.«

»Hi«, meint Cole. »Schön, dich persönlich kennenzulernen.«

»Hi«, erwidere ich. »Freut mich auch. Ich bin Taylor.«
»Ich bin Trevor«, sagt dieser.

»Da ihr euch jetzt kennt ... Verzieht euch«, murrt Zack und ich sehe ihn mit großen Augen an.

Was soll das denn? Es ist doch nett, dass seine Brüder sich mir vorstellen möchten. Es gibt keinen Grund, dass sie gehen sollen.

Trevor und Cole sehen einander grinsend an. »Sicher, wir –«

Das schrille Geräusch von Sirenen dringt zu mir durch und ich reiße den Kopf hoch. Auch die Wilson-Drillinge recken ihre Köpfe in die Höhe und Zack kommt noch näher, als die Sirenen immer lauter werden. Sein Aftershave weht mir um die Nase und am liebsten würde ich mich an ihn schmiegen und sie in seinem T-Shirt vergraben.

Doch mit einem Mal wird es so turbulent um uns herum, dass das der letzte Gedanke ist, den ich verschwenden sollte: Ringsum werden die Studenten panisch. Alle sehen sich hektisch nach einem Weg um, den Strand so schnell wie möglich zu verlassen. Nun bin ich diejenige, die näher zu Zack rückt und seine Nähe sucht.

»Scheiße, die Bullen!«, brüllt jemand. »Haut alle ab!«

Mein Kopf fliegt herum auf der Suche nach Alice und Alex, aber in diesem Chaos kann ich sie nicht entdecken. Panik erfasst mich. Immerhin bin ich mit meiner besten Freundin und ihrem Freund hergekommen. Was soll ich denn machen, wenn ich sie nicht mehr finde?

»Komm!« Zack greift nach meiner Hand und ich zucke heftig zusammen. Trevor und Cole sehen mich ebenfalls drängend an. Unfähig, mich zu bewegen, bleibe ich stehen.

»Wir müssen hier weg!«

»Aber …«. Das Blaulicht der Streifenwagen durchdringt die Dunkelheit und die Sirenen sind so laut, dass ich Zack kaum verstehe. »Alice und Alex …«.

»Scheiß drauf!«, ruft er. »Komm mit, Taylor.«

Ich nicke und im nächsten Moment laufen Cole, Trevor, Zack und ich los. Meine Hand fest in seiner rennen wir durch den Sand immer weiter weg von der Party. Ich habe Mühe und Not, mit ihnen mitzuhalten. Sie sind Leistungssportler und ich mache höchstens einmal Sport, weil mir die Farbkombinationen der Laufleggings gut gefallen und ich sie ausführen möchte.

»Zack … Ich schaffe das nicht«, japse ich.

Mittlerweile sind wir an baufälligen Holztreppen angekommen, die allesamt zur Promenade hochführen.

»Wir nehmen die nächste Treppe«, ruft Trevor Zack zu. Dieser nickt und zerrt mich weiter hinter sich her.

»Zack«, keuche ich erneut, »nicht so schnell.«

»Wir müssen hier weg, Tay«, drängt er mich. »Hier hoch.« Er deutet auf eine morsche Holztreppe, die mir alles andere als sicher vorkommt. Die Bretter sind teilweise gebrochen oder fehlen komplett. Das Geländer hat ebenfalls schon bessere Zeiten erlebt. »Mach schon«, knurrt er. »Klettre da hoch.«

Da ich auf keinen Fall von der Polizei abgeführt werden möchte, nicke ich und klettere vor ihm die Stufen nach oben.

»Bay Rouge Polizei!«, dröhnt es durch ein Megafon. »Bleiben Sie alle stehen.«

Ich sehe mich bereits im Down Beach County Gefängnis in Gewahrsam sitzen, wo meine Eltern mich abholen müssen. Ich hasse Alice mit ihren bescheuerten Ideen und Partys.

»Verdammt, Taylor!«, brüllt Zack mich an. »Beweg deinen Arsch die Treppe hoch!«

»Aber sie haben gesagt, dass wir stehen bleiben sollen und ...«.

»Und dann tust du das?« Er verdreht die Augen. »Lauf da hoch oder willst du mit auf die Wache?«

»Nein.« Erneute Panik durchflutet meinen Körper und ich renne die Treppe nach oben. Zack folgt mir und die Stimmen der Polizisten werden wieder lauter.

»Keiner bewegt sich vom Strandabschnitt fort. Auch Sie da auf den Treppen nicht!«

Zack und ich erreichen das Ende der Treppe, als uns eine Taschenlampe anleuchtet.

»Komm.« Er nimmt erneut meine Hand und zieht mich über mehrere Kartons hinweg, hinter einen Kiosk. »Duck dich.«

Ich hocke mich hin. Zack legt seine Arme um mich, sodass ich an seine muskulöse Brust gepresst werde und die Polizisten mich nicht sehen können. Das Herz schlägt mir bis zum Hals und das Adrenalin pumpt durch meine Adern. So etwas habe ich noch nie erlebt.

Mein Herz will sich gar nicht beruhigen. Nun schlägt es aber nicht mehr wegen der drohenden Gefahr durch die Polizisten so schnell, sondern wegen Zacks Nähe. Er presst mich immer noch an seinen starken Körper. Hält mich mit seinen Armen umschlungen. Ich kann seinen Atem an meinem Ohr spüren und Gänsehaut breitet sich auf meinem Körper aus. Er ist mir so verdammt nah!

»Ich glaube, sie sind weg«, flüstert er rau. »Scheiße – das war knapp.«

Zack gibt mich frei und steht auf, um nachzusehen, ob die Luft rein ist.

»Sie sind fort«, bestätigt er, sodass ich auch aufstehe.

»Sicher?«, frage ich noch mal.

»Auf jeden Fall«, meint er und klettert hinter dem Kiosk hervor.

Ich folge ihm. Tatsächlich ist es still um uns geworden. Zu still sogar.

»Lass uns die Promenade entlang gehen«, meint er und reicht mir erneut die Hand. »Falls die Cops noch da sind.«

»Aber ...«, will ich neuerlich protestieren, doch ich gebe es schnell auf. Es hat keinen Sinn, mit ihm zu diskutieren. »Okay.«

Zack nimmt meine Hand und verschränkt unsere Finger miteinander. Ein angenehmes Kribbeln breitet sich in meinem Körper aus und ich sehe zu ihm auf, während wir die Promenade entlanglaufen.

8. Kapitel - Zack

Ein offenes Lagerfeuer in dieser Größenordnung am Strand zu machen ist schon selten dämlich. Dass am Ende aber wirklich die Polizei kommt, finde ich krass. Wir haben schon oft an dem Strandabschnitt gefeiert, auch mit Lagerfeuern. Aber die waren noch nie so groß. Hoffentlich hat sich keiner erwischen lassen und sitzt in Down Bay County Gefängnis in Gewahrsam! Andererseits – eigene Schuld, wenn man sich in so einem Moment nicht schnell genug vom Acker macht. Taylor wäre das um ein Haar auch passiert, wenn ich sie nicht die Treppe nach oben getrieben hätte. Ich wäre ebenfalls mit einkassiert worden, weil ich es nicht übers Herz gebracht hätte, sie allein zu lassen.

Mein Blick fällt auf unsere miteinander verschränkten Hände und ich grinse zufrieden. Die Wendung dieses Abends ist überraschend. Eigentlich wollte ich mich nur bei ihr entschuldigen. Dafür habe ich sogar ihre beste Freundin Alice heute Morgen am Campus abgefangen, um sie zu überreden, dass sie Taylor mitbringt. Zunächst war sie mir alles andere als wohlgesonnen und es kostete mich einige Überredungskunst, bis sie mich angehört hat.

Meine Entschuldigung bei ihr war nicht mal sonderlich einfallsreich: ‹Meine Woche war mies.› Uneleganter hätte ich nicht anfangen können. Eigentlich kann es mir auch nach wie vor egal sein, weil Taylor nicht zu den Leuten gehört, die jemand hängenlassen – und sei es nur, um nicht vor Professor Derksen zugeben zu müssen, dass sie an mir gescheitert ist. Ich glaube auch, sie will sich selbst beweisen, dass es ihr gelingt, mir eine gute Abschlussnote zu verschaffen. Taylor hätte mir auf jeden Fall geholfen, aber sie hat etwas an sich, das mich fasziniert, das ich mag. Sie will mir nicht auf Teufel komm raus gefallen, weil ich Zack Wilson bin. Quarterback der Bay Rouge Lions und der verdammte Superstar dieses Colleges. Nein, sie sagt mir ins Gesicht, dass ich ab und zu scheiße bin und übers Ziel hinausschieße. Etwas, das ich sonst nur von meinen Brüdern kenne. Taylor ist erfrischend. Dazu hat sie genau das richtige Maß an Humor. Sie ist viel zu gut für mich und mein Ego.

Trotzdem laufen wir Hand in Hand über die Strandpromenade und es fühlt sich verdammt gut an. Ich bin gern mit ihr zusammen und Zeit mit ihr zu verbringen, ist zu meiner zweitliebsten Beschäftigung geworden.

»Zack?«, durchbricht sie die Stille.

»Ja?«, frage ich.

Taylor sieht zu mir auf. »Wusstest du wirklich nicht, dass ich Taylor heiße, oder hast du mich mit dem falschen Namen angesprochen, um mich zu reizen?«

Grinsend sehe ich sie an. »Was glaubst du denn?«

»Ich glaube, dass du es wirklich nicht wusstest«, antwortet sie bedrückt.

Ich seufze, weil sie mit einem Mal so traurig wirkt. Es war damals nicht meine Absicht, sie zu kränken. Ich wollte sie einfach nur loswerden.

»Ich wusste, dass dein Name mit T anfängt und du mit Alice befreundet bist«, sage ich die Wahrheit. »Bei Tony habe ich geraten und ganz ehrlich ... In dem Moment war es mir auch echt egal, wie du heißt. Hauptsache, es könnte richtig sein und du gehst.«

»Ach ... Alices Namen wusstest du?« Ihr Blick ist vorwurfsvoll und ich presse die Lippen zusammen.

»Alex hat ihn ein paar Mal erwähnt«, rede ich mich raus.

»Schiebst du es Alex in die Schuhe, dass du dir den Namen meiner besten Freundin merken konntest, und meinen nicht?«, schimpft sie.

»Äh ...« Und die Luft wird schon wieder unglaublich dünn um mich herum. Wie macht sie das nur, dass sie mich so schnell durchschaut? »Ich verweigere die Aussage. Außerdem hätte ich dich auch Angela oder Pamela nennen können.«

»Du zählst die Namen aus ‹Mambo Number Five› auf?«

Hielte ich nicht ihre Hand, würde sie garantiert vorwurfsvoll die Arme vor der Brust verschränken.

»Nein ...«

»Zack!« Taylor schlägt mir mit der freien Hand auf den Oberarm. Ihre Berührung sorgt dafür, dass mich ein Stromschlag durchfährt. »Das ist nicht witzig. Ich war gekränkt, dass du meinen Namen nicht wusstest.«

»Ach ja?«, will ich wissen. »Wieso denn?«

Ihre Wangen färben sich rot und ich grinse sie noch breiter an. Langsam bleibe ich stehen und ziehe Taylor an mich. Ihr blumiger Duft weht mir um die Nase und ich sehe ihr in die Augen. Fuck, sie ist so verdammt schön! Ihre vollen Wimpern blinzeln heftig und der Rotton ihrer Wangen intensiviert sich. Meinen freien Arm lege ich um ihre Hüfte und drücke ihren Körper an mich. Daran könnte ich mich definitiv gewöhnen.

»Das fragst du noch?«, entgegnet Taylor wenig überzeugend. »Es war nicht nett und du bist mir sofort über den Mund gefahren.«

»Ich musste damals los«, verteidige ich mein Handeln. »Ich hatte keine Zeit für einen Plausch.«

»Pfff ...«

»Du wirst schon wieder schnippisch«, stelle ich fest.

»Weil du mich bis aufs Blut reizt, Zack«, faucht sie. »Wie hättest du es denn gefunden, wenn ich dich ‹Zion› genannt hätte?«

»Zion?«, will ich amüsiert wissen.

»Mir fällt kein besserer Name mit Z ein«, rechtfertigt sie ihre absurde Auswahl.

»Ist klar, Tony«, flüstere ich ihr zu und beuge mich zu ihr runter. Mein Kopf macht diese Bewegung ganz von allein. Ohne dass ich sie steuern kann. Auch auf die Gefahr hin, dass ich damit alles gegen die Wand fahre, was ich heute errungen habe bei ihr – ich will sie küssen. Es ist nicht so, dass ich mir das bisher noch nicht ausgemalt habe.

»Was machst du da?«, haucht sie.

»Dich küssen«, antworte ich und mein Herz rast in meiner Brust. Ich ziehe Taylor noch näher an mich heran. Dieser Kuss ist alles, was ich will, und auf keinen

Fall gebe ich ihr die Chance, mich wegzustoßen. Was nicht heißt, dass ich sie dazu zwingen werde, mich zu küssen. Wenn sie es nicht will, muss ich diese Niederlage einstecken.

»Jetzt?«, piepst sie.

»Ja.«

»Hier?«

»Ja.«

Dass Taylor mich immer wieder überrascht, ist nichts Neues für mich. Sie agiert oft so, wie ich es nicht erwarte und vielleicht finde ich sie auch genau deswegen so anziehend. So auch dieses Mal. Ihre freie Hand findet den Weg in meinen Nacken und sie zieht mich weiter zu sich. Schließlich ist sie es, die den letzten Schritt macht und ihren Mund auf meinen legt. Ganz sanft berühren ihre Lippen meine, sodass ich mir kaum sicher sein kann, dass sie mich wirklich küsst.

Sie tut es.

Taylor küsst mich.

Ihre Lippen bewegen sich vorsichtig auf meinen, als hätte sie Angst, dass ich den Kuss abbreche. Das werde ich auf keinen Fall tun!

Sie öffnet die Lippen und gewährt meiner Zunge Einlass. Als meine Zunge ihre berührt, keucht sie leise auf. Scheiße, das fühlt sich so gut an!

Ich dränge meinen Körper an ihren, drücke mich an sie, um ihr klarzumachen, wie sehr ich das will. Ich löse meine Hand aus ihrer, um sie ebenfalls in ihren Nacken zu legen und ihren Kopf anzuwinkeln. Taylor lässt mich gewähren und gibt mir die Kontrolle über unseren ersten Kuss. Sie stöhnt in den Kuss hinein.

Mein Schwanz wird hart und möchte auch an dieser Erfahrung teilhaben.

Dass sie so küsst, hätte ich ihr nicht zugetraut. Taylor schlingt ihre Arme um meinen Hals und schmiegt sich noch weiter an mich.

Dieser Abend wird immer verrückter. Zu Beginn habe ich geglaubt, dass wir das mit uns niemals auf die Reihe bekommen und jetzt ... Wow! Taylor küsst fantastisch. Ihre neckende Zunge umspielt meine und ihre Brust schmiegt sich an meine. Mein Magen kribbelt verdächtig und ich wünschte, wir stünden nicht mitten auf der Straße.

Nach Luft ringend lösen wir uns schließlich voneinander.

Taylor lächelt mich an und ich erwidere das Lächeln. Meine Hände wandern von ihrem Nacken über die Arme bis zu ihren Hüften, an denen ich sie festhalte.

»Hast du Hunger?«, ist das Erste, was ich frage.

Taylor sieht mich ein paar Sekunden an und lacht. Mit dieser Reaktion habe ich auch nicht gerechnet. »Das ist definitiv die schrägste Frage, die mir nach einem Kuss jemals gestellt wurde.«

»Wieso?«, frage ich. »Ich habe Hunger.«

»Du bist verrückt.«

»Positiv verrückt?«, will ich wissen und wackle mit den Augenbrauen.

»Definitiv«, wispert sie.

Ich greife nach Taylors Hand und ziehe sie wieder an mich, ehe ich meine Arme um ihre Hüften lege.

»Übrigens«, lasse ich sie wissen, »wusste ich gar nicht, dass du der Typ ‹erster Schritt› bist.«

Ihre Augenbrauen wandern in die Höhe. »Wie soll ich das denn verstehen?«, will sie wissen.

»Als wir uns kennengelernt haben, hast du den ersten Schritt gemacht und bist mir gefolgt. Bei unserem ersten Kuss machst du auch den ersten Schritt.«

Ihr Gesichtsausdruck hellt sich auf. »Oh, bitte ...« Sie kichert. »Wenn ich auf dich warten müsste, würde ich immer noch im Hörsaal stehen.«

»Hey.« Ich boxe sie sanft in die linke Seite. »Das schadet meinem Quarterback-Ego.«

»Gut.« Taylor reckt das Kinn in die Höhe. »Danach bist du immer brauchbarer.«

»Brauchbarer?«, frage ich. »Heißt das ...?«

Ich beuge mich zu ihr vor und streiche ihr sanft die Haare zurück. Dann küsse ich ihre Ohrmuschel. Eine Gänsehaut bildet sich auf ihren Armen, die ich wohlwissend zur Kenntnis nehme. »Wenn wir den nächsten ersten Schritt gehen, muss ich es also vorher mit einem dummen Spruch vergeigen.«

Sie wird erneut rot. Ja, ich rede von Sex. Mit Taylor ins Bett zu gehen oder wahlweise auf jede andere Oberfläche oder an die Wand wird unglaublich werden!

»Dann passiert das noch heute Abend«, meint sie und ich lasse sie los – mehr aus Schreck, dass sie so direkt ist und nicht verlegen wegschaut, wie ich es erwartet habe. Scheiße, verdammt, Taylor Smith tut nie, was ich erwarte. Das macht mich unheimlich an!

»Lass uns essen gehen. Du lädst mich ein. Immerhin hast du mich heute fast umgebracht.« Dann fährt sie herum und marschiert los in Richtung eines Diners.

»Was habe ich?«, rufe ich ihr nach.

Mit zwei schnellen Schritten bin ich bei ihr und schlinge meine Arme um sie. Taylor lacht laut, als ich ihre Kehrseite an meine Brust ziehe und meinen Unterleib an ihren unteren Rücken drücke.

»Zack ...«, keucht sie. »Das ist doch nicht dein ...«

»Er ist noch schlaff.«

»Zack!« Taylor fährt herum. Ihre Wangen glühen, was mich freut. »Lass das!«

»Okay, okay.« Ich hebe ergeben die Hände. »Was willst du essen?«, frage ich. Ich nehme erneut ihre Hand.

»Burger«, schlägt sie vor.

»Okay.«

Hand in Hand gehen wir auf das Diner zu, wo ich ihr die Tür aufhalte. Taylor schlüpft hinein und ich folge ihr. Wir nehmen einen freien Tisch in der Ecke und setzen uns.

»Hallo«, begrüßt uns auch sogleich eine eifrige Kellnerin. »Was darf ich euch bringen?«

»Zwei Karten und für mich ein großes Wasser«, bestelle ich und sehe zu Taylor. »Was willst du trinken?«

»Bitte auch ein Wasser«, sagt sie.

Die Kellnerin gibt uns die Karten vom Nachbartisch und legt sie vor uns ab. »Getränke bringe ich euch sofort.«

»Danke«, sagt Taylor und schlägt die Speisekarte auf. Ich tue es ihr gleich. Der Laden hat mehr Auswahl, als ich dachte. Neben Burgern gibt es auch allerhand mexikanisches Fast Food. »Ich nehme den Cheeseburger mit doppelt Beef«, entscheide ich und lege die Karte zur Seite.

»Das ging schnell.« Taylor sieht über den Rand ihrer Speisekarte zu mir. »Die Auswahl ist so groß.«

»Darum habe ich einen Klassiker genommen«, erwidere ich. »Da geht hoffentlich nichts schief.«

Sie kichert.

Meine Befürchtung, dass es nach dem Kuss komisch zwischen uns werden könnte, bewahrheitet sich nicht. Wir verstehen uns immer noch so gut wie vorher, auch wenn wir heute eine Grenze überschritten haben, die über das Projektpartnersein hinausgeht. Die Entscheidung, sie zu küssen, kam in diesem Moment aus dem Bauch heraus, aber es war keine Kurzschlussreaktion. Wie ihre Lippen auf meinen schmecken, ist etwas, das ich mich bereits seit geraumer Zeit frage.

»Ich nehme einen normalen Hamburger.« Sie klappt die Speisekarte ebenfalls zusammen und legt sie auf meine.

»Was sind deine Pläne nach dem College?«, frage ich sie.

»Ich möchte in einem Unternehmen in der Kommunikation arbeiten«, antwortet Taylor. »Ich finde es spannend, wie Firmen sich in diesem Feld strukturieren und aufbauen. Außerdem wird der Kommunikationsprozess durch die Digitalisierung immer umfangreicher.«

»Das klingt interessant«, erwidere ich. »Ich nehme an, dann zieht es dich in eine der großen Städte des Landes?«

»Ja.« Sie nickt. »Um ehrlich zu sein, möchte ich nach New York.«

»Das ist sehr konkret.«

»Du weißt auch, was du willst«, erwidert sie und ich nicke.

»Ja, sicher«, antworte ich. »Aber ich kann mir mein Team nicht aussuchen. Beim Draft geht man zu dem Team, das einen auswählt.«

»Ja, stimmt. Bei mir hängt es auch davon ab, welches Unternehmen mich einstellt. Aber du hast schon recht, dass es mehr Firmen in New York gibt als Footballklubs. Hast du favorisierte Teams?«

»Natürlich habe ich die, aber die ersten Picks beim Draft sind meistens Quarterbacks und die gehen an die schlechtesten Teams der Vorsaison. Es sei denn, sie haben den Pick getauscht.«

»Verstehe.« Taylor nickt. »Das schlechteste Team dieser Saison ist nicht automatisch das schlechteste Team in der darauffolgenden, oder?«

»Nicht unbedingt, aber ein Rookie kann keine Wunder vollbringen.« Ich schüttle den Kopf. »In der Regel ist es so, dass die schlechteren Teams Jahre brauchen, um nach oben zu kommen. Es kann also sein, dass diese Saison ein Ausblick ist.«

»Und wenn du es dir aussuchen dürftest?«, fragt sie. »Von allen Teams? Welches ist es?«

Die Kellnerin bringt uns die Getränke und notiert unsere Essenswünsche.

»Dann würde ich gern in Chicago spielen.«

»Wieso Chicago?«

»Wir kommen aus Illinois und sind in der Nähe von Chicago aufgewachsen. Unser Dad hat uns immer mit zu den Spielen genommen.«

»Cool.« Taylor nippt an ihrem Wasser. »Ich mag die kalten Bundesstaaten.«

»Wirklich?«

»Ja, tatsächlich.« Sie kichert. »Mir ist es in Louisiana zu warm.«

»Ich finde es sehr angenehm, obwohl es im Sommer auch manchmal echt zu viel wird. Gerade beim Training.«

»Warum will man immer das haben, was man nicht haben kann?«

»Ich habe heute mehr bekommen, als ich erwartet habe ...«, lasse ich sie wissen und zwinkere.

»Oh Zack ...« Taylor verdreht die Augen.

In den nächsten Minuten, bis unser Essen kommt, unterhalten wir uns über das College und unsere Stipendien. Mit der Ruhe vorbei ist es, als ihr iPhone mehrfach klingelt, aber sie nicht rangeht. Schon, als wir im Café am Campus waren, ist mir aufgefallen, dass sie es ignoriert. Ihr Blick ist verkniffen und ich merke ihr an, dass sie doch gern abheben würde. Wieso tut sie es nicht? Ich habe kein Problem damit, dass sie kurz telefoniert. Vielleicht ist es Alice, die wissen möchte, wo wir sind.

»Du kannst das Gespräch annehmen«, biete ich ihr an. »Meinetwegen musst du es nicht wegdrücken.«

»Nein, nein.« Sie schüttelt mit dem Kopf. »Ist nicht wichtig ...«

Es klingelt wieder und ich ziehe die Augenbrauen hoch.

»Bist du sicher?«, hake ich nach.

»Ja, es ist«, sie drückt den Anrufer weg, »nicht wichtig.«

Etwas sagt mir, dass sie mir nicht die Wahrheit sagt, aber warum? Der Anrufer ist sehr hartnäckig, geradezu aggressiv, um sie zu erreichen.

Taylors Augen werden riesig und sie öffnet den Mund, um etwas zu sagen, tut es aber nicht. Ich sehe sie fragend an und drehe schließlich meinen Kopf herum, um zu sehen, was sie so aus der Fassung bringt.

Ein Mann im Alter meines Dads hält auf unseren Tisch zu. Er trägt ein weißes Hemd, eine dunkelblaue Anzugshose und braune Oxfords. Seine dunkeln Haare sind an den Schläfen ergraut und seine Miene wirkt angespannt bis wütend.

»Taylor«, sagt er und sieht sie an.

Mich ignoriert er entweder oder hat mich noch nicht wahrgenommen. Ich tippe auf Ersteres.

»Ich habe dich überall gesucht. Was machst du hier?«

Taylor schweigt, was nicht nur dem Mann, sondern auch mir langsam, aber sicher zu viel wird. Wer ist er? Ich räuspere mich, um auf mich aufmerksam zu machen. Das funktioniert auch, denn er sieht mich an.

»Louis Smith.« Er nickt mir zu. »Ich bin Taylors Vater.«

Darauf weiß ich keine Antwort. Nicht mal meinen Namen bekomme ich über die Lippen. Was will ihr Dad hier und noch viel wichtiger: Wie hat er uns gefunden?

Um Taylor nicht noch weiter in Schwierigkeiten zu bringen, versuche ich es nun doch mit einem freundlichen Schritt auf ihren Dad zu. »Ich bin Zack«, stelle ich mich vor. »Taylors ...« Ja, was bin ich für seine Tochter? *Ihr* Freund? *Ein* Freund? Der Typ, mit dem sie heute rumgeknutscht hat? Ihr Projektpartner am

College? Ja, das klingt vernünftig. Die Story, dass wir vor den Cops geflohen sind, spare ich mir.

»Dad«, unterbricht Taylor mich. »Was tust du hier?«

»Du hast dich nicht gemeldet«, wirft er ihr vor. »Wir haben uns Sorgen gemacht.«

»Ihr habt euch ...« Taylor kneift die Augen zusammen und atmet tief durch. »Ich habe euch gesagt, dass ich mit Alice und Freunden am Strand bin.«

»Und wo ist Alice?«, nörgelt er. »Und was machst du mit *ihm* ... hier?«

Nun sieht er mich doch an und mustert mich akribisch. Aus meiner sitzenden Position empfinde ich Mr. Smith als riesig und einschüchternd. Er hat dieselben dunkeln Augen wie seine Tochter und sieht mich genauso vorwurfsvoll an, wie sie es immer tut.

»Das ist Zack«, stellt Taylor mich nochmals vor. »Er ist ein Freund.«

Gut, dann hätten wir geklärt, wie wir aus ihrer Sicht zueinanderstehen. Ehrlich gesagt habe ich mir etwas mehr gewünscht als diese Bezeichnung, aber in Anbetracht der angespannten Situation ist es so wohl besser. Außerdem haben wir nicht darüber gesprochen, was wir nach nur einem Kuss sind. Es wäre lächerlich, dass ausgerechnet ich, der nie mehr will, nun mehr darin sieht, als es womöglich ist. Was ist nur los mit mir?

»Und wieso sagst du uns nicht, dass du mit ihm isst?« Mr. Smith mustert mich.

»Dad, bitte ...« Taylor ist es sichtlich unangenehm, das merke ich ihr an. Ich kann aber nicht leugnen, dass es mich neugierig macht, wie ihr Vater uns aufgespürt hat.

»Das war eine spontane Idee, Sir«, melde ich mich zu Wort. »Es war nicht Taylors Absicht, dass Sie sich Sorgen machen.«

Das süße Lächeln auf ihren Lippen strahlt Dankbarkeit aus.

»Taylor weiß, dass das so nicht geht«, sagt er unwirsch und sieht mich streng an, als hätte ich einen Fehler gemacht. »Wir gehen.«

Meine Augenbrauen wandern unkontrolliert nach oben und ich sehe Taylor fragend an.

»Zack bringt mich nach Hause«, widerspricht sie.

Ihr Vater schaut mich wieder an und ist alles andere als begeistert.

»Bitte, Dad! Wir essen noch.«

»Schaltest du bitte die App ein?« Drängend sieht er auf ihr iPhone und zieht sein Eigenes aus seiner Hosentasche. Taylor greift missmutig nach ihrem und drückt darauf herum. Im nächsten Moment gibt das ihres Vaters einen Ton von sich.

»Hat mich gefreut, Zack«, verabschiedet Mr. Smith sich von mir. »Bis später und bleibt nicht zu lange.«

Taylor läuft rot an und beißt sich auf die Lippe. »Dad ...«, drängt Taylor. »Lässt du uns bitte in Ruhe essen?«

Er nickt und verlässt, ohne einen Ton zu sagen, das Diner. Taylor lächelt mich an, als wäre nichts gewesen, aber das lasse ich ihr nicht durchgehen. Das war einer der schrägsten Auftritte eines Elternteils, die ich jemals erlebt habe. Wenn nicht sogar der Schrägste. Die Mom einer meiner Ex-Freundinnen hat uns mal Kekse und eine Limo gebracht, während ich sie gefingert habe. Aus irgendeinem Grund war das gerade noch schräger.

Ich bin doch kein Schwerverbrecher, bei dem man kontrollieren muss, ob die eigene Tochter das Essen überlebt.

»Was war das?«, presse ich hervor. »Und welche App meint er?«

9. Kapitel - Taylor

Ich würde am liebsten vor Scham im Erdboden versinken. Was in aller Welt ist in den letzten Minuten passiert? Ich weiß, dass meine Eltern krass sind, aber das war ... unglaublich peinlich. Sie können mir doch nicht an den Strand folgen, weil ich mich ein paar Stunden nicht melde! Andere in meinem Alter wohnen tausende von Kilometer von ihren Eltern entfernt, sie telefonieren einmal in der Woche miteinander und alle sind zufrieden. Warum bekommen meine Eltern das nicht auf die Reihe? Ich muss Zack unbedingt durch das Semester boxen und nach England gehen! Anders kann ich diesem Wahnsinn nicht entkommen.

Zacks durchdringender Blick sorgt dafür, dass ich mich noch unwohler fühle in meiner Haut. Scham kriecht meine Wirbelsäule nach oben und ich verberge mein Gesicht hinter meinen Händen. Er soll mich so nicht sehen. Am liebsten würde ich mich in Luft auflösen. Zwar ist das in diesem Moment keine Option, aber ich schäme mich so sehr! Ich bin fast zwanzig Jahre alt und meine Eltern checken stündlich, wo ich bin. Das ist nicht normal.

»Taylor«, sagt Zack ruhig. »Was ist los?«

Ich lasse meine Hände langsam sinken und sehe ihn an.

»Das war mein Dad ...«, presse ich hervor, »... wie du mitbekommen hast.«

»Das habe ich, ja.« Zack räuspert sich. »Und er hat mich angesehen, als hätte ich dich entführt.«

Ich seufze schwer. »Meine Eltern sind schwierig.«

»Schwierig?« Er wird lauter und presst die Lippen zusammen. Die Hände zu Fäusten geballt sitzt er vor mir. »Er ist dir bis hierher gefolgt und redet von einer App, die du allem Anschein nach auch wieder angemacht hast? Was tut er damit? Uns orten?«

Ich antworte nicht. Er hat sich die Antwort bereits selbst gegeben. Als Zack merkt, dass er ins Schwarze getroffen hat, schlägt er sich die Hände vors Gesicht und schüttelt den Kopf. Er lässt die Hände wieder sinken und leckt sich über die Lippen.

»Habe ich etwas zu befürchten?«, fragt er. »Dein Dad sah aus als ... als wollte er mich killen. Wenn er deiner Mom erzählt, dass ich dich ...«

Er macht sich Sorgen um seine Karriere, wenn meine Mom ihren Einfluss am College nutzt. Das würde sie nicht tun, das weiß ich. Noch dazu würde ich das niemals zulassen. Darum geht es meinen Eltern auch gar nicht. Ich darf mich mit jedem treffen, mit dem ich will. »Nein.« Ich atme tief durch. »Sie mögen es nur nicht, wenn sie nicht wissen, wo ich bin. Es hat nichts mit dir persönlich zu tun.«

»Wo du ...? Heißt das, sie wussten auch, wo du bist, als wir im Café waren?«, fragt er. »Haben sie angerufen?«

»Meine Mom, ja«, räume ich ein.

Es bringt doch nichts, es ihm weiter zu verheimlichen. Unser Kuss vorhin war großartig und ich will mehr davon. Das bedeutet aber auch, dass ich Zack die Wahrheit sagen muss. Er muss wissen, worauf er sich einlässt, wenn es ihm genauso geht wie mir.

»Und wieso machen sie das?«

Ich atme tief durch und weiß nicht, was ich antworten soll. Klar, weiß ich, was ich antworten muss, aber das möchte ich nicht. Ich will nicht mit Zack über McKenzie reden. Aber: Jetzt ist der Abend sowieso ruiniert. Er wird nicht mehr an unseren Kuss denken oder die Gespräche, die wir geführt haben, sondern nur an den furchtbaren Auftritt meines Dads. »Ich möchte nicht darüber reden«, sage ich dennoch.

»Echt jetzt?«, zischt er. »Du hast eine Ortungsapp auf deinem Handy, du lässt mich wie den größten Idioten vor deinem Dad dastehen und jetzt willst du nicht darüber reden? Was soll das Taylor?«

»Ich kann nicht.«

»Wir haben uns geküsst«, fährt er mich an und ich zucke zusammen.

»Das weiß ich ...«, flüstere ich. »Und ich ... Ich wollte auch lieber daran erinnert werden statt an den Auftritt meines Dads, aber ich kann es nicht ändern. Ich kann sie nicht ändern und ... Ach, vergiss es!«

Ohne ihn noch mal anzusehen, stürme ich aus dem Restaurant.

Bloß weg von ihm. Auch, wenn es Zack gegenüber nicht fair ist wegzulaufen. Er kann nichts für das Verhalten meiner Eltern.

Ich hätte mich niemals auf Zack Wilson einlassen dürfen. Es war klar, dass er sich an dem Kontrollwahn meiner Eltern stößt, und ich kann ihn auch verstehen. Das ist doch nicht normal, was sie machen! Ich werde in zwei Wochen zwanzig Jahre alt und sie überwachen mich immer noch wie einen unreifen Teenager. Dabei müsste ich ihnen doch mittlerweile bewiesen haben, dass ich so nicht bin.

Ich bin nicht McKenzie.

Die milde Abendluft strömt in meine Lungen und ich atme tief durch. An der frischen Luft trifft mich die Erkenntnis, dass ich es mit meinem Weglaufen nur noch schlimmer gemacht habe, und ich schluchze.

»Taylor«, spricht Zack mich leise an.

Ich traue mich nicht, mich umzudrehen.

»Es tut mir leid.« Sanft berührt er meine Oberarme und zieht mich an sich. Zack dreht mich zu sich herum und schlingt seine Arme um mich. Ich vergrabe mein Gesicht an seiner Brust und sage nichts. Auch, wenn ich müsste.

Zack hat es nicht verdient, dass ich mich über das Thema ausschweige. Vor allem, wenn er mir noch hinterherkommt, obwohl ich ihn eindeutig versetzt habe. »Gehen wir ein Stück?«, frage ich und löse mich von ihm.

»Klar.« Er nimmt meine Hand in seine. »Ich habe dreißig Dollar auf den Tisch gelegt. Das reicht, um keinen schlechten Eindruck zu hinterlassen.«

»Okay«, flüstere ich. Gemeinsam gehen wir in die Richtung zurück, aus der wir gekommen sind. »Erinnerst du dich daran, dass du mich gefragt hast, ob ich Geschwister habe?«

Er nickt.

»Und auch daran, dass ich gesagt habe, dass meine Schwester tot ist?«

Zack nickt erneut.

»McKenzie, meine Schwester, war sechs Jahre älter als ich. Mein Dad ist Ingenieur auf einer Bohrinsel im Golf von Mexiko und meine Mom Dozentin am College. Sie hatten nie viel Zeit für uns. McKenzie ist als Teenager auf die schiefe Bahn gekommen. Meine Eltern haben es nicht gemerkt. Ehrlich gesagt kann ich nicht beurteilen, ob sie es wirklich nicht bemerkt oder ... es ignoriert haben. Aber das glaube ich nicht. Ich war noch ein kleines Kind. Zwar ist mir aufgefallen, dass McKenzie sich veränderte, aber ich habe zu ihr aufgesehen und dachte, dass man als Teenager so sein muss.« Ich schüttle den Kopf angesichts meiner Dummheit, obwohl ich es nicht besser wissen konnte. »Sie hat mit Drogen experimentiert. Damit meine ich nicht bloß mal eine Line auf einer Party, obwohl es so vielleicht angefangen hat. McKenzie war heroinsüchtig.«

»Oh mein Gott«, entfährt es Zack schockiert und er bleibt stehen.

Damit zwingt er mich unweigerlich, auch stehen zu bleiben. Mit großen Augen sehe ich ihn an. »Sie ist an einer Überdosis Heroin gestorben ... mit sechzehn«, wispere ich. »Seitdem drehen meine Eltern völlig durch. Sie kontrollieren mich, versuchen mich vor allem und ... und jedem zu beschützen.«

»Taylor, ich ...« Er sucht sichtlich nach den richtigen Worten. »Wenn ich gewusst hätte ...«

»Dann?« Ich seufze. »Was hätte es geändert? Hättest du Mitleid mit mir? Würdest du mir aus dem Weg gehen?«

»Ich ... Nein.« Zack zieht mich näher an sich heran. »Ich muss das sacken lassen. Machen sie es seitdem?«

»Ja.« Ich nicke. »Als ich ungefähr sechzehn war und angefangen habe, auszugehen und Dates zu haben ...«, bilde ich mir das ein, oder hat sich sein Körper bei dem Wort ‹Date› angespannt, »... ist es extremer geworden. Sie haben diese Ortungsapp auf meinem iPhone installiert, sie wollen immer genau wissen, wo ich hingehe. Bewege ich mich zu weit von dem ausgemachten Ort weg, den die App ihnen angezeigt hat, werden sie benachrichtigt.«

Zack ist sprachlos, und das sehe ich ihm an.

»Ich versuche wirklich, es ihnen recht zu machen«, erkläre ich mich weiter. »Manchmal ist es mir einfach alles zu viel.«

»Taylor ...«

»Nein, Zack.« Ich schüttle den Kopf. »Ich verstehe ihre Angst und ich ... Ich verstehe auch, dass sie eine Sicherheit brauchen, aber ich bin fast zwanzig Jahre alt. Ich bin kein Teenager mehr und ich bin nicht ... *sie.*«

Ich hole tief Luft und sehe ihn an. Erst, als Zack die Hand hebt und meine Tränen wegstreicht, wird mir bewusst, dass ich weine. Auch das noch! Dieser Abend wird immer schlimmer.

»Ich bin mir sicher, dass sie das wissen«, flüstert er. »Sie lieben dich, Taylor.«

»Ja, aber ich ... Ich kann nicht mal weggehen, jemand kennenlernen, ohne dass sie es wissen müssen.«

Unbewusst ist das auch ein Wink mit dem Zaunpfahl in seine Richtung. Wir tun gerade genau das. Auch wenn uns andere Umstände dazu gebracht haben, uns kennenzulernen als anfängliches Interesse.

»Okay …«. Ein wenig ratlos sieht er mich an. Dann nimmt er erneut meine Hand. »Schreib deinen Eltern eine Nachricht, dass wir am Strand sind. Meinetwegen schick ihnen meine Nummer mit und dass ich dich sicher nach Hause bringe.«

Mein Herz macht meinen gigantischen Sprung, um im nächsten Moment unkontrollierter denn je weiter zu schlagen. Warum muss ausgerechnet er so ein süßer Kerl sein? »Warum bist du so?«, schniefe ich.

»Was … Wie bin ich denn?«

»So süß.

»Süß ist nicht das Wort, das ein Kerl gerne hört.« Zacks schöne Lippen verziehen sich zu einem Grinsen. »Wenn du das nicht möchtest, verstehe ich das. Du willst sicher lieber nach Hause … Natürlich willst du das. Nach dem, was eben war …«

»Nein.« Ich nehme seine Hände in meine und lehne mich zu ihm vor. »Wir machen genau das, was du vorgeschlagen hast. Nur ohne die Nachricht an meine Eltern. Sie müssen sich daran gewöhnen, dass ich erwachsen bin.«

»Dann mal los«, beschließt er.

Gemeinsam gehen wir in Richtung Strand.

***

Zack parkt seinen Wagen in unserer Einfahrt und ich schnalle mich ab. Wir haben noch mindestens eine

Stunde am Strand verbracht, über alles Mögliche geredet und das Thema ‹meine Familie› weitestgehend vermieden. Der Abend war für mich das pure Gefühlschaos: Da gab es zum einen seine Entschuldigung, die im Nachhinein immer noch richtig mies ist, dann die Flucht vor den Cops und unseren ersten Kuss, an den ich noch ewig zurückdenken werde. Danach der Auftritt meines Dads und Zacks Verständnis für meine Situation.

Am Strand hat er mich zwischen seine Beine gezogen, sodass ich an seine starke Brust gelehnt im Sand saß und wir dem Rauschen des Meeres gelauscht haben: absolut romantisch und vermutlich wieder eines dieser Dinge, die niemand über Zack wissen darf.

»Wir sind da«, verkündet er und sieht zu mir herüber. Die Lampe in unserer Einfahrt sowie die Straßenlaternen sorgen für ein wenig Licht im Wageninneren. Unsicher, wie ich mich von ihm verabschieden soll, sitze ich da. »Hast du morgen Training?«, frage ich in die Stille hinein.

»Ja.« Er nickt. »Den ganzen Tag.« Zack nimmt meine Hand in seine und grinst.

»Den ganzen Tag?« Ich lege den Kopf schief. »Von morgens acht bis abends acht?«

»Ja.«

»Lügst du mich an?«, frage ich und mein Inneres zieht sich zusammen. Er wird froh sein, wenn er mich nun endlich los ist. Natürlich benutzt er das Training als Notlüge, um es uns beiden vermeintlich leichter zu machen.

»Nein.« Er lacht. »Manchmal haben wir das. Natürlich nicht den ganzen Tag auf dem Platz, aber morgen ist unser wöchentliches Team-Meeting. Danach noch das Offense-Meeting.«

»Okay«, wispere ich und hake damit ab, dass wir uns morgen sehen.

»Fragst du mich durch die Blume, ob wir uns morgen sehen?«

Hitze steigt mir in die Wangen und ich hoffe, dass es dunkel genug ist, um diese vor ihm zu verbergen. »Nein.«

»Du lügst«, kommt es, wie aus der Pistole geschossen, von Zack.

»Nein«, wiederhole ich.

»Doch.«

»Nein.«

»Mein Gott ...«, murrt er und beugt sich zu mir vor. Zacks Lippen streifen meine sanft, sodass ich wimmere. Ich will mehr davon. Viel mehr. »Gib es doch zu.«

»Fein«, murre ich. »Ich würde dich morgen gern wiedersehen.«

»Und sei nicht schnippisch.«

»Ich bin nicht schnippisch.«

»Ich habe es mir auch nicht ausgesucht, dass ich morgen den ganzen Tag Training habe.« Zack verzieht den Mund.

»Schon gut«, seufze ich.

»Ich schreibe dir«, meint er. »Wenn ich es pünktlich raus schaffe, sehen wir uns. Wenn nicht, übermorgen.«

»Okay.« Ich nicke. »Gute Nacht, Zack.«

»Gute Nacht, Tony.« Er lacht leise. »Schlaf gut.«

»Du auch.«

Mutig beuge ich mich nach vorn und drücke ihm zum Abschied einen Kuss auf die Lippen. Zacks Hand findet ihren Weg in meine Haare und zieht mich noch einmal zu sich. Seine Lippen treffen erneut auf meine und er schiebt seine Zunge in meinen Mund. Gott, das hat nichts mehr mit einem kleinen Abschiedskuss zutun: Es ist ein heißer Zungenkuss.

Wir lösen uns voneinander und er grinst mich an.

»Wir sehen uns, Tony.«

Ich springe aus seinem Wagen und renne mit klopfendem Herzen zur Haustür.

Kurz bevor ich sie schließe, drehe ich mich noch einmal um und sehe, dass er aus der Einfahrt zurück auf die Straße rollt. Mein Herz hämmert immer noch und die Schmetterlinge in meinem Bauch sind kaum zu bändigen.

Hastig ziehe ich mein iPhone aus meiner Tasche.

Taylor: Ich habe Alex und dich nicht mehr gefunden und ich bin mit Zack gegangen, als die Cops gekommen sind. Bist du okay?

Alice: Oh Gott!!! Es geht dir gut. Ja, wir sind okay. Wo bist du? Noch bei Zack?«

»Mom, Dad!«, rufe ich ihnen zu. »Ich bin zu Hause. Gute Nacht.«

Kaum, dass ich das gesagt habe, höre ich jemand in den Flur kommen.

»Taylor?«

Ich stöhne auf.

»Alles in Ordnung?«

Ich drehe mich zu meiner Mutter herum und funkle sie an. »Ja, und es wäre noch besser, wenn ihr mich nicht ständig kontrollieren würdet!«, fahre ich sie frustriert an.

»Wir machen uns nur Sorgen ...«

»Ich …« Kraftlos lasse ich die Schultern sinken. Diese Diskussion sollte ich mir nach den letzten Minuten nicht antun. »Zack hat mich nach Hause gebracht. Es ist alles in Ordnung.«

»Zack Wilson?« Ihre Augen werden groß.

»Ja«, antworte ich. »Und egal, was du sagen willst – bitte behalte es für dich. Ich gehe ins Bett.«

»Ist gut.« Sie lächelt schwach. »Schlaf gut, Schatz.«

»Gute Nacht, Mom.«

Ich renne die Treppe nach oben in mein Zimmer und schmeiße die Tür hinter mir zu. Dann konzentriere ich mich wieder auf den Chat mit Alice.

Taylor: Wir haben uns geküsst.

Ich schicke die Nachricht ab und es dauert keine fünf Sekunden, bis sie als gelesen markiert ist und Alice anruft.

»Hi«, sage ich.

»Ich kann nicht fassen, dass ihr euch geküsst habt. Ich brauche jedes schmutzige Detail!«

Lachend werfe ich den Kopf in den Nacken, und setze mich auf mein Bett, um meiner besten Freundin von meinem Abend zu erzählen.

10. Kapitel - Zack

Ich laufe mit dem Ball in der Hand übers Trainingsfeld und suche eine Anspielstation. Die Jungs aus der Defense blocken meine Offense-Spieler wirklich vorbildlich ab. Das gefällt Coach Peters, aber er ist auch sauer, dass ich zu lange brauche, um eine Anspielstation zu finden. Manchmal verstehe ich den Mann nicht. Wenn wir am Wochenende gegen die California State spielen, müssen wir eine gute Defense-Leistung bringen – das ist fast noch wichtiger als die Offense. Sie haben mit Mitchell Teagon den besten Quarterback im Collegefootball-Bereich. An ihm kommt aktuell niemand vorbei. Auch ich nicht. Egal, wie ungern ich mir das eingestehe. Teagon ist ein Jahr über mir und wird dieses Jahr zum Draft gehen. Ich erst im Nächsten.

Endlich tut sich eine Lücke zwischen Brick und Carson auf. Ich passe den Ball zu Cole, der ihn auffängt und lachend in die Endzone läuft.

»Sehr gut, Zack!«, ruft mir mein Quarterback-Coach zu. »Du hast abgewartet und dein Timing gefunden. Das gefällt mir.«

»Danke!«, antworte ich und bekomme von Brick einen neuen Ball. »Das war Glück, Wilson«, sagt er. »Gleich nehmen wir dich in die Zange.«

»Von wegen!«, spucke ich große Töne, weiß aber, dass sie nicht zu unterschätzen sind.

»Lässt du es darauf ankommen?« In Bricks Augen leuchtet etwas auf, das mir sagt, dass er Blut geleckt hat. Er ist auf mein Blut aus, um genau zu sein.

»Vielleicht«, gebe ich mich geheimnisvoll und gehe zu Asher. Unser Center nimmt mir den Ball ab und hockt sich in Position.

»Bereit?«, frage ich ihn und richte meinen Helm noch mal.

»Bereit«, sagt er.

»Down! Set! Hut!«, rufe ich und er übergibt mir den Ball. Ich tänzle – wie allzu oft – einige Schritte zurück, um einen meiner freien Receiver zu finden. Noch während ich Ausschau halte, um den perfekten Pass zu spielen, spüre ich, wie jemand von links in mich rauscht. Der Tackle ist so extrem, dass es mir durch Mark und Bein geht. Dickson von der Defense und ich stürzen gemeinsam in einem wüsten Knäuel aus Armen und Beinen. Der Ball gleitet mir aus der Hand und ich höre Coach Peters schon schreien, dass das ein Fumble ist, als etwas viel Schlimmeres passiert: Im Fallen rutscht die mit Stollen besetzte Sohle von Dicksons Schuh links über meine ungeschützte Wade. Ein Schmerz durchzuckt meinen Körper, der seinesgleichen sucht und ich gehe brüllend zu Boden. Mein Kopf schlägt auf dem Rasen auf und das Nächste, was ich tue, ist, mir meine linke Wade zu halten.

»Zack!«, ruft Trevor mit weit aufgerissenen Augen und schubst Dickson, unseren Middle Linebacker, weg. Die Panik in den Augen meines Bruders lässt mich frösteln. So sieht er mich normalerweise nie an. »Hast du den Verstand verloren?«, brüllt Trevor ihn an.

Ich will aufstehen und Dickson ebenfalls zur Rede stellen, aber erneut durchzuckt mich ein derart heftiger Schmerz, dass ich liegen bleibe.

Das darf doch nicht wahr sein!

Die Jungs um mich herum stellen ihr Gelächter ein. Brick und Carson hocken sich ebenfalls neben mich.

»Kannst du aufstehen?«, fragt Trevor. »Ist dein Kopf okay?«

»Mein Kopf ist on Ordnung«, erwidere ich und presse meine Hände weiter auf die Wade. Sie tut höllisch weh. »Mein Bein! Scheiße!«

Noch einmal versuche ich aufzustehen, breche aber wieder auf dem Rasen zusammen. Wütend schlage ich mit den Fäusten auf das Gras und kneife die Augen zu. Als Sportler weiß ich, dass dies das Saisonaus bedeuten kann. Ich weiß aber auch, dass der erste Schmerz oft der Schlimmste ist. Ich sollte den Teufel nicht sofort an die Wand malen. Plötzlich bekomme ich mit, dass Blut an meinem Unterschenkel entlang läuft, nachdem meine Hände sich nicht mehr um die schmerzende Stelle krampfen: Dickinsons Stollen haben dort eine hässliche Wunde hinterlassen.

»Wir tragen dich«, bietet Brick an, aber das will ich nicht. Ich bin kein Weichei, das den Weg in die Kabine nach so einem kleinen Trainingsunfall nicht selbst antreten kann. Ich bin der Quarterback, der Kapitän dieser Mannschaft. Verdammt, ich bin ihr Anführer.

Derjenige, der immer noch vorangeht, wenn alles verloren ist. Dicksons Stollen werden mich nicht außer Gefecht setzen.

»Geht schon«, gebe ich mich stark.

»Red keinen Scheiß«, knurrt Trevor. »Du bist verletzt, Zack.«

»Ich bin nicht …« Mit aller Macht stemme ich mich hoch und schaffe es, auf dem rechten Fuß zu stehen. Doch als ich den linken Fuß zum Halten meines Gleichgewichts leicht aufsetze, falle ich erneut zu Boden. Der Schmerz ist unerträglich.

»Du bist verletzt«, wiederholt Cole, der nun auch bei mir steht. »Brick, Carson – bringt ihn zu Jackson ins Untersuchungszimmer.«

Widerwillig lasse ich mir von meinen Teamkollegen auf die Beine helfen. Es gefällt mir nicht, dass sie mich ins Untersuchungszimmer unseres Docs schaffen. Auf dem Weg dorthin spüre ich immer deutlicher, wie Blut mein Bein hinabrinnt.

Aus der Entfernung höre ich, wie Coach Peters Dickson zur Sau macht, aber das hilft mir auch nicht. Wenn meine Muskulatur ernsthaft beschädigt ist, sind die ausstehenden Spiele plus Play-offs für mich gelaufen. Das wäre eine Katastrophe! Zwar ist es noch nicht meine finale Saison am College, aber eine so Wichtige, dass ich es nicht riskieren kann auszufallen.

Trevor stößt die Tür zur Football-Facility des Bay Rouge Colleges auf, sodass Brick und Carson mich zum Doc schaffen können. Diesen Trainingstag habe ich mir ganz anders vorgestellt.

»Zack!«, stößt Jackson hervor, als er mich sieht. »Was zum Teufel …?« Ungläubig sieht er mich an.

»Dickson hat ihn umgerissen«, erklärt Trevor für mich. »Dabei sind beide gestürzt.«

Jackson ist nach seinem Medizinstudium am College geblieben und hat die medizinische Leitung der Sportteams übernommen. Neben dem Football haben wir auch eine passable Basketballmannschaft und unsere Fußballfrauenmannschaft, den ‹Bay Rouge FC›. Der kämpft, so wie wir, Jahr für Jahr um die Meisterschaft. Aber die Spielerinnen sind bei Weitem nicht unser sportliches Aushängeschild. Das sind wir und das bleiben wir auch. Unsere Räumlichkeiten und Möglichkeiten fürs Training sowie unsere Betreuung besitzen einen ganz anderen Standard, als die Einrichtungen für die anderen Teams.

Brick und Carson setzen mich auf die Liege im Behandlungszimmer und Jackson zieht einen Hocker heran.

»Kannst du dir den Schuh selbst ausziehen oder soll ich?«, will er wissen.

»Mach ruhig«, knurre ich und beiße die Zähne zusammen. »Fuck!«, zische ich. Meine Finger graben sich in das weiche Polster der Liege und ich würde am liebsten brüllen wie ein Löwe. Mein Herz rast und ich bekomme kaum Luft. Meine Hoffnung, dass es sich nur um eine kleine Verletzung handelt, schwindet immer weiter.

»Tut es sehr weh?«, fragt Jackson, als er meinen Schuh aufschnürt.

»Geht«, lüge ich.

»Zack ...«, seufzt er. »Tut das weh?«

»Ja, verdammt!«, rufe ich und würde bei jeder noch so feinen Berührung am liebsten an die Decke gehen.

»Blutet ganz schön«, bemerkt Jackson. »Das sieht nicht gut aus. Mir gefällt die Wundoberfläche nicht. Ziemlich rau.«

»Wie beruhigend«, murmle ich.

»Brick, Carson«, meint Jackson. »Bringt ihn zum Röntgen. Wir müssen ausschließen, dass der Knochen Schaden genommen hat.«

Der Arzt deckt die Wunde provisorisch mit Verbandmull ab. In der nächsten Stunde röntgt Jackson meinen Unterschenkel, malträtiert ihn mit seinen Fingern, bewegt ihn, sodass ich am liebsten jedes Mal aufspringen möchte, und muss immer wieder meine Fragen und die des Coaches beantworten, der mittlerweile auch zu uns gekommen ist. Er betrachtet mich mit einem sehr skeptischen Blick, der meine Hoffnungen, schnell wieder auf dem Feld zu stehen, zunichte macht.

»Es ist definitiv nichts gebrochen«, gibt Jackson diesbezüglich schließlich Entwarnung und wir atmen alle erleichtert auf. »So, wie es aussieht, hast du eine fiese Fleischwunde. Die verbinden wir gleich professionell. Die nächsten Tage solltest du auf jegliche Belastung verzichten und heute Abend behutsam auf dem Verband kühlen.«

»Ich kann am Samstag spielen?«, frage ich.

»Nein.«

Ich verziehe den Mund.

»Du solltest mindestens beim nächsten Spiel pausieren, aber dann sieht es gut aus. Du hattest Glück, Zack. Das scheint nur eine oberflächliche Verletzung zu sein – deine Muskeln, Bänder und Sehnen haben nichts abbekommen.«

»Sag das nicht mir, sondern Dickson«, knurre ich. »Der Penner hat mich absichtlich umgerissen und ...«

»Das ändert jetzt auch nichts«, unterbricht mich der Coach. »Kommendes Spiel pausieren und nächste Woche gegen Texas kann er wieder spielen?«

Jackson sieht den Coach an und nickt zögerlich. Ihm wäre es lieber, dass ich noch ein Spiel aussetze.

»Ja oder nein?«, blafft Coach Peters ihn an.

»Ich würde zwei Spiele Pause empfehlen, aber wenn er sich fit fühlt, kann er spielen«, wiegelt Jackson ab.

»Gut.« Coach Peters nickt missmutig. »Bis dann.«

Er verlässt den Raum und knallt die Tür hinter sich zu. Seufzend lasse ich die Schultern sinken und schließe die Augen.

So eine Scheiße!

***

Autofahren kann ich zwar, aber Cole hat dennoch darauf bestanden, mich zu Taylor nach Hause zu chauffieren. Ehrlich gesagt glaube ich, dass er sich einfach nur die Show nicht entgehen lassen möchte, wenn wir uns treffen. Ich habe meinen Brüdern nichts von dem Kuss erzählt und auch nichts von dem Auftritt ihres Dads. Trevor und Cole hätten sich sofort eingemischt und mir Tipps gegeben, wie ich damit umgehen soll. Das will ich nicht und das brauche ich nicht. Ich denke, dass ich Taylor mittlerweile lange genug kenne, um sie einzuschätzen. Außerdem merke ich ihr an, wie schwer es ihr fällt, über den Tod ihrer Schwester zu sprechen. Es wäre für sie ein riesiger

Vertrauensbruch, wenn ich meinen Brüdern davon erzähle.

Taylor und ich müssen unbedingt noch unseren nächsten Text für Derksen fertigstellen – auch wenn ich tief in meinem Inneren andere Pläne mit ihr habe: Viel lieber würde ich sie wieder küssen und ihr nah sein.

Ich steige aus Coles Auto und schließe mit schmerzverzerrtem Gesicht die Augen.

»Soll ich dich zur Tür bringen?«, fragt Cole. »Dich stützen?«

»Auf keinen Fall«, antworte ich genervt. »Du kannst fahren.«

Seine zusammengepressten Lippen sind mir Auskunft genug, dass er mit meiner Antwort nicht zufrieden ist.

»Okay«, sagt er. »Falls ich dich abholen soll, ruf an.«

»Danke.« Damit schließe ich die Beifahrertür hinter mir und humple in Richtung Haus.

Jackson hat meinen Unterschenkel mit einer Salbe eingeschmiert und komplett bandagiert. In meine Sneakers bin ich wegen des Verbands nicht reingekommen und laufe wie der letzte Vollidiot in Adiletten durch die Gegend. Meine Verletzung vor Taylor geheim zu halten ist keine Option, das weiß ich.

Taylors Dad ist wieder auf seiner Bohrinsel und ihre Mutter auf einer Tagung in Detroit. Fast wäre mir rausgerutscht, dass sie in diesen Tagen das Haus nicht verlassen darf, aber den Kommentar habe ich mir verkniffen. Ihre Situation besorgt mich und ich möchte ihr helfen. Sie verdient es nicht, dass ihre Eltern sie einsperren und ständig kontrollieren. Wenn ich einen

Menschen niemals mit Drogen und hartem Alkohol in Verbindung bringen würde, wäre es definitiv Taylor. Der frühe Tod ihrer Schwester, der ihr, wenn ich sie richtig verstanden habe, nie erklärt wurde, hat sie wahrscheinlich traumatisiert. Sie wird sich von Drogen fernhalten.

Ich drücke die Klingel. Es ist das erste Mal, dass sie mich zu sich nach Hause eingeladen hat. Bisher haben wir uns immer in der Bibliothek getroffen. Aus dem Augenwinkel sehe ich, dass Cole endlich die Einfahrt hinunterrollt und das Grundstück verlässt.

Seit unserem Kuss letzte Woche sind Taylor und ich uns nicht mehr nähergekommen. Das Training hat mich vollkommen in Anspruch genommen und Taylor musste für eine wichtige Klausur lernen. Wir haben ein paar Textnachrichten ausgetauscht, oberflächliches Geplänkel eben. Ich habe nicht mehr nach ihren Eltern gefragt und alles, was zwischen uns an jenem Abend passiert ist, haben wir auch nicht thematisiert.

Taylor öffnet mir die Tür. Sie ist ungeschminkt, ihre Haare sind zu einem hohen Dutt frisiert, aus dem ein paar Strähnen heraushängen. Sie trägt einen schwarzen Hoodie sowie schwarze Leggings und graue flauschige Hausschuhe.

»Hey«, begrüßt sie mich. »Da bist du ...« Ihr Blick gleitet an mir herunter. »Was ist mit deinem Bein?«

Fragend betrachtet sie meinen bandagierten Unterschenkel. Sorge liegt in ihrem Blick und ein wohliges Gefühl durchfährt meinen Körper. Ich bin ihr wichtig, sonst würde sie mich nicht so betroffen ansehen.

»Kleiner Unfall beim Training«, tue ich es ab. »Darf ich reinkommen?«

»Kleiner Unfall?«, hakt sie nach und geht zur Seite, um mich ins Haus zu lassen.

»Ja – kleiner Unfall«, lüge ich.

»Zack.« Taylor schließt die Haustür hinter uns und sieht mich fragend an. »Was ist passiert? Du läufst in Adiletten rum. Das war kein kleiner Unfall. Dein ganzer Unterschenkel ist bandagiert.«

»Also, du ...«

»Zack!«

»Die sind bequem«, rechtfertige ich wenigstens die Adiletten.

»So schlimm?« Ihre Augenbrauen ziehen sich zusammen und sie presst die Lippen aufeinander. »Wie lange kannst du nicht spielen?«

Ich seufze und lasse meine Schultern sinken: Es macht keinen Sinn, vor ihr den unnahbaren Sportler zu spielen, den keine Verletzung in die Knie zwingt. Taylor durchschaut mich sofort.

»Ein bis zwei Spiele soll ich pausieren, um es nicht schlimmer zu machen. Oberflächliche Fleischwunde von Dickinsons Cleats. Das hätte auch schlimmer kommen können.«

»Dann musst du dich doch sicher schonen, oder?«, fragt sie und ich schüttle den Kopf.

»Passt schon.« Die Schmerzen im Bein sind bei jedem Schritt präsent, aber sie sind es auch, wenn ich zu Hause auf der Couch liege.

»Sicher?«, hakt sie noch mal nach.

»Willst du mich loswerden?«, stelle ich ihr die Gegenfrage.

»Gott, nein!«, ruft Taylor. »Ich will nur nicht, dass du dich meinetwegen nicht schonst.«

»Ich lege mich gern aufs Sofa und lasse mich von dir bedienen«, erwidere ich.

Taylor rollt mit den Augen und läuft voraus. »Das Haus zeige ich dir wohl besser ein anderes Mal. Lass uns in mein Zimmer gehen.«

Auch, wenn es mich brennend interessiert, wie die Familie Smith lebt, ist es wohl das Beste, wenn ich mein Bein hochlege und es nicht noch weiter belaste. Taylor deutet auf die Treppe ins Obergeschoss und ich folge ihr schwerfällig. Die Krücken habe ich bei Cole im Auto gelassen, was weder Jackson noch der Coach erfahren dürfen.

Unter Schmerzen steige ich die Treppe rauf und folge ihr in ihr Zimmer. Das Haus der Smith' ist auf den ersten und auch zweiten Blick riesig. Viel zu viel Platz für drei Personen oder vielmehr zwei. Immerhin ist ihr Dad kaum zu Hause. Außerdem finde ich alles sehr steril. Unser Haus in Chicago war nie so aufgeräumt und mit Designerstücken möbliert. Was nicht heißen soll, dass meine Mom darauf bedacht war, mit drei Jungs im Chaos zu versinken.

»Ich würde dich stützen, aber vermutlich breche ich dann zusammen«, witzelt Taylor, was mir ebenfalls ein Lachen entlockt.

Vom oberen Absatz der Treppe aus erstreckt sich ein geräumiges Obergeschoss mit fünf Zimmern.

»Hier ist mein Zimmer«, sagt Taylor und öffnet eine weiße Holztür gegenüber der Treppe. »Komm rein.«

Ich betrete den Raum und sehe mich um. Die Wände sind weiß gestrichen. Dominiert wird der Raum von einem grauen Bett, das mit rosafarbenen Zierkissen und einer grauen Tagesdecke geschmückt ist. Auf dem Bett liegen unzählige Blätter herum. Gegenüber steht Taylors Schreibtisch. Ein großes Fenster spendet viel Licht. Neben dem Schreibtisch hängt ein Fernseher an der Wand und ein Schrank mit einer Kommode vollenden den Raum. Ein typisches Mädchenzimmer.

»Und?«, fragt sie. »Zu pink?«

Lächelnd drehe ich mich zu ihr herum. »Es geht«, antworte ich und setze mich auf ihr Bett. »Sind das die Texte für nächste Woche?«

Ich nehme einen getackerten Papierstapel in die Hand.

»Ja.« Taylor hockt sich im Schneidersitz aufs Bett. »Willst du dich richtig aufs Bett setzen?«, bietet sie mir an. »Das ist sicher besser für dein Bein.«

Nickend stimme ich ihr zu. Taylor räumt die Blätter zusammen und stellt ihr MacBook ebenfalls beiseite, sodass ich mich mit dem Rücken in die hübschen Zierkissen am Kopfende sinken lassen kann. Meiner Wade gefällt die Entspannung auch.

»Sitzt du gut?«, fragt sie.

»Ja, danke«, antworte ich und nehme einen der Texte. »Hoffentlich ist das Semester bald vorbei. In meinen Kopf passt nichts mehr rein.«

Taylor verdreht die Augen und hockt sich wieder im Schneidersitz zu mir aufs Bett. »Jetzt hab dich nicht so«, meint sie. »Du schaffst das schon.«

»Danke, dass du an mich glaubst«, erwidere ich.

»Natürlich glaube ich an dich.« Taylor klingt überzeugt. »Du solltest es ebenfalls tun. Wenn du dich etwas mehr anstrengst, schaffst du das Semester auch ohne mich. Du hättest mich nicht mal an der Backe, wenn du es tun würdest.«

Ein Grinsen legt sich auf meine Lippen und ich lecke mir darüber. Taylor verfolgt dies höchst angetan mit ihren Augen.

»Also ...«, stelle ich fest, »... könnte man doch meinen, dass je länger ich mich doof anstelle, desto länger hängen wir miteinander rum, oder?«

Ich weiß, dass ich mich mit der Frage auf sehr dünnem Eis bewege. Im Grunde frage ich Taylor gerade, ob wir auch außerhalb unserer Aufgaben für den Kurs bei Professor Derksen Zeit verbringen wollen. Was wir letzte Woche bereits getan haben, und das endete in einer Flucht vor den Cops und mit unserem ersten Kuss, den ich gern wiederholen würde.

Ich mustere sie und als sie nichts sagt, greife ich nach ihrer Hand und ziehe sie zu mir. Taylor ist überrascht, aber sie kommt meiner Bitte nach. Ich ziehe sie auf meinen Schoß und schlinge meine Arme um sie.

»Was wird das, Zack?«, fragt sie.

Ihre braunen Augen beobachten mich genau und zum ersten Mal bekomme ich Zweifel daran, ob ich das Richtige tue. Ob wir das Richtige tun, indem wir uns besser kennenlernen und uns nah sind.

Aber verdammt ... Warum sollte das verkehrt sein? Es gibt keinen Grund, warum es falsch ist. Nach unseren anfänglichen Schwierigkeiten, die größtenteils meine Schuld waren, haben wir eine Basis miteinander gefunden, die uns gefällt.

Mehr als das sogar, denn wir haben uns geküsst.

»Na ja ...«. Ein paar weitere Strähnen haben sich aus ihrem Dutt gelöst und ich streiche sie zurück.

»Vielleicht bin ich nicht nur hier, um mit dir zusammen an unseren Texten für Professor Derksen zu arbeiten.«

»Nicht?« Ihre Stimme ist hauchzart.

»Nein.«

»Und ... Und was willst du tun?«, fragt sie und zieht ihre Unterlippe verboten sexy zwischen ihre Schneidezähne.

»Also ...«, wiegle ich ab und schiebe meine Hände unter ihren Hoodie. Taylor trägt kein Shirt oder Top darunter, sodass meine Fingerspitzen über ihre warme Haut gleiten. Sie fühlt sich genauso weich an, wie ich es mir vorgestellt habe. »Ich dachte, dass wir an letzte Woche anknüpfen ... vor dem Essen.«

»Hier sind keine Cops«, erwidert sie frech.

»Du weißt genau, dass ich nicht die Cops meine«, raune ich ihr zu.

Taylors Kopf kommt meinem näher und ihr Atem trifft auf mein Gesicht. Sie riecht nach Minze und ich hoffe, dass sie auch so schmeckt.

»Und was meinst du?«, fragt sie.

»Unseren Kuss«, werde ich deutlicher. »Ich will dich küssen, Tony.«

11. Kapitel - Taylor

In der letzten Woche, in der ich Zack nicht begegnet bin, habe ich immer wieder über unseren Kuss nachgedacht. Über das Gefühl seiner Lippen auf meinen und wie er mich in der Situation festhielt. Ich habe mich nach der Aufregung am Strand bei ihm geborgen gefühlt.

Zacks Gesicht kommt meinem nun näher und ich protestiere nicht, als er seine Lippen mit meinen verschließt und mich küsst. Im Gegenteil, ich schlinge meine Arme um seinen Hals und schmiege mich an ihn. Unsere Lippen verschmelzen miteinander und als seine Zunge ihren Weg in meinen Mund findet, bin ich nur zu gerne bereit, diese willkommen zu heißen. Während unser Kuss letzte Woche sanft und zurückhaltend war, ist dieser leidenschaftlich und forsch. Wie zu erwarten, will Zack die Kontrolle über den Kuss haben, aber das kann er vergessen: Das ist mein Bett und damit auch *mein* Kuss.

Ich verlagere meine Position auf seinem Schoß, sodass ich rittlings auf ihm sitze. Ich spüre seine wachsende Härte unter mir. Zacks Hände gehen auf Wanderschaft unter meinem Hoodie. Seine Hände streichen über meine erhitzte Haut und setzten sie vollends unter Strom. Die feinen Härchen stellen sich auf und ich seufze in den Kuss hinein, als er ein wenig fester zupackt. Er streicht bis zum Bund meines BHs und wieder zurück. Um ihn noch besser zu spüren, gehen auch meine Hände auf Wanderschaft. Ich lasse sie über seine durchtrainierte Brust gleiten, deren Erhebungen ich durch sein dünnes T-Shirt bestens ertasten kann, und dann weiter unter den Bund. Zack seufzt in den Kuss, sobald ich meine Fingernägel in seine Bauchmuskeln kralle. Die Erhebungen seines Sixpacks drängen sich mir bei jeder Berührung entgegen. Zack ist definitiv der heißeste Typ, mit dem ich jemals rumgemacht habe, wohingegen ich sicherlich nur eine von vielen Frauen bin, mit denen er in den letzten Jahren intim zusammen war. Er ist auf dem Campus kein unbeschriebenes Blatt. Es wird viel geredet, das weiß ich, und noch mehr geurteilt. Vor allem über die Footballer und ihre Fähigkeiten im Bett.

Dass ich mich einmal in seine Eroberungen einreihen würde, hätte ich nie für möglich gehalten. Früher hielt ich ihn noch für ein arrogantes Arschloch. Aber Zack ist so viel mehr als nur selbstbewusst. Darum glaube ich auch nicht, dass ich mich mit den Cheerleaderinnen, mit denen er geschlafen hat, gleichstellen sollte. Mit ihnen machte er keine Partnerarbeit für einen Kurs; mit ihnen ist er nach einer Party nicht essen gegangen und ihnen ist er auch nicht nachgelaufen, nachdem ihr Dad ein Date gesprengt hatte.

Ich versuche, die einschüchternden Gedanken von mir zu schieben, und mich auf das Hier und Jetzt zu konzentrieren. Auf uns und unseren Kuss. Meine

Hände wandern weiter über seinen Bauch bis zu seiner Brust. Sanft streiche ich über seine Brustwarzen, die sich unter meinen Fingern verhärten. Der Kuss wird kühner, unsere Zungen umspielen einander drängender und die Härte, die sich weiter unter mir bereit macht, zeigt mir deutlich, was er will. Zacks Schwanz ist steif und ich reibe mit meinem Becken darüber, um ihn noch inniger zu spüren. Meine Mitte zieht sich vor Aufregung zusammen.

Ich bin nicht zurückhaltend im Bett und weiß, was mir gefällt und was ich mag. Zack hat es nicht mit einem schüchternen Mädchen zu tun.

»Fuck, Tony«, stöhnt er in den Kuss hinein. »Ich will dich.«

Seine Augen spiegeln pure Lust wider. Er greift nach dem Saum meines Hoodies und zieht ihn nach oben, um ihn mir auszuziehen. »Darf ich?«, vergewissert er sich und ich nicke.

Zur Untermalung meiner Worte hebe ich die Arme und lasse mir den Hoodie über den Kopf ziehen. Zack wirft ihn auf den Boden neben mein Bett. Oben herum nur noch in meinen schwarzen Spitzen-Push-up-BH gekleidet sitze ich auf seinem Schoß. Seine Augen wandern über meine Brüste und jeder einzelne Blick sagt mir, dass er mich will. Er leckt sich gierig über die Lippen, ehe er sich vorbeugt und meinen Hals küsst. Seufzend lege ich den Kopf schief, um ihm mehr Angriffsfläche zu geben. Seine Lippen gleiten über die empfindliche Haut meines Halses. Er leckt und saugt an meiner Haut, beißt sanft hinein und lindert den Schmerz mit seiner Zunge.

»Berühre mich«, fordere ich und greife nach seinen Händen, um sie an meinem Körper hinauf zu meinen Brüsten zu schieben. Als würden hunderte Ameisen über meinen Körper krabbeln, kribbelt meine Haut. Zack legt seine großen Hände um meine Brüste, die nun vollkommen von ihnen bedeckt werden. Ich stöhne verzückt auf, als er sie zusammendrückt und massiert. Mein Becken bewegt sich rhythmisch auf seinem Schwanz. Mit jedem Mal, das ich es nach vorn kippe, wird er härter unter mir. Verlangen strömt durch meinen Körper. Zack öffnet meinen BH, doch dieses Mal vergewissert er sich nicht, ob es okay ist. Die Häkchen lösen sich und ich ziehe mir das letzte Stück Stoff, das meinen Oberkörper bedeckt, herunter. Für eine Millisekunde durchflutet mich wieder die Unsicherheit, ich könnte seinen Erwartungen nicht gerecht werden, aber seine Augen sagen etwas ganz anderes aus: Sie bleiben fest auf meine Brüste gerichtet.

»Wunderschön«, raunt er, nachdem der Stoff zu Boden gefallen ist, und umfängt meine Brüste erneut mit seinen Händen. Ich stöhne auf, als seine Daumen über meine Brustwarzen streichen. Augenblicklich stellen sie sich zu harten Knospen auf, die seiner Aufmerksamkeit bedürfen. Zack senkt seinen Kopf nach vorn. Seine Zungenspitze schnellt über meine Nippel. Ich stöhne begierig auf und werfe den Kopf in den Nacken. Dies wiederholt er ein paar Mal, sodass ich immer unruhiger auf seinem Schoß werde. Das alles ist verdammt heiß und ich kann es kaum erwarten, ihn ebenfalls nackt zu sehen.

»Zieh dich auch aus«, fordere ich und er grinst mich an.

»Sehr gerne.« Augenblicklich greift er nach dem Saum seines Shirts und streift es sich über den Kopf.

Mein Herz klopft aufgeregt in meiner Brust, als ich seinen durchtrainierten Körper zum ersten Mal nackt sehe. Das Kleidungsstück landet neben meinem BH auf dem Boden und Zack lehnt sich zurück in die Kissen, sodass ich seinen stählernen Oberkörper betrachten kann. Begierig fahre ich mit meinen Fingern über seine Brust. Die feinen blonden Härchen kitzeln unter meinen Fingerspitzen und er stöhnt auf, als ich erneut seine Brustwarzen berühre. Ich lehne mich vor und drücke meine Lippen auf seine Halsschlagader. Sanft knabbere ich an seiner Haut und kratze mit den Nägeln über seine Bauchmuskeln. Zack stöhnt und sein Schwanz reibt an meiner Mitte. Er ist mehr als bereit für das hier. Und ich bin es auch. Ich will den Sex mit ihm, wie ich ihn noch nie zuvor wollte. Meine Lippen wandern von seinem Hals über seine Brust und seinen Bauch. Zack stöhnt und seufzt abwechselnd. Ich tauche mit meiner Zungenspitze in seinen Nabel ein und hauche weitere Küsse auf den feinen Streifen blonder Haare unterhalb seines Nabels, ehe ich am Bund seiner Hose ankomme.

»Taylor!«, keucht er, als ich danach greife. »Was ... tust du?«

Ich sehe zu ihm auf. Seine Wangen sind gerötet und die Augen weit aufgerissen, als könnte er nicht glauben, dass ich ihm die Hose ausziehen will.

»Wonach sieht es denn aus?«, frage ich. »Ich ziehe dich aus.«

Er sagt nichts, sondern hebt ohne weitere Aufforderung den Hintern, sodass ich ihn von seinen

Sportshorts befreien kann. Seine Erektion drängt sich aufgeregt gegen den dünnen Stoff seiner Boxer Shorts. Zack schleudert die Hose mit seinem gesunden Bein weg sowie seine Adiletten – wobei er seine verletzte Wade bewegen muss und gequält aufstöhnt. In der nächsten Sekunde halte ich inne, und sehe ihn zögernd an.

Sollte er Sex haben? Ich weiß doch nicht, was der Arzt gesagt hat. Was ist, wenn er sich im Eifer des Gefechts falsch bewegt und alles noch schlimmer wird? Von den Schmerzmitteln in seinem Blut mal abgesehen … Unsicher sehe ich ihn immer noch an.

Zack schiebt seine Hand in meinen Nacken und zieht meinen Mund Millimeter vor seinen. Mein Herz wummert heftig, als er seinen Mund nah an mein Ohr bringt. »Das war ein heißes Vorspiel, das sollten wir wiederholen«, flüstert er mir zu.

Mein Höschen wird bei dem verruchten Timbre seiner Stimme feuchter.

»Ich warne dich aufzuhören. Mein Bein ist okay.«

»Aber wenn …«, will ich widersprechen, doch er schüttelt den Kopf.

»Sollte etwas sein, sage ich es dir.« Zack lächelt und küsst mich sanfter, als unsere aufgeheizte Situation erwarten lässt. »Es ist alles okay.«

»Gut«, hauche ich und küsse ihn erneut. Grinsend löse ich meinen Mund von seinem und lege meine Hand auf seine Härte. Zack stöhnt, wie zu erwarten, auf. Ich reibe ihn durch den Stoff seiner Boxershorts.

Unsere Münder treffen sich erneut zu einem heißen Kuss. Gierig plündert er meinen Mund mit seiner Zunge und diesmal lasse ich ihn gewähren. Ich gebe ihm die Kontrolle über den Kuss, wo ich doch weiß, dass er mir gerade die Kontrolle über den Rest unseres Liebesspiels gibt. Zack stöhnt laut in den Kuss, als ich meine Hand in seine Shorts schiebe und seine Erektion umfasse. Groß und schwer liegt sie in meiner Hand. Mit langsamen Bewegungen pumpe ich ihn auf und ab. Lasse meinen Daumen auf seiner Eichel kreisen und genieße die Reaktion seines Körpers: Die Lusttropfen, die meine Fingerkuppe benetzen, lassen mich stöhnen.

»Fuck, Tony!«, nennt er mich wieder bei meinem Spitznamen, den ich mittlerweile lieb gewonnen habe. »Das ist so gut.«

Ich bewege meine Hand schneller über seine Härte und küsse seinen Hals. Sauge an der Haut und genieße jeden Moment unseres Zusammenseins. So gut hat es sich schon lange nicht mehr angefühlt. Zack lässt mein Herz höherschlagen, aber nicht nur, weil ich unglaublich heiß auf ihn bin. Ich mag ihn mittlerweile – wer hätte das gedacht – und muss mir eingestehen, dass das hier für mich definitiv kein bedeutungsloser Sex ist.

Es ist mehr.

Er ist mehr für mich.

Diese Erkenntnis sollte mich erschrecken, weil wir uns noch nicht so lange kennen, aber sie tut es nicht. Vielmehr beflügelt sie mich, weiterzumachen und ihm alles zu geben, was ich geben will.

Ich ziehe meine Hand aus seinen Boxershorts zurück und er seufzt frustriert. Ein schelmisches Lächeln ziert meine Lippen und ich hauche ihm einen Kuss auf die Wange.

»Bist du enttäuscht?«, frage ich und seine rechte Hand streicht über meine Rippen bis zu meiner Brust, die er umfängt. Ich stöhne auf, als er mit seinem Daumen erneut über meine empfindliche Brustwarze reibt.

»Sollte ich das sein?«, antwortet er und knetet meine Brust weiter.

»Nein«, antworte ich rau.

Zack küsst mich ein weiteres Mal, während er fortfährt, meine Brust zu massieren. Ich stöhne in unseren Kuss hinein, während er die gleiche Behandlung auch meiner zweiten Brust zukommen lässt. Er rollt meine Nippel zwischen Zeigefinger und Daumen, bis sie sich hart aufgerichtet haben. Schauer der Erregung jagen durch meinen Körper und mein Höschen ist mehr als feucht.

Ich löse mich von ihm und knie mich zwischen seine Beine. Zack lässt mich keine Sekunde aus den Augen.

»Ehrlich gesagt«, meine Fingernägel tanzen über seine Haut oberhalb der Boxershorts, »finde ich es ziemlich heiß, dass deine Verletzung dich außer Gefecht setzt.«

Er verdreht die Augen.

»Du nicht?« Ich klimpere mit den Wimpern.

»Nicht wirklich«, erwidert er. »Ich bin so hart, dass ich dich am liebsten auf den Rücken werfen und deine feuchte Hitze erobern will.«

Ein Schauer der Erregung durchflutet meinen Körper, was Zack nicht entgeht. Seine Augen funkeln mich an.

»Ich hoffe, mein Blowjob stellt dich genauso zufrieden«, kontere ich und lecke mir über die Lippen.

Meine Worte verfehlen ihre Wirkung auf Zack nicht, denn er schluckt heftig, als ich seine Boxershorts herunterziehe und er den Hintern hebt, um sie loszuwerden. Zack zieht die Unterhose aus und ich klettere vom Bett, um alle Blätter und Texte sowie mein MacBook auf den Boden zu legen.

»Und ich dachte schon, du willst es zwischen den Unterlagen tun«, frotzelt er. »Und ich müsste am Montag in Derksens Kurs daran denken, dass ich dich auf seinen Texten gefickt habe.«

Kichernd schüttle ich den Kopf und ziehe meine Leggings aus, was er mit Argusaugen verfolgt. Zacks Verlangen spiegelt sich in jeder Faser seines durchtrainierten Körpers wider. Ich nehme mir einen Moment, um dieses Kunstwerk zu betrachten.

Im vollen Bewusstsein, wie heiß er ist, sitzt er vor mir. Mit dem Rücken immer noch gegen meine rosafarbenen Zierkissen gelehnt, sieht er aus wie ein Gott, der darauf wartet, dass man ihn bedient. Seine festen Brustmuskeln werden von leichten blonden Haaren bedeckt und seine Bauchmuskeln treten deutlich hervor. Für dieses Sixpack würde so mancher Kerl töten. Zacks Bauchmuskeln heben und senken sich bei jedem Atemzug, den er tut. Der blonde Haarstreifen unterhalb seines Nabels führt mich zum gottgegebenen Highlight des heutigen Tages – seinem Schwanz. Er steht hart empor und wartet auf seinen Einsatz.

»Tony«, flüstert Zack und umschließt seinen Schwanz zur Untermalung seiner Worte mit seiner rechten Hand. »Komm zu mir.«

Ich klettere zurück aufs Bett und knie mich zwischen seine Beine. Mein Herzschlag beschleunigt sich, indem ich seine Hand von seiner Erektion schiebe und meine eigene darumlege.

Es ist nicht das erste Mal, dass ich einem Typen einen Blowjob gebe, aber bei Zack bin ich aufgeregter als sonst. Er hat überdurchschnittlich viele Vergleiche und ich will nicht diejenige sein, die beim Quarterback versagt. Zwar rede ich mir immer ein, dass mich das nicht interessiert, aber so wahr ist das nicht. Die Jungs reden. Immerhin tun wir Mädels es auch. Auf keinen Fall will ich die sein, die Zack nicht richtig befriedigen konnte.

Diese Überlegung ist absurd! Zack wirkt absolut zufrieden und angeturnt von dem, was ich tue. Ich muss mir diese unsäglichen Gedanken aus dem Kopf schlagen.

Ich suche seinen Blick, der mich aufgeregt mustert. Meine Hand gleitet auf seiner Härte auf und ab. Sie schmiegt sich perfekt um seinen Schwanz, als wäre sie dafür gemacht. Zacks Blick nimmt mich gefangen. Die Lust in seinen Augen erregt mich.

»Tony«, stöhnt er. »Das ist so gut ...«

Mit der Hand an der Wurzel seines Schwanzes angekommen, stülpe ich meine Lippen über seine Eichel. Zack stöhnt und sein Becken bewegt sich ruckartig nach vorn. Überrascht von seinem Vorstoß brauche ich einen Moment, um mich an die Fülle in meinem Mund zu gewöhnen. Ich lasse ihn gewähren und nehme ihn auf. Er pumpt in mich und sein Schwanz dringt so weit in meinen Rachen vor, wie es bisher kaum ein Kerl getan hat. Ich bewege meinen

Kopf vor und zurück. Meine Zunge wirbelt immer wieder über seine rosige Eichel und ich lecke die Lusttropfen auf.

»Fuck, Tony«, knurrt er und zieht mein Haargummi heraus. Ich spüre, wie meine Haare sich über meinen nackten Rücken ergießen. Dann wickelt Zack sie um seine Faust und dirigiert meinen Mund auf seinem Schwanz auf und ab. Meine Finger krallen sich in seine Oberschenkel, während meine Nippel immer wieder über den rauen Stoff der Tagesdecke reiben. Ich bin so unendlich erregt, dass ich selbst glaube zu kommen, ohne auch nur eine einzige Berührung von ihm an meiner intimsten Stelle. Es ist der heißeste Blowjob, den ich jemals einem Typen gegeben habe. Meine vorherigen Partner haben nie derart die Kontrolle übernommen und vermutlich hätte ich sie ihnen auch nicht eingeräumt.

Zacks Schwanz in meinem Mund schwillt weiter an. Als ich glaube, dass er kommen wird, zieht er sich überraschenderweise zurück. Irritiert, dass er nicht in meinem Mund abspritzen will, sehe ich ihn an. Sein Atem geht stoßweise und er nimmt sich einige Sekunden Zeit.

»Ich will in dir sein, wenn ich komme«, wispert er und zieht mich zu sich. Lächelnd lege ich meinen Mund auf seinen, damit er ein Stück sich selbst schmeckt, und er heißt meine Zunge willkommen. Sein Schwanz drückt gegen meinen unteren Bauch und Zacks Hände massieren meinen Hintern. Er schiebt sie in mein Höschen, das passend zu meinem BH schwarz ist.

Von meinem Hintern wandert seine Hand nach vorn und reibt über meinen rasierten Venushügel. Ich stöhne in den Kuss, sobald sein Mittelfinger meine Klitoris findet. Er reibt in kreisenden Bewegungen über das empfindliche Nervenbündel. »Gefällt dir das?«, raunt er mir zu und ich nicke keuchend. Scheiße, ja, das gefällt mir.

»Und das?« Zacks Finger gleitet zwischen meine Schamlippen. Binnen Sekunden müssen sie von meiner Nässe benetzt sein.

»Auch.«

»Mir auch«, flüstert er und schiebt seine Finger in mich hinein. Zwei auf einmal. Ich stöhne und kralle meine Hände in seine Schultern, als er sie bewegt. Sein Daumen liegt auf meiner Klitoris und umrundet sie mit kreisenden Bewegungen. »Wie gern würde ich dich dort betrachten«, sagt er. »Und dich lecken.«

»Zack …«

Er küsst mich noch gieriger, während seine Finger ihren Rhythmus finden. Ich stöhne laut, als er sie ein wenig krümmt und glaube zu explodieren. Doch dann zieht er sich zurück.

»Zieh deinen Slip aus«, fordert er.

Ich steige erneut vom Bett und ziehe ihn aus. Er landet bei unseren anderen Sachen. Zacks Blick taxiert meinen nackten Körper.

Ich habe immer erwartet, dass ich mich unter den Blicken eines so attraktiven und vor allem sexuell erregten Mannes unsicher fühle, aber so ist es nicht. Zack gibt mir das Gefühl, begehrt zu sein und ihm Lust zu schenken. Die Empfindungen rasen durch meinen Körper und erfüllen mich ganz.

»Hast du Kondome?«, fragt er und ich nicke. Lächelnd drehe ich mich herum und gehe zu meiner Kommode.

Ich öffne die oberste Schublade. Dort habe ich ganz hinten in der Ecke, weit hinter meiner Unterwäsche, einen kleinen Vorrat. Was nicht bedeutet, dass ich ihn oft benutze. Mein letzter Sex ist über ein halbes Jahr her. Darüber nachzudenken, hilft nicht dabei, die Lockerheit beizubehalten, die ich bisher hatte. Die Erfahrungen der letzten Minuten haben gezeigt, dass ich nichts falsch machen kann und Zack mich nicht drängen wird, wenn ich seinen Schwanz aufnehme.

»Nackt gefällt mir dein Arsch noch besser.«

»Du bist so charmant«, sage ich und rolle im selben Moment mit den Augen.

Ich schließe die Schublade wieder und gehe mit dem Kondom in der Hand zurück zu ihm. Lasziv klettere ich zurück auf mein Bett. Zack zieht mich an der Hüfte auf seinen Schoß und lässt mich das Präservativ öffnen.

Ich ziehe ihm das Gummi über und drücke es unnötigerweise fest, um ihn zu ärgern. Seine Augen funkeln mich erregt an.

»Ist es so okay für dich?«, fragt er und sucht meinen Blick.

»Was?«

»Die Reiterstellung ...« Zack leckt sich über die Lippen. »Das nächste Mal bin ich aktiver. Ich verspreche es dir.«

Mein Herz klopft wie wild angesichts der Tatsache, dass das hier für ihn keine einmalige Sache bleiben soll, und die Schmetterlinge in meinem Bauch flattern wieder lebhaft. Dieser Typ ist nicht nur unendlich heiß, sondern auch rücksichtsvoll und süß.

»Keine Sorge.« Ich klettere auf seinen Schoß und positioniere seine Härte an meinem Eingang. »Es ist eine meiner Lieblingsstellungen.«

»Gott«, stöhnt er, während ich seine Spitze mit meiner Feuchtigkeit benetze. Ich wünschte, wir bräuchten kein Kondom, aber sicher ist sicher. Zwar nehme ich gewissenhaft die Pille, aber wir sollten uns nicht von unseren Gefühlen übermannen lassen und auf den Schutz verzichten. Auch wegen Krankheiten, nicht nur im Hinblick auf eine Schwangerschaft.

Zack legt seine Hände auf meine Hüften.

Ich lasse mich langsam auf seinen Schwanz sinken, was uns beide laut stöhnen lässt. Zacks Hände graben sich fest in meine Hüften und ich kralle mich in seinen Schultern fest.

Zentimeter für Zentimeter erobert er mich.

Damit meine ich nicht nur meine Pussy, in der seine Härte bis zum Anschlag steckt. Ich lege meine Lippen auf seine und bewege mich rhythmisch auf ihm.

12. Kapitel - Zack

Heilige Scheiße!

Taylor ist die heißeste Frau, die ich kenne. Wie sie sich von Beginn an selbstbewusst und unerschütterlich gegeben hat, macht mich so an! Dass ausgerechnet sie genau weiß, wer sie sexuell ist und was sie will, kann ich kaum glauben.

Ich mag es, dass Taylor kein stilles Mäuschen ist, dem man seine Vorlieben erst erklären muss. Sie scheint meine zu kennen, ohne dass wir darüber geredet haben. Ihr dabei zuzusehen, wie sie auf mir sitzt und ihr Körper sich immer wieder auf und ab bewegt, ist unglaublich. Ihre kleinen festen Brüste, die so perfekt in meine Hände passen, tanzen vor meinen Augen auf und ab. Ihre Brustwarzen sind zu festen Knospen zusammengezogen, denen ich noch mehr Aufmerksamkeit zukommen lassen möchte.

Gierig starre ich auf ihre Brüste. Ich habe es vorhin genossen, ihre süßen Nippel zu umspielen. Wie kleine harte Kerne stehen sie ab. Sie ziehen meinen Mund magisch an. Ich beuge mich vor und nehme ihre rechte Knospe in den Mund. Lasse sie zwischen meine Zähne gleiten und beiße hinein. Taylor stöhnt und ihr Becken hebt sich schnell von meinem Schoß, sodass ich sie fest auf meinen harten Schwanz zurückdrücke.

Ich wünschte, ich könnte sie unter mir haben, statt auf mir, auch wenn ich mich über diese Stellung absolut nicht beschweren mag. Aber, Fuck … Am liebsten würde ich ihre Knie über meine Schultern legen und hart in ihre zarte Pussy pumpen. Oder ich würde sie auf allen vieren nehmen, um ihren Hintern vor Augen zu haben.

»Zack«, fleht sie, sobald ich ihrer anderen Brustwarze die gleiche Aufmerksamkeit zukommen lasse. »Das ist so gut.«

Ich grinse in mich hinein und stoße heftiger in sie. Meine Hände drücken ihren sexy Arsch und ich beiße noch einmal fester in ihre rechte Brustwarze. Als ich sie mit einem ‹Plopp› aus meinem Mund gleiten lasse, ist sie nicht mehr rosa, sondern rot. Geschwollen und hart steht sie ab.

»Deine Nippel sind wunderbar empfindlich«, raune ich ihr zu. »Und sie fühlen sich so gut in meinem Mund an!«

Ich lecke erneut über die empfindliche Spitze, ehe ich ihre Lippen erneut mit meinen erobere.

Meine linke Hand liegt auf ihrem knackigen Hintern, und die Rechte schiebe ich zwischen unsere Körper, um sie dort zu stimulieren. Ein heiseres Stöhnen entfährt ihr, während ich ihre Klitoris massiere. Taylors Bewegungen werden schneller. Ihre Fingernägel krallen sich in meine Brust. Mit voller Kraft stoße ich von unten in sie hinein. Bis ihr Körper sich aufbäumt und ihre Pussy sich um meinen Schwanz zusammenzieht.

»Gott, Zack!«, ruft sie meinen Namen und wirft den Kopf in den Nacken. »Ich bin so weit ...«

Ich erhöhe das Tempo noch einmal und als sie sich eng um mich zusammenzieht, komme ich ebenfalls zum Höhepunkt.

Der Orgasmus bricht über uns herein und sie fällt erschöpft auf mich. Mein Schwanz pulsiert noch immer in ihrer Pussy.

»Wow ...«, flüstere ich und streichle ihren Rücken. Unsere verschwitzten Oberkörper kleben aneinander und ich sauge eine Mischung aus Sex- und Taylor-Geruch auf. »Das war der Hammer!«

Sie nickt matt und ihr heißer Atem trifft meinen Hals. Es dauert eine ganze Weile, bis Bewegung in Taylor kommt und sie sich aufrichtet. Ich sehe sie lächelnd an und streiche ihr eine Haarsträhne zurück. Ihre Wangen sind noch immer gerötet und ihre Lippen leicht geöffnet.

»Alles okay?«, will ich wissen und wundere mich selbst über meine Worte. Ich stehe sonst nicht darauf, nach dem Sex noch einen Plausch mit der Frau zu halten. Meistens gehe ich oder komplimentiere sie hinaus. Kuscheln oder zusammen einschlafen gibt es nicht. Aber bei Taylor ... Ach, verdammt, ich bringe es nicht übers Herz zu gehen.

»Klar – und bei dir?«, fragt sie und rutscht von mir herunter. Ich ziehe mir das benutzte Kondom ab, verknote es und werfe es auf den Boden neben uns.

»Was glaubst du denn?« Ich drehe mich zu ihr und stütze meinen Kopf auf meiner Hand ab. Ihre Wangen sind leicht gerötet und ein Blick über ihren Körper verrät mir, dass dieser immer noch in den Nachwehen unseres Sexes steckt.

Vor allem ihre geschwollenen Nippel ziehen mich an. Ich beuge mich vor und küsse ihren Hals. Taylor seufzt leise und streicht durch meine Haare, während meine Finger ihre harten Knospen umspielen. Unsere Lippen finden sich ein letztes Mal und ich ziehe Taylor in meine Arme. Um ihren Mund liegt ein seliges Lächeln und sie sieht mich zufrieden an.

»Meinst du, es stört jemand, wenn wir nicht an unseren Texten arbeiten?«, frage ich und beuge mich über sie, dabei immer darauf achtend, mein Bein nicht zu belasten. Zwar hat der Sex meine Gedanken daran für einige Zeit aus meinem Gedächtnis gestrichen, aber ich will nichts riskieren.

»Bestimmt nicht«, kichert Taylor und streicht mit ihren Fingern über meine Brust. »Ich brauche eine Pause.«

»Okay.« Ich lasse mich auf den Rücken fallen und ziehe sie auf mich.

Es ist mir wichtig, dass sie weiß, dass ich nicht sofort wieder Sex mit ihr haben möchte. Sie soll ihre Pause bekommen und kurz durchschnaufen hat noch niemand geschadet.

***

Das Klingeln meines iPhones holt mich mit einem Schlag aus dem Schlaf. Müde öffne ich die Augen und taste im Dunkeln nachdem leuchtenden Monitor.

›Trevor‹ steht dick und fett auf dem Bildschirm.

Was zur Hölle will er mitten in der Nacht von mir?

»Hallo«, sage ich leise, und werfe einen Blick auf Taylor, die tief und fest neben mir schläft.

»Zack?«, brüllt er, sodass ich das Gerät automatisch weg von meinem Ohr halte. Laute Musik ist im Hintergrund zu hören. Er befindet sich auf einer Party, und wenn ich weiter raten müsste, auf einer Illegalen.

»Ja?«, entgegne ich und lehne mich zurück in die Kissen.

»Kannst du uns abholen?«

Ich stöhne auf.

»Bitte ...«

Das kann doch wohl nicht wahr sein, dass er ausgerechnet heute versackt ist und abgeholt werden muss! Ich will nur ungern Taylors Bett verlassen. Außerdem habe ich kein Auto.

»Wo bist du genau?«, frage ich und reibe mir den Schlaf aus dem Gesicht, um ein wenig wacher zu werden.

»Auf einer Party am Strand. Ich befürchte, dass hier gleich die Bullen auftauchen. Cole kann ich nicht erreichen. Bitte ... Der Coach bringt uns um.«

Illegale Veranstaltung, sag ich ja.

Er hätte mich in jeder, wirklich jeder anderen Nacht aus dem Bett klingeln können, aber doch nicht heute! Ich würde mich lieber wieder zurück unter die Decke kuscheln und Taylor an mich ziehen. Sie liegt mit dem Gesicht zu mir gewandt auf der Seite. Ihre Haare bedecken ihre nackten Schultern und ich grinse in mich hinein.

Nach dem Sex haben wir gekuschelt, ehe wir irgendwann aufgestanden sind, um uns wieder anzuziehen. Ihr knapper Pyjama hat meine Fantasien gleich neu beflügelt. Am liebsten hätte ich sie direkt noch einmal gevögelt oder geleckt. Aber mit meiner Verletzung ist es ein Ding der Unmöglichkeit, den Dominanten zu mimen.

»Ich bin nicht zu Hause«, wende ich mich wieder Trevor zu.

»Ja ... und?«, erwidert er. »Wenn die Bullen hier auftauchen und uns erwischen ...? Zack, bitte!«

Ich presse meine Faust vor den Mund, um kein lautes Knurren von mir zu geben. Mir ist bewusst, dass Trevor mächtig in der Scheiße steckt. Er würde mich nicht hängen lassen. Das weiß ich. Wenn ich ihn nicht abhole und er wirklich auf der Party oder in deren Nähe gesehen wird, hat das mächtige Konsequenzen für ihn.

»Ich ... Warte!«, antworte ich genervt und beuge mich zu Taylor. Sanft streiche ich über ihre Wange, um sie zu wecken. Was nicht funktioniert. »Tay ...«, sage ich und rüttle an ihrer Schulter. »Wach auf.«

»Bist du bei Taylor?«, brüllt Trevor mir ins Ohr.

»Halt dein Maul«, zische ich. »Taylor ...« Ich rüttle heftiger. »Komm schon. Wach auf.«

Sie bewegt sich und öffnet träge die Augen.

»Zack«, plärrt Trevor. »Was machst du bei Taylor?«

Ich ignoriere meinen Bruder.

»Was soll das?«, murrt sie wenig begeistert und schlägt sogar meine Hand weg. »Lass mich schlafen, Zack.«

»Wach auf«, bitte ich sie erneut.

Taylor dreht ihren Kopf wieder weg ins Kissen. »Hör auf«, murmelt sie.

»Das geht nicht«, halte ich dagegen. »Du musst mich zu Trevor fahren.«

Nun öffnet sie die Augen und ich unterdrücke den plötzlichen Stich von Eifersucht, dass sie bei der Erwähnung meines Bruders die Augen aufschlägt.

»Wieso?«, will sie wissen.

»Er steckt in Schwierigkeiten«, seufze ich. »Er ist auf einer illegalen Party am Strand und befürchtet, dass die Bullen kommen.«

Taylor setzt sich langsam auf und streicht ihre langen Haare zurück. Ich verfluche meinen Bruder ein weiteres Mal, da ich mir so viele schönere Dinge mit ihr vorstellen könnte, als sie aus dem Bett zu scheuchen, um ihn abzuholen.

»Wie viel Uhr ist es?«, erkundigt sie sich und sieht sich nach ihrem iPhone um.

»Halb zwei«, antworte ich.

Taylor seufzt. Sie ist nicht begeistert, das merke ich ihr deutlich an. Ich bin es auch nicht.

»Er soll dir seinen Standort schicken«, sagt sie. »Wir fahren in zehn Minuten los.«

»Danke«, antworte ich lächelnd und wende mich wieder an Trevor. »Hast du sie gehört?«

»Ja«, sagt er. »Und ich frage noch mal – was machst du bei Taylor?«

Ich verdrehe die Augen. »Bis gleich.« Ohne auf eine Antwort seinerseits zu warten, lege ich auf. Taylor hat bereits das Licht eingeschaltet und zieht sich um.

»Es tut mir leid«, entschuldige ich mich ein weiteres Mal bei ihr. Dann steige ich unter Schmerzen ebenfalls aus dem Bett und ziehe mich auch an.

»Schon gut.« Sie gähnt. »Wir können ihn nicht hängen lassen.«

»Tatsächlich würde ich das gern tun«, eröffne ich ihr und setze mich auf die Bettkante. Lächelnd ziehe ich Taylor zwischen meine Beine. Sie kichert und legt ihre Hände auf meine Schultern. Sanft massiert sie diese, während ihre Haare in mein Gesicht fallen.

»Sorry«, lächelt sie und streicht sie zurück. »Würdest du ihn wirklich hängenlassen?«

»Nein«, sage ich ehrlich. »Weil er mich auch nicht im Stich lassen würde.«

»Siehst du.« Sie beugt sich zu mir herunter und küsst mich sanft. Zeit, um den Kuss zu erwidern, gibt sie mir nicht. Taylor löst sich von mir und nimmt ihre Handtasche. »Lass uns gehen«, meint sie. »Wer weiß, wie schnell wir ihn finden.«

Da ist etwas Wahres dran. In meinen Adiletten humple ich hinter Taylor her aus ihrem Zimmer. Wir gehen ins Untergeschoss des riesigen Hauses der Familie Smith, von dem ich bisher immer noch nur ihr Zimmer kenne. Taylor nimmt einen Autoschlüssel aus einer Schüssel, in der mehrere liegen. Gemeinsam gehen wir durch einen schlauchförmigen Flur, in dem sich allerlei Schuhe und Outdoorbekleidung befinden, und weiter in die Garage. Ich staune nicht schlecht, als ich dort neben einem Mercedes SUV noch einen Sportwagen sowie einen Kleinwagen vorfinde.

»Wow.« Ich sehe zu Taylor. »Hübscher Fuhrpark.«

»Meinem Dad gehört der Sportwagen, meiner Mom der SUV und mir der Kleinwagen.«

»Ah.« Die Rücklichter des SUV leuchten auf. »Wieso nehmen wir den SUV?«, frage ich.

»Weil ich nicht dich, deinen Bruder und was weiß ich wen noch in einen Kleinwagen setze«, erwidert sie und ich nicke.

Da ist etwas Wahres dran. Taylor und ich steigen in den Wagen und sie startet den Motor. Per Sensor öffnet sich das große Garagentor und Taylor fährt in die Nacht hinaus.

Trevor hat mir seinen Standort geschickt, den ich in das eingebaute Navigationsgerät eingebe. Taylor und ich schweigen und ich weiß nicht, ob sie sich darüber ärgert, dass ich sie aus dem Bett geholt habe. Immerhin ist es nicht selbstverständlich, den bescheuerten Bruder seines One-Night-Stands von einer Party abzuholen.

Aber sind wir das? Ein One-Night-Stand? In meinem Magen zieht sich etwas unangenehm zusammen, wenn ich daran denke, dass sie mich als One-Night-Stand sieht und zum nächsten Kerl geht. Das würde sie nicht tun, oder? So ist Taylor nicht.

Ich sehe zu ihr hinüber. Sie schaut konzentriert auf die Straße. Ihre linke Hand umfasst das Lenkrad, während die Rechte auf der Mittelkonsole liegt. Mein Herz pocht überraschend schnell, als ich nach ihrer Hand greife und unsere Finger miteinander verschränke. Unsicherheit durchfährt mich, ob es wohl das ist, was Taylor möchte. Doch als sie meine Geste erwidert und ihre Finger, weiter vorschiebt, bin ich erleichtert.

»Danke, dass du mich fährst«, sage ich.

»Kein Problem«, entgegnet sie. »Weißt du, wen wir alles abholen?«

»Ich habe keine Ahnung«, seufze ich. »Trev hat nur von *uns* geredet.«

»Hm«, macht Taylor. »Ich nehme nicht mehr Personen mit, als Plätze im Auto zur Verfügung stehen.«

Sie wirft mir einen mahnenden Blick zu, aber das braucht sie nicht. Es ist selbstverständlich, dass sie das nicht tut.

»Das sollst du auch nicht«, beruhige ich sie. »Auf keinen Fall.«

»Gut.« Taylor nickt und setzt den Blinker, um in Richtung Strand zu fahren. »Geht ihr oft zu Partys?«

Ihre Frage soll allgemein klingen, aber ich glaube nicht, dass sie die ohne Hintergedanken stellt. Noch weniger, nachdem wir großartigen Sex hatten. Dennoch beantworte ich sie ihr neutral und kommentarlos in Bezug auf das, worauf sie hinausmöchte: andere Frauen. »Eigentlich nur, wenn wir am nächsten Tag kein Training haben«, antworte ich. »Am Wochenende sind wir meist mit Spielen eingespannt. Sonntags müssen wir zum Auslaufen antreten. Die Siegesfeiern fallen auch mäßig aus.«

»Verstehe«, antwortet Taylor und fährt mit dem SUV rechts ran, sobald das Navi uns mitteilt, dass wir angekommen sind.

Ich löse meine Hand von Taylors und schnalle mich ab.

»Ich schaue, wo er ist«, sage ich.

»Mach das.« Ich steige aus dem SUV und verziehe sofort den Mund, als der Schmerz meinen Körper wieder heimsucht. Fuck, das tut weh! Humpelnd gehe ich einige Schritte.

»Zack«, ruft Trevor und kommt auf mich zu.

Brick und Asher folgen ihm. Das hätte ich mir denken können, dass er mit ihnen unterwegs ist. Bei einer Party sind sie immer die Ersten vor Ort.

»Hi«, grüße ich missmutig und deute auf das Auto. »Reißt euch zusammen und keinen dummen Spruch zu Taylor! Kapiert?«

Mahnend sehe ich sie an. Sie sollen mir bloß nicht die Tour bei Taylor vermasseln. Es reicht schon, dass ich sie wecken musste, um für die drei das Taxi zu spielen.

»Wir doch nicht«, meint Brick und zwinkert mir zu. »Wie geht's deiner Verletzung?«

»Beschissen«, antworte ich und humple zum Auto zurück.

Er nickt und sie steigen hinten ein. Ich setze mich wieder auf den Beifahrersitz zu Taylor.

»Hey, Tay«, begrüßt Asher sie. »Danke, dass du uns abholst.«

Eifersucht durchzuckt mich, als er sie so selbstverständlich bei ihrem Spitznamen nennt – auch wenn es nett ist, dass er sich bedankt.

»Hallo «, erwidert sie und startet den Motor. »Kein Ding. Bist du angeschnallt?«

Sie sieht mich an und ich nicke. Dass die drei auf der Rückbank es nicht hinkriegen, sich anzuschnallen, ist mir bewusst.

»Was habt ihr gemacht?«, fragt Brick plötzlich und ich glaube, mich verhört zu haben. Ich habe ihnen doch klar und deutlich zu verstehen gegeben, dass sie Taylor keine blöden Fragen stellen sollen! Am besten sagen sie gar nichts mehr, bis sie aussteigen und sich bei ihr entschuldigen.

»Geschlafen«, antworte ich. »Wo ist Cole?«

Ich will mit meiner Frage natürlich ablenken. Taylor ist angespannt und ihre Hände umfassen das Lenkrad fest. Auf der Hinfahrt, als wir allein waren, wirkte sie deutlich entspannter.

»Miteinander?«, kommt es von Brick, statt mir zu sagen, wo Cole ist.

Trevor und Asher können ihr Lachen nicht zurückhalten. Panisch sehe ich zu Taylor, die ihre Hände noch fester um das Lenkrad schließt. Das dumme Gequatsche ist ihr unangenehm. Das kann ich gut verstehen, denn mir geht es genauso. Was wir getan haben oder auch nicht, kann ihnen völlig egal sein. Taylor ist keine Bekanntschaft, die ich auf einer Feier aufgerissen habe, sondern meine Projektpartnerin. Ich frage diese Idioten auch nicht in der Gegenwart eines Mädchens, das sie über bedeutungslosen Sex hinaus kennen, was sie getrieben haben.

»Halt dein Maul!«, knurre ich.

»Ich frage doch nur«, meint er und hebt die Hände. »Sonst bist du bei dem Thema auch nicht so verklemmt.«

Himmel, ich will am liebsten vor Scham im Erdboden versinken.

Taylor starrt stur geradeaus, die Lippen zu einer schmalen Linie zusammengepresst.

»Ich gebe unsere Adresse ein«, sage ich zu ihr und rufe das Navi auf. »Brick wohnt im Haus gegenüber.«

»Okay«, murmelt sie und stellt das Radio lauter.

Während Taylor und ich in ein unangenehmes Schweigen verfallen, unterhalten sich mein Bruder und meine Teamkollegen über den ‹geilen Abend›.

Es dauert eine Viertelstunde, bis wir bei uns zu Hause ankommen. Taylor parkt den SUV am Straßenrand und macht keine Anstalten, sich abzuschnallen und auszusteigen. Bricks Fragen haben sie verunsichert und ich weiß nicht, wie ich das wieder hinbiegen soll.

»Danke, Taylor«, sagt Trevor. »Wir sehen uns.«

»Kein Problem«, murmelt sie. »Gute Nacht.«

Die drei steigen zügig aus und schlagen die Türen hinter sich zu. Nun sind wir allein.

»Ich …«

»Gute Nacht, Zack«, meint sie unangenehm kurz angebunden.

Mein Herz wird ganz schwer. Ich bin enttäuscht, dass sie mich eindeutig abweist. Dabei lief doch alles so perfekt zwischen uns! »Gute Nacht«, flüstere ich. »Tut mir leid, dass das so … geendet hat.«

»Ja«, murmelt sie. »Mir auch.«

Ich will etwas tun, um sie umzustimmen, aber ich weiß nicht was. In so einer Situation war ich noch nie und sie fühlt sich verdammt beschissen an. Vor wenigen Stunden hatten wir noch den besten Sex unseres Lebens und jetzt ist alles verkrampft.

»Wir müssen unsere Texte noch bearbeiten.« Ich kann nicht fassen, dass ich so versuche, ihre Aufmerksamkeit zu erhaschen.

»Gute Nacht, Zack«, wiederholt sie reserviert.

»Gute Nacht«, flüstere ich und steige aus.

Ich werfe die Tür hinter mir zu und humple zum Hauseingang, wo Trevor, Asher und Brick auf mich warten.

Taylor startet den Motor und fährt davon. Ohne noch einmal aus dem Fenster zu sehen oder einen Gruß zum Abschied.

»Es tut mir leid«, setzt mein Bruder an. »Ich wusste nicht, wie wir sonst ...«

Brick und Asher stehen hinter ihm.

»Lasst mich in Ruhe«, zische ich. »Ich habe euch gesagt, dass ihr euer Maul halten sollt. Und was macht ihr? Was machst du?« Wütend sehe ich Brick an. »Du fragst, ob ich sie gefickt habe. Sie hat euch von einer scheiß Party abgeholt, mitten in der Nacht und ihr seid so ... unsensibel.«

Doch statt sich schlecht zu fühlen, fangen die Penner an zu grinsen.

»Du hast dich in sie verknallt«, spricht Asher das Unerhörte aus.

Als wäre das die Antwort, die ich hören wollte! Noch dazu ist es absolut lächerlich. »Fickt euch«, speie ich ihnen entgegen. »Alle! Wirklich ... Fickt euch.«

Dann humple ich, so schnell das mit meinem Verband geht, an ihnen vorbei ins Haus. Was für eine beschissene Nacht, die so traumhaft angefangen hat!

13. Kapitel - Taylor

Der Sex mit Zack ist ein paar Tage her und es fühlt sich immer noch an, als wäre es gestern gewesen. Meine Bettwäsche habe ich nicht gewechselt, weil sie so schön nach ihm riecht. Ich möchte mich nicht davon trennen und die letzten Erinnerungen an ihn aus meinem Zimmer verbannen. Immer wieder überfluten die Gedanken an seinen starken Körper und sein Stöhnen mein Gehirn und ich lasse mich zu Tagträumen hinreißen. Unsere gemeinsame Zeit hat den Sex mit meinen Ex-Freunden um ein Vielfaches übertroffen. Wir haben perfekt miteinander harmoniert im Bett.

Wegen Bricks Fragen bin ich auf Abstand gegangen. Es war mir unangenehm, wie ungeniert er um eine Antwort gebettelt hat. Noch dazu in Trevors und Ashers Gegenwart. Außerdem hat es mir klar gemacht, dass dieser Sextalk unter den Jungs normal ist. Sie tauschen sich ständig über ihr Sexualleben aus. Es läuft mir kalt den Rücken runter, wenn ich darüber nachdenke, dass Zack womöglich in der Kabine darüber redet.

»Ms. Smith?«

Ich drehe mich herum und sehe Professor Derksen auf mich zukommen. Wir haben uns seit einiger Zeit nicht gesprochen. Mein bisheriger Plan, Zack durch das Semester zu bringen, geht gut voran. Er erledigt seine Aufgaben gewissenhaft und nimmt aktiv an der Partnerarbeit teil. Natürlich muss er für die Klausuren dennoch lernen, aber eine gute Mitarbeit im Seminar ist die halbe Miete. »Hallo, Professor Derksen«, begrüße ich ihn.

»Haben Sie einen Moment Zeit?«

»Sicher«, erwidere ich zustimmend.

»Gut.«

Er sieht sich um, als müsse er abchecken, ob sich eine bestimmte Person nicht in unserer Nähe befindet. Ich tippe mal auf Zack. Mein Körper spannt sich an, denn ich will das ebenfalls nicht. Zack weiß nichts davon, dass ich das Empfehlungsschreiben für Oxford bekomme, wenn er das Semester schafft. Wenn es nach mir geht, soll das auch noch eine Weile so bleiben. Er wird nicht erfreut darüber sein; da bin ich mir sehr sicher.

Als Professor Derksen ihn nicht entdeckt, richtet er seinen Fokus wieder auf mich. »Wie läuft es mit Mr. Wilson?«, fragt er. »Macht er noch Probleme?«

Diese Art von Problemen verursacht Zack nicht. Vielmehr hinterlässt er jedes Mal ein gewisses Herzklopfen, wenn wir miteinander reden, und die Schmetterlinge fliegen in meinem Bauch umher, wenn wir uns ansehen und berühren. Auch wenn das letzte Mal ein paar Tage her ist. Ich atme tief durch, um nicht erneut in meine Gedanken rund um Zack zu versinken. »Nein«, antworte ich Professor Derksen. »Es läuft gut. Was meinen Sie?«

Er zieht die Augenbrauen zusammen und denkt einen Moment über seine Antwort nach. Mein Puls schnellt in die Höhe und ich hoffe, dass er mir zustimmt. Für mich geht es hier immerhin auch um eine ganze Menge. Wenn Zack das Semester nicht schafft, werde ich das Empfehlungsschreiben nicht bekommen. Dieses brauche ich unbedingt, um mich in Oxford zu bewerben. Dass Zack bisher nichts von meinen primären Gründen weiß, ihm zu helfen, verdränge ich. Was er nicht weiß, macht ihn nicht heiß, richtig? So ausschlaggebend wichtig ist es auch nicht. Wir haben beide Pläne fürs kommende Jahr. Meiner besteht darin, in Europa zu studieren und seiner, in die NFL zu gelangen. Da kommen wir uns kaum in die Quere.

»Das denke ich auch«, antwortet er und sieht zufrieden aus. »Sie haben ihn in die Spur gebracht. Aber das Semester ist noch lang, Ms. Smith.«

Was soll das denn heißen? Glaubt er etwa, dass Zack es nicht packen wird? Und bedeutet das, dass ich mein Empfehlungsschreiben nicht bekomme? Unbehagen macht sich in mir breit und mein Herz schlägt schneller. Das kann Professor Derksen mir nicht antun!

»Was ist, wenn er in der entscheidenden Klausur einen Blackout hat?«, frage ich und sehe ihn skeptisch an.

»Sollte das denn passieren?«, kontert er.

»Rein hypothetisch kann das auch bei einem Einser-Studenten geschehen.« Ich sehe ihn fest an. »Was ist dann mit meinem Empfehlungsschreiben?«

Professor Derksen atmet tief durch. Seine dicken schwarzen Augenbrauen ziehen sich nachdenklich zusammen, ehe er spricht: »Wenn er die Abschlussklausur nicht schafft und bis dahin alles mit mindestens ‹gut› besteht, ist er durch. Somit bekommen Sie ihr Empfehlungsschreiben. Zack Wilson muss das Semester minimal mit ‹befriedigend› abschließen.«

Erst jetzt fällt mir auf, dass ich die Luft angehalten habe.

»Gut.« Ich nicke zufrieden. »Das wird er.«

»Das ist schön zu hören, Ms. Smith.«

»Er wird die Klausur schaffen«, verdeutliche ich noch einmal meinen Standpunkt.

»Ich zähle auf Sie, Ms. Smith.« Derksen nickt mir zu. »Es wäre eine Schande, wenn Wilson die Play-offs wegen meines Kurses verpasst.«

Ich antworte nicht, sondern setze mein schönstes Lächeln auf. Er dreht sich ohne Verabschiedung herum und geht den Korridor entlang.

Man merkt ihm an, dass er das Team mag und unterstützt. Warum also winkt er Zack nicht durch, so, wie es die anderen Dozenten machen? Das verstehe ich nicht. Das ist auch keine Frage, die er mir beantwortet werden wird.

Seufzend werfe ich den Kopf in den Nacken und verlasse das Hauptgebäude durch den Hinterausgang, um in Richtung Sporthalle zu gehen. Vom Spiel am letzten Samstag, das Zack auf Grund seiner Verletzung verpasst hat, sind noch die Fahnen vor dem Eingang gehisst. Das Stadion liegt einige Meilen entfernt, aber dennoch wird auch vor der Sporthalle vor jedem

Heimspiel geworben und die Mannschaft trifft sich hier, um gemeinsam zum Stadion zu fahren.

Ich bleibe stehen und betrachte die Fahne mit Zacks Gesicht darauf. Er trägt sein Trikot mit der Nummer drei. Die Arme lässig vor der Brust verschränkt wirkt er entschlossen. Mein Körper kribbelt bei dem Gedanken daran, dass er mich beim Sex ähnlich entschlossen und gierig angesehen hat. Zack ist unsagbar heiß in seiner Footballmontur. Die Schulterpolster lassen seinen Oberkörper noch imposanter wirken, und das Eye-Black unter seinen Augen unterstreicht seinen dominanten Blick.

Ich umrunde die Sporthalle zum Footballfeld für Trainingseinheiten, das direkt dahinter liegt. Die Sportanlage der Football Facility ist riesig und wurde erst vor wenigen Jahren neu errichtet. Sie hat allerlei Annehmlichkeiten: Die Halle verfügt über ein eigenes Gym, weiter über riesige moderne Trainingsgeräte bis hin zu einem eigenen medizinischen Team bestehend aus einer Handvoll Physiotherapeuten und einem Mannschaftsarzt. Davon können alle anderen Sportler am College nur träumen. Es ist also kein Wunder, dass die Footballer oft arrogant und überheblich rüberkommen: Ihnen wird alles in den Arsch geblasen.

Zack steht mit dem Mannschaftsarzt auf dem Feld, der ein paar lockere Wurfübungen mit ihm absolviert. Ich hoffe sehr, dass Zack am nächsten Wochenende spielen kann. Wenn vielleicht auch noch nicht über alle vier Viertel. Er läuft entspannt, fängt und passt die Bälle mit Leichtigkeit. Es freut mich, dass er wieder genesen ist.

»Wir sind fertig für heute«, ruft der Doc, als er mich sieht.

Hitze steigt mir in die Wangen und ich beiße mir auf die Lippe. Anscheinend hat es sich bis zum Mannschaftsstab rumgesprochen, dass wir Zeit miteinander verbringen.

»Was?«, ruft Zack. »Wieso? Meine Wade ist okay.«

Jackson lacht und zeigt auf mich, was Zack dazu verleitet, sich umzudrehen.

Als er kehrtmacht, kann ich seinen Blick immer noch nicht deuten. Das Gesichtsgitter verdeckt seine Augen. Jackson winkt mir zu, was ich schüchtern erwidere, ehe er Zack den Ball zurückwirft und zur Sporthalle läuft.

Ich gehe auf Zack zu. Nervosität macht sich in mir breit, weil wir uns seit unserem Sex und der darauffolgenden Nacht nicht mehr persönlich gesprochen haben. Ich habe ihn absichtlich auf Distanz gehalten, weil ich nicht wusste, was ich von Bricks Fragen halten soll. Außer, dass sie vollkommen unangebracht waren! Es beschäftigt mich, dass ich Thema bei den Footballern bin und auch, dass sie nach der Nacht eins und eins zusammengezählt haben. Zacks barsche Reaktion, die vollkommen gerechtfertigt war, vermittelte deutlich, dass wir uns nicht nur zum Lernen getroffen haben. Auch wenn der Sex keine geplante Sache war. Von uns beiden nicht.

Zack balanciert den Ball gekonnt auf seinem Zeigefinger, während er auf mich zugeht. Umso näher er kommt, desto deutlicher kann ich sehen, dass er lächelt. Mein Herz schlägt schneller bei dem Gedanken daran, dass er mich ohne den Helm auf dem Kopf zur

Begrüßung vielleicht geküsst hätte. So schnell, wie der Gedanke kam, verschwindet er wieder. Das ist lächerlich, nachdem ich ihn im Auto so abgefertigt habe. Zack kann mich mittlerweile genauso gut einschätzen wie ich ihn. Das hätte er nicht gemacht.

»Hi«, begrüße ich ihn.

»Hi«, antwortet er. »Was machst du hier?«

»Ich ... also ich ...«, stottere ich. »Ich dachte mir, dass ich dich hier finde.«

Zacks Augenbrauen wandern in die Höhe, das sehe ich hingegen sehr deutlich. Ich würde mir am liebsten mit der flachen Hand vor die Stirn schlagen. Ich dachte mir, dass ich ihn hier finde ... Ja super – und wofür?

»Und jetzt, wo du mich gefunden hast?«, fragt er. »Was hast du vor?«

Ich zucke mit den Schultern. Oh je, das ist echt unangenehm!

»Kannst du werfen?« Er reicht mir den Football.

»Der ist riesig«, erwidere ich und greife nach dem Ball.

»Ich habe auch riesige Hände«, erwidert Zack. »Wie du weißt ...«

Kichernd wiege ich den Ball hin und her. Zack zieht seinen Helm ab und legt ihn neben sich auf den Rasen. Mit der rechten Hand fährt er sich durch die blonden Haare, die er damit noch mehr verstrubbelt. Er geht ein paar Schritte zurück und winkt mich zu sich.

»Wollen wir ein paar Pässe spielen?«, fragt er.

»Das Ding ist doppelt so groß wie meine Hand«, wende ich ein. »Denkst du wirklich, dass ich das kann?«

»Ja«, antwortet er voller Zuversicht. »Warum denn nicht? Brauchst du Hilfestellung?«

Sein schmutziges Grinsen lässt mich mit den Augen rollen, aber zeigt mir auch, dass die Funkstille der letzten Tage unserem Miteinander keinen Abbruch getan hat. Er macht immer noch dieselben anzüglichen Bemerkungen.

»Nein.« Ich schüttle den Kopf. »Das schaffe ich.«

»Perfekt.« Er lächelt mich breit an. »Wirf mir den Ball zu.«

Ich gehe noch einige Schritte zurück, bis Zack den Daumen hebt und mir signalisiert, dass ich gut stehe. Es ist das erste Mal, dass ich einen Football in Originalgröße halte. Bisher waren es immer Kinderbälle, die deutlich besser in meine Hände passen. Ich hole aus und werfe den Ball. Zu meiner Schande fällt er wie ein nasser Lappen zu Boden. Er ist nicht mal ansatzweise geflogen. »Ups.« Beschämt beiße ich mir auf die Lippe und hebe ihn auf. »Noch mal?«

»Ja.« Zack nickt. »Stell dich am besten ein wenig schräg.«

Ich tue es.

»Ja genau – und versuch, aus der Drehung zu werfen. Das gibt dir mehr Schwung.«

Ich nicke und komme seinem Rat nach. Ich drehe mich nach rechts außen weg, aber nur mit dem Oberkörper. Durch den Schwung, den ich damit auf den Arm bringe, schaffe ich es tatsächlich, ihn ein paar Meter zu werfen.

»Das war schon viel besser«, lobt Zack mich, was mich mit Stolz erfüllt.

»Komm her.« Diesmal ist er derjenige, der den Ball aufhebt und mich zu sich winkt.

Ich gehe auf ihn zu. Zack greift nach meiner Hand. Ein Kribbeln durchfährt meinen Körper, indem er mich berührt und mein Herz schlägt unweigerlich schneller. Ich glaube nicht, dass ich die Konzentration auf unser kleines Training lange halten kann, wenn er mich berührt.

»Hallo noch einmal«, raunt er mir zu, als sein Gesicht nur noch wenig Zentimeter von meinem entfernt ist. Die feinen Härchen in meinem Nacken stellen sich auf.

»Hi«, wispere ich.

»Wie war dein Tag?«, fragt er und streicht mit dem Daumen über meinen Handrücken, was das Kribbeln in meinem Bauch noch verstärkt.

»Gut, und deiner?«

»Meiner auch«, antwortet Zack und lächelt leicht.

Wir verfallen in ein Schweigen, bis Zack den Augenkontakt löst und einen Schritt zurückgeht.

»Stell dich vor mich«, rät er und ich tue es. Er legt mir den Football in die rechte Hand und umfasst sie mit seiner. »Ich führe dich«, flüstert er.

Meine Gedanken sind ganz woanders und auf das Passspiel kann ich mich ganz und gar nicht konzentrieren.

»Okay«, antworte ich hastig.

Zacks linke Hand wandert an meine Hüfte. »Du musst den Ball aus der Drehung herauswerfen«, weist er mich an und zieht mich an der Hüfte zurück. »Das hast du eben auch schon ganz gut gemacht.«

Ich lächle stolz.

»Arm nach hinten.«

Die Anweisungen sind absoluter Schwachsinn, weil ich mich führen lasse wie eine Puppe.

»Bist du überhaupt bei der Sache?«

»Klar«, antworte ich eifrig und bin froh, dass wir uns nicht in die Augen sehen. »Aus der Drehung werfen.«

»So in etwa«, schmunzelt Zack und wir wiederholen die Bewegungen. Wie zu erwarten, werfe ich den Ball unter seiner Führung deutlich weiter, aber nicht weit genug.

»Sehr gut«, lobt er mich dennoch.

»Vielen Dank.« Ich drehe mich zu ihm herum und grinse ihn an. Zacks Blick sagt mir, dass er gedanklich nicht mehr beim Footballtraining mit mir ist. Seine blaugrauen Augen mustern mich akribisch, sodass ein angenehmer Schauer über meinen Rücken läuft.

»Klingt es kitschig, wenn ich sage, dass ich dich vermisst habe?«, will er plötzlich wissen.

Das ist der Moment, in dem mein Herz so hart gegen meinen Brustkorb schlägt, dass ich glaube, es findet einen Weg hinaus.

Ich habe ihn auch vermisst – und wie. Aber ich konnte seine Nähe nicht suchen nach Bricks Auftritt in meinem Auto. »Ich habe dich auch vermisst«, wispere ich. »Aber ich … brauchte ein wenig Abstand.«

»Wegen Bricks Spruch?«, trifft Zack ins Schwarze.

»Hm.«

»Du weißt doch, wie die Jungs sind«, versucht er, die Situation herunterzuspielen.

»Nein«, stelle ich sogleich klar. »Das weiß ich ehrlich gesagt nicht, weil ich mich seit Tag eins am College von euch fernhalte.« Ich gehe einen Schritt zurück, um etwas Abstand zu gewinnen.

Das trübt Zacks Selbstbewusstsein in keiner Weise. »Das klappt nicht so gut …«, wiegelt er ab. Das Grinsen auf seinem Gesicht ist dreckiger denn je. »Zumindest nicht in meinem Fall.«

»Das lässt sich einrichten, wenn du das möchtest«, gebe ich trotzig zurück und er zieht mich mit einem Ruck an sich. Mein Körper prallt gegen seinen und Zack schlingt seine Arme um mich, um mich zu an Ort und Stelle zu halten. Ich bin dankbar, dass er außer seinem Helm keine weitere Ausrüstung bei diesem Training getragen hat, weil das sonst wohl ziemlich schmerzhaft geworden wäre.

»Auf keinen Fall«, antwortet er und bedeckt meinen Mund mit seinem.

Überrascht, dass er so direkt in die Vollen geht und mich küsst, schmiege ich mich weiter an ihn. Erleichterung durchströmt meinen Körper, und ich merke, wie sehr er mir gefehlt hat. Stöhnend komme ich seinem heißen Kuss entgegen und schlinge meine Arme um seinen Hals. Wie von allein öffnet sich mein Mund, um seine Zunge willkommen zu heißen. Wir stehen mitten auf dem Trainingsfeld der Football Facility und küssen uns.

***

»Das war gut.« Zack rollt sich von mir runter und seine Brust hebt und senkt sich heftig. Er schiebt seinen linken Arm unter seinen Kopf und sieht grinsend zu mir rüber. Ich erwidere seinen Blick.

»Absolut«, stimme ich ihm zu.

Nachdem unser Kuss auf dem Trainingsfeld endete, habe ich meinen Verstand zum Glück wiedergefunden und ihn allein in die Umkleide und, viel wichtiger, in die Dusche geschickt. Danach sind wir zu ihm gefahren und hatten erneut Sex.

Ich ziehe die dünne Tagesdecke nach oben und drehe mich auf die Seite, um ihn besser anzusehen.

»Machen wir das jetzt jeden Tag nach dem Training?«, fragt er. »After-Training-Sex?«

Ich kichere.

Zack legt seinen Arm um meine Schultern und drückt mich an sich. Der Länge nach schmiege ich meinen nackten Körper an seinen und dränge meine Beine zwischen seine. »Ich hätte nichts dagegen«, raunt er mir zu.

»Natürlich nicht«, erwidere ich schmunzelnd und Zack beugt sich zu mir und küsst mich.

Plötzlich ist aus dem Flur ein Poltern zu hören, sodass ich heftig zusammenzucke.

»Zack«, ruft eine laute Stimme, die mich veranlasst, näher an ihn zu rutschen. »Bist du in deinem Zimmer?«

Panik macht sich in mir breit und ich dränge meinen nackten Körper unbewusst gegen seinen. Er öffnet den Mund, um etwas zu sagen, als die Tür schwungvoll auffliegt und Cole mit zwei Bestellkarten der örtlichen Lieferdienste im Rahmen steht. Weder Zack noch ich haben ihn reingebeten, aber er steht dort. Das kann doch nicht sein! Offenbar wird Privatsphäre bei den Wilson-Drillingen nicht allzu großgeschrieben.

»Trev und ich wollen Essen bestellen«, redet er weiter und betrachtet die Karten in seinen Händen. Dann erst dreht er endlich den Kopf in unsere Richtung. Als er mich in Zacks Bett liegen sieht, werden seine Augen riesig. »Oh verdammte Scheiße ... Taylor, hey. Tut mir leid ...«

Oh Gott, das ist mir so unangenehm! Ich drehe meinen Kopf weg, an Zacks nackte Brust und hoffe, dass die Situation so schnell wie möglich vergeht oder ich mich wahlweise in Luft auflöse.

»Verpiss dich!«, brüllt Zack und ich hebe langsam den Kopf. Er wirft mit einem Kissen nach Cole. Wäre mir die Situation nicht so ultrapeinlich, fände ich sie vielleicht sogar auch noch lustig.

»Cole!«, ruft Trevor und ich presse die Lippen zusammen. Oh, bitte nicht der auch noch!

»Wo bist du? Will Zack mit uns ...?«

Natürlich steht in der nächsten Sekunde Trevor hinter Cole und gafft mich ebenso ungeniert an, als wäre ich ein Zootier. »Du bist nicht allein.«

»Ganz offensichtlich«, knurrt Zack und zieht mich näher an sich heran, um meinen nackten Rücken vor den Blicken seiner Brüder zu schützen. »Haut ab, verdammt.«

»Ja ... Sicher ...« Cole greift nachdem Knauf, um die Tür zu schließen. »Wir bestellen beim Thai. Habt ihr denn nun Hunger, oder nicht?«

Fassungslos stelle ich fest, dass er uns das wirklich gefragt hat. Ich kann nicht glauben, dass Cole so wenig Distanz und vor allem auch Respekt mir gegenüber besitzt, dass er noch einmal nachbohrt. Ihm muss doch klar sein, dass wir keinen Film geschaut haben. Noch dazu das benutzte Kondom vor dem Bett ...

»Wir kommen gleich«, antwortet Zack zu meiner Entrüstung.

Der hat scheinbar genauso einen an der Klatsche. Aber wenigstens verlassen seine Brüder endlich das Zimmer, und schließen leise die Tür hinter sich.

»Scheiße ...« Ich stoße die angehaltene Luft aus. »Fünf Minuten früher und ...«

Zacks Brust vibriert unter mir und ich sehe zu ihm auf. Er lacht. »... ich hätte noch ganz tief in dir gesteckt«, vollendet er meinen Satz und küsst meine Stirn. »Ich weiß.«

»Das meinte ich nicht«, antworte ich verbissen und verdrehe die Augen.

»Wieso?« Zack rollt sich auf mich und bedeckt mein Gesicht mit süßen Küssen. Daran könnte ich mich nach dem Sex gewöhnen. »Hast du überhaupt Lust auf Thai?«, fragt er noch mal nach.

»Mit deinen Brüdern?« Hitze steigt mir in die Wangen und meine Atmung geht schneller, weil ich Cole und Trevor nicht unter die Augen treten möchte. Am liebsten würde ich abhauen, aber das geht auch nicht, ohne den beiden zu begegnen.

»Ja ...« Zacks Lippen wandern von meinen Lippen zu meinem Hals. »Aber vorher hole ich mir noch eine Vorspeise.«

»Zack ...«, kreische ich und schlage mir die Hand vor den Mund, als er unter die Tagesdecke taucht.

14. Kapitel - Zack

Ich steige aus dem Bett und zwinkere Taylor zu. Sie rollt sich auf die Seite, stützt ihren Kopf auf der Hand ab und grinst. Ihre braunen Haare fallen ihr über die Schultern und bedecken die seidig weiche Haut ihres Dekolletés. Sie sieht so verführerisch aus, dass ich am liebsten wieder zurück zu ihr ins Bett schlüpfen würde. Aber das lassen Cole und Trevor nicht zu. Wenn wir nicht in den nächsten zehn Minuten im Wohnzimmer sind und unsere Bestellung aufgeben, stehen sie erneut hier und möchten wissen, was wir essen wollen – und sei es nur aus reiner Neugierde, ob wir noch im Bett liegen. Die beiden würden es nach richtig gutem Sex nicht anders machen. Den hatte ich mit Taylor definitiv.

Mit meinem Ausflug unter die Bettdecke, um Taylor oral zu befriedigen, habe ich schon zu viel Zeit verstreichen lassen. Ich steige in neue Boxershorts und greife nach meinem Shirt sowie einer Trainingshose.

»Hast du was zum Anziehen für mich?« Taylor schielt auf ihre Jeans und ihr Shirt. »Bitte?«

»Sicher«, erwidere ich. »Du kannst ein Trikot von mir anziehen, das sollte dir bis zu den Knien reichen.«

Die Bettdecke raschelt, und ich bin froh, dass ich mich bereits herumgedreht habe, als sie aus dem Bett steigt, weil ich fürchte, dass ich sonst ein drittes Mal über sie herfalle. Ich weiß nicht mehr, wann ich das letzte Mal so scharf auf eine Frau war, dass ich ununterbrochen mit ihr im Bett bleiben wollte. Sex ist gut und schön, aber mit Taylor bedeutet der definitiv mehr als reine körperliche Befriedigung.

Ich ziehe das Trikot der vorherigen Saison aus meinem Schrank und betrachte es. Es ist blau und weiß, also in den traditionellen Bay Rouge-Farben gehalten. In der Mitte prangt eine große Drei, meine Nummer. Die letzte Saison lief alles andere als gut für uns. In den Play-offs sind wir früh ausgeschieden und der Traum, die Meisterschaft zu gewinnen, rückte vorerst in weite Ferne.

»Woran denkst du?«, fragt Taylor leise und schlingt ihre Arme um mich. Sie presst ihr Gesicht an meinen Rücken und streicht mit ihren Lippen über meine Haut. Ich lächle. Ihre Fingernägel kratzen über die Erhebungen meines Sixpacks.

»Letzte Saison, und dass wir den Erwartungen nicht gerecht geworden sind«, antworte ich. »Das muss dieses Jahr besser laufen. Vielleicht trainieren wir zu wenig oder ...«

»Du trainierst jeden Tag«, antwortet sie und drückt mir einen Kuss auf den Rücken. Ich lächle erneut und drehe mich aus ihrer Umarmung heraus und zu ihr herum. »Sogar so viel, dass deine Noten darunter leiden.« Tadelnd wandern ihre perfekten Augenbrauen in die Höhe.

»Wenn du meinst …«, murmle ich, obwohl ich weiß, dass sie recht hat. Ich gönne mir einen letzten Blick über ihren heißen Körper und das süße geblümte Dessous-Set, das die wichtigsten Teile davon verdeckt, ehe ich ihr das Trikot in die Hände drücke. »Anziehen.«

Taylor streift es sich über den Kopf und dreht sich anschließend einmal im Kreis. »Was meinst du?«, will sie grinsend wissen.

»Du siehst verführerisch aus«, erwidere ich und stehle mir einen Kuss von ihren schönen Lippen.

Ihre Hände streichen über meine Brust nach oben und sie verschränkt sie in meinem Nacken. Ich beuge mich erneut zu ihr vor und küsse sie. Diesmal deutlich tiefer und inniger. Ein leises Stöhnen kommt über ihre Lippen und lässt meinen Schwanz wieder anschwellen, sobald sie sich an mich schmiegt.

Fuck. Das ist keine Reaktion, die ich gerade gebrauchen kann. Sachte schiebe ich sie von mir, um genügend Abstand zwischen ihren erotischen Körper und meine wachsende Erektion zu bringen.

»Cole und Trev warten schon«, erkläre ich und gebe ihr einen Klaps auf den Po. Sie errötet, was unglaublich süß aussieht. »Ist es dir immer noch unangenehm, dass sie uns im Bett erwischt und gehört haben, wie gut …«

Taylors Hand schnellt nach vorn und sie hält mir den Mund zu.

»Bitte sag das nicht«, wispert sie und wird prompt wieder rot.

»Wie kannst du«, ich schiebe ihre Hand weg, »im Bett so heiß sein und jetzt so … schüchtern?«

»Findest du es nicht peinlich, dass sie uns … mich … gehört haben?«

»Nein.« Ich zucke mit den Schultern und sie verdreht die Augen. »Wir hatten Spaß, da ist doch nichts dabei.«

»Ach, Zack ...«

Taylor seufzt und ich drücke ihr noch einen schnellen Kuss auf die Lippen, ehe ich meine Zimmertür öffne. »Nach dir.«

Sie wirft mir einen prüfenden Blick zu, und ich greife nach ihrer Hand. Lächelnd verschränke ich unsere Finger miteinander. »Besser?«

»Besser«, bestätigt sie und wir verlassen gemeinsam mein Zimmer.

Ich bin ungewohnt nervös, als wir ins Wohnzimmer gehen. Es ist nicht das erste Mal, dass eine Frau bei mir übernachtet. Auch Cole und Trevor haben immer wieder Damenbesuch, aber bei Taylor ist es anders: Sie lässt mein Herz höherschlagen und sieht in mir nicht bloß den Footballstar des Colleges, der ihren sozialen Rang am Campus steigert. Nicht nur der Sex ist phänomenal, sondern auch sie. Nach unseren anfänglichen Schwierigkeiten kommen wir mittlerweile super miteinander aus und haben viel Spaß. Die Arbeiten an unserem Projekt gehen gut voran und ich merke, dass es mir mit Taylors Hilfe leichter fällt, die Theorien zu verstehen.

Ich habe mich in sie verliebt. Und ich bin nicht zu cool, um das zuzugeben, wie es bei so vielen Kerlen der Fall ist – auch, wenn ich das vor einigen Tagen vor meinen Kumpels noch verneint habe. Taylor macht mich glücklich und ich möchte sie glücklich machen.

»Tony«, sage ich aus einem Impuls heraus und sie sieht mich schmunzelnd an. Keine Spur mehr von ihrer anfänglichen Abneigung gegen den Namen. »Auch wenn es unter anderen Umständen schöner gewesen wäre ...« Ich atme tief durch. »Ich freue mich, dass du meine Brüder richtig kennenlernst.« Die kurze Vorstellung auf der Party am Strand zählt nicht.

»Das tue ich auch«, antwortet sie und schenkt mir ein hinreißendes Lächeln. Ein Lächeln, das sie nicht faken kann.

Cole und Trevor sitzen auf der Couch, als wir ins Wohnzimmer kommen. Taylor drückt meine Hand fester und ich ziehe sie aus einem Impuls heraus näher an mich ran. Zwar sind Cole und Trevor meine Brüder und würden sich niemals an Taylor ranschmeißen, trotzdem will ich vor ihnen klarmachen, dass sie zu mir gehört.

»Da seid ihr ja.« Trevor steht auf und macht auf der Couch Platz für uns, in dem er sich in den Ohrensessel plumpsen lässt. »Setzt euch.«

»Danke«, sagt Taylor und ich lasse mich aufs Sofa fallen, ehe ich sie auf meinen Schoß ziehe. Etwas zögerlich nimmt Taylor Platz und legt ihren linken Arm um meinen Hals. Ich fasse sie an der Hüfte, um sie an Ort und Stelle zu halten. Im ersten Moment starren Trevor und Cole uns an, bis Cole uns die Speisekarte vom Chinesen reicht.

»Hier ist die Karte«, meint er und Taylor nimmt sie ihm ab. »Sucht euch was aus.«

»Danke«, erwidert sie und faltet sie auseinander. »Was möchtest du?«

»Gebratene Nudeln«, sage ich.

»Wir nehmen zwei Mal gebratene Nudeln«, bestellt Taylor für uns. »Und Frühlingsrollen.«

Sie reicht Cole die Karte zurück, die er auf den Tisch legt. Ich ziehe sie noch ein Stück näher an mich heran, was beinahe nicht möglich ist. Für einige Sekunden herrscht Schweigen.

»Wie ist Zack so als … Projektpartner?«, will Trevor wissen.

»Er ist …«

Ich ziehe die Augenbrauen hoch und sehe Taylor fragend an. Ich hoffe, sie sagt nichts Falsches.

»… fügsam.«

»Fügsam?!«, platzt es aus mir heraus.

Meine Brüder brechen in schallendes Gelächter aus.

Was zur Hölle soll ich unter ‹fügsam› verstehen?

»Du machst, was ich dir sage und meckerst nicht«, meint sie. »Ich finde das sehr fügsam.«

»Fügsam …«, wiederhole ich ihre Wortwahl und kann mich mit dem Wort so gar nicht anfreunden.

»Und wo ist er noch so … fügsam?«, feixt Trevor. Ich werfe ihm einen mahnenden Blick zu, der ihn dazu veranlasst, mit seinem iPhone und der Karte vom Thai zu verschwinden, um unser Essen zu ordern.

»Magst du Football?«, fragt Cole und wechselt so das Thema. »Oder gehst du nur mit Alice wegen Fitzgerald?«

Taylor kichert. »Ich mag es«, sagt sie. »Und Alice ganz offensichtlich auch.«

In der nächsten halben Stunde unterhalten wir uns über meist belanglose Themen, bis unser Essen kommt und wir in die Küche gehen, um uns an den Tisch zu setzen.

Mein Blick wandert immer wieder zu Taylor. Lächelnd betrachte ich sie. Ihre anfängliche

Unsicherheit gegenüber Trevor und Cole hat sie komplett abgelegt und blüht richtig auf. Sie unterhält sich mit ihnen, als wäre nichts von alldem, was die beiden in meinem Zimmer gesehen haben, vorgefallen. Sie mag meine Brüder und das lässt mein Herz höherschlagen. Unter dem Tisch greife ich nach ihrer Hand, was sie für eine winzige Sekunde zusammenzucken lässt. Im ersten Moment bin ich unsicher, ob mein Vorstoß richtig war. Doch als sie ihre Finger zwischen meine schiebt und unsere Hände auf meinem Oberschenkel platziert, gibt mir das Sicherheit.

»Ihr seid auch zu meinem Geburtstag eingeladen«, verkündet sie plötzlich und ich sehe sie überrascht an. »Oder ... nicht?«

»Doch, natürlich«, erwidere ich. »Ignoriere mich.«

Sie kichert und wendet sich wieder meinen Brüdern zu.

»Ich habe am Freitag Geburtstag und feiere auch am Freitag.«

»Wir sind dabei«, entscheidet Cole und das bedeutet für mich, dass sie beide erscheinen. Taylor sieht zu Trevor. Ihr ist dieses Drillings-Ding wohl noch nicht ganz klar.

»Jap, wir kommen vorbei«, wiederholt mein anderer Bruder.

Das Läuten der Klingel unterbricht unsere Unterhaltung.

»Ich gehe«, meint Cole und steht auf.

Wir essen weiter.

»Einen Moment«, höre ich ihn sagen und drehe den Kopf herum, um in Richtung Flur zu sehen.

Wenige Sekunden später erscheint Cole wieder in der Küche. »Taylor«, räuspert er sich zu meiner Überraschung. »Deine Mom.«

Trevor lässt die Frühlingsrolle fallen, die er zuvor noch in der Hand hatte, und sieht uns mit großen Augen an. Taylor wird unruhig neben mir, und ich drücke zur Beruhigung ihre Hand. Mit einem Kontrollbesuch habe ich nicht gerechnet. Ich dachte auch, dass sie die App eingeschaltet hat, sodass ihre Mom weiß, wo sie sich befindet. Vielleicht ist genau das der Grund, wieso die hier aufgetaucht ist. Ich schlucke meinen Ärger hinunter und versuche, mir nichts anmerken zu lassen.

»Meine … Mom?«, will sie von Cole wissen und er nickt. »Ich … Äh … Okay«, stottert sie und springt unwirsch von ihrem Stuhl auf.

Trevor und Cole sehen mich fragend an, aber sagen zum Glück nichts. Ich erhebe mich ebenfalls von meinem Platz und greife nach Taylors Hand. »Hey«, sage ich und ziehe sie an mich. »Entspann dich.«

»Wie soll ich mich denn bitte entspannen?«, zischt sie mir leise zu. »Meine Mutter steht in deiner Wohnung.«

Taylor presst die Lippen zusammen und schielt zu meinen Brüdern, die Gott sei Dank weiter essen und sich nichts anmerken lassen.

»Lass uns erst einmal schauen, was sie möchte und …«

»Ich habe die App ausgeschaltet«, gesteht sie und Trevor und Cole heben die Köpfe.

Ich stöhne auf und nicke. Das erklärt es natürlich, obwohl ich mir auch nicht sicher bin, dass sie nur deswegen gekommen ist. Sie kann unsere Adresse keiner ihrer Freundinnen zuordnen.

»Ich dachte, dass ... dass ich einmal ... Ist auch egal.«
Taylor lässt meine Hand frustriert los und geht in den
Flur. Ich werfe noch einen schnellen Blick auf Trevor
und Cole, denen die Fragezeichen deutlich ins Gesicht
geschrieben stehen, und gehe ihr hinterher.

»Tay, warte«, rufe ich und halte sofort in der
Bewegung inne, als ich erkenne, dass Dr. Smith bereits
in unserem Wohnzimmer steht. »Dr. Smith.«

»Mr. Wilson«, begrüßt sie mich monoton. »Wie schön,
Sie zu sehen.«

Ihr Blick wandert von mir zu Taylor, die immer noch
nicht mehr als mein Trikot trägt. Unsicher, was ich
mich am besten verhalten soll, trete ich auf sie zu und
lege meinen Arm um ihre Hüfte.

»Was tust du hier, Mom?«, verlangt Taylor zu wissen.
Dabei geht sie einen Schritt zurück und stößt mit dem
Rücken gegen meine Brust. Sanft drücke ich ihre Seite.

»Wonach sieht es denn aus?«, fragt Dr. Smith
angespannt. »Ich wusste nicht, wo du bist. Es hat ewig
gedauert, bis ich dich orten konnte.«

»Ist das dein ...«. Taylor schüttelt den Kopf. »Womit
hast du mich diesmal geortet?«

Das wüsste ich auch gern. Wie viele Apps sind denn
bitte auf ihrem iPhone?

»Taylor ...«, drängt Dr. Smith und will ihrer Tochter
wohl keine Antwort geben.

»Nein, Mom!« Taylors Stimme klingt schrill. »Ich
kann selbst entscheiden, wohin ich gehe und mit wem.
Ich bin dir keine Rechenschaft schuldig.«

Dr. Smith zuckt zurück. Auch wenn ich absolut auf
Taylors Seite stehe, sehe ich ihrer Mutter an, dass sie
sich wirklich Sorgen macht. Ja, sie kontrolliert ihre

Tochter und, ja, das gehört sich nicht. Dennoch bringt das so alles nichts. Taylor muss mit ihren Eltern darüber sprechen und sie müssen gemeinsam eine befriedigende Lösung für alle finden.

»Taylor war die ganze Zeit bei mir ... Bei uns.« Ich deute mit einem Finger in Richtung Küche, wo meine Brüder noch essen. »Ihr geht es gut.«

»Wir haben eine Abmachung, Taylor«, ignoriert sie meine Worte komplett. »Und ich will, dass du dich daran hältst.«

»Ja, Mom«, murmelt sie unwirsch. »Noch was?«

Taylors defensive Haltung bewegt ihre Mutter dazu, weiter in die Offensive zu gehen.

»Wir sollten gehen«, bestimmt Dr. Smith. »Wo sind deine Sachen?«

Ihr Blick wandert abschätzend an ihrer Tochter hinab, die die Lippen aufeinanderpresst.

Ich bin mir nicht sicher, ob Taylor einknickt und mitgeht. Anfangs sah es so aus, als würde sie sich gegen Dr. Smith behaupten, aber jetzt wirkt sie wieder so schüchtern.

»Ich ziehe mich um«, zischt Taylor plötzlich und macht auf dem Absatz kehrt, ohne mich auch nur eines Blickes zu würdigen, und stürmt in mein Zimmer.

»Ich sehe nach ihr«, murmle ich verunsichert, was dieser Umschwung soll, und folge ihr.

In meinem Zimmer angekommen, hat sie mein Trikot bereits auf mein Bett geschmissen und zieht sich ihr Shirt über.

»Also gehst du jetzt?«, frage ich und warte, dass sie sich zu mir herumdreht.

»Ja.«

»Okay ... Und wieso?« Ich will meinen Ärger wirklich runterschlucken, aber es fällt mir schwer.

»Weil ich keine Lust auf Streit mit meiner Mom habe, Zack.«

Ich atme tief durch und stemme die Hände in die Hüften: Streit mit ihrer Mutter will sie nicht, aber eine Auseinandersetzung mit mir ist in Ordnung? Dass ich diese Logik nicht verstehe, liegt nicht daran, dass ich ein Mann bin. Die ist einfach bescheuert. Taylor hat bei uns die perfekte Chance, sich über ihre Mutter hinwegzusetzen, und sie tut es nicht. Stattdessen schiebt sie mich von sich und ignoriert, was wir in den letzten Stunden geteilt haben.

»Und Streit mit mir ist okay?«, hake ich nach.

»Wir streiten nicht«, antwortet Taylor.

»Das tun wir aber gleich, wenn du jetzt durch diese Tür gehst ...«, ich zeige mit dem Finger auf meine Zimmertür, »... und mit deiner Mom nach Hause fährst.«

»Zack, bitte ...« Sie fährt sich durch die Haare und schüttelt den Kopf, als würde ich den größten Schwachsinn von ihr verlangen. »Ich möchte keinen Krach, aber ...«

»... bei mir bleiben auch nicht?«

»Nein.«

Es trifft mich mehr, als ich im ersten Moment zugeben mag, dass sie mir eine offensichtliche Abfuhr erteilt. »Dann solltest du gehen«, entscheide ich.

»Ja.« Taylor nickt. »Wir ... sehen uns.«

Ich kann es im ersten Moment nicht glauben, aber Taylor macht tatsächlich auf dem Absatz kehrt und verlässt mein Zimmer. Fassungslos folge ich ihr, und sehe meine Brüder mittlerweile in der Küchentür stehen. Sie werfen mir fragende Blick zu, aber ich versuche, sie auszublenden und mich auf Taylor zu konzentrieren.

»Bis dann …«, sagt sie. »Du kannst mir deine Unterlagen für nächste Woche schicken.«

Dann verlässt sie mit ihrer Mutter unsere Wohnung.

15. Kapitel - Taylor

Ich schiebe die Pommes auf meinem Teller von links nach rechts und starre ins Leere. Seit Tagen bin ich schlecht drauf und blase Trübsal. Das, obwohl mein Geburtstag nur noch zwei Tage entfernt, ist. Zum Feiern ist mir nicht zu Mute, wenn ich daran denke, dass Zack nicht kommen wird und ich seit Tagen nichts von ihm gehört habe. Auf meine Nachrichten reagiert er nicht und meine Anrufe nimmt er auch nicht an. Deutlicher kann er mir nicht zeigen, dass er nichts mehr mit mir zu tun haben möchte.

Cole und Trevor sind mir auch das ein oder andere Mal auf dem Campus begegnet. Ich habe mich nicht getraut, seine Brüder anzusprechen und sie zu fragen, wie es Zack geht. Mir sind der Auftritt meiner Mom und darüber hinaus meine Reaktion immer noch sehr unangenehm. Außerdem hätte ich von ihnen auch keine Antwort erwartet, da sie Zack nicht in den Rücken fallen.

Jedes Mal, wenn wir uns zuvor gestritten hatten, war das eindeutig Zacks Schuld. Mit seiner fortwährend ablehnenden Art verbockte er es wieder und wieder.

Doch diesmal hat er nichts falsch gemacht. Zuletzt war es meine Schuld. Im Nachhinein weiß ich auch nicht, warum ich so dumm war und dem Wunsch meiner Mutter gefolgt bin. Vielleicht, weil es schon immer so lief und ich der Diskussion mit ihr entgehen wollte. Sie hat in solchen Minuten eine Art an sich, die mich unheimlich einschüchtert und gleichzeitig daran erinnert, dass sie es nicht böse meint. Sie hat Angst um mich und ich schüre diese Furcht auch noch, in dem ich von zu Hause wegbleibe und die App ausschalte. Andererseits bin ich erwachsen, das kann nicht noch zehn oder fünfzehn Jahre so weitergehen.

Ein kleiner Teil in mir hatte gehofft, dass Zack mehr Verständnis für meine Situation zeigt, wenn es einmal hart auf hart kommt mit meinen Eltern. Er weiß um die Problematik. Noch dazu ist er einer der wenigen Menschen, denen ich von McKenzie erzählt habe. Ich lege meinen Kopf in den Nacken und schließe die Augen, um so vielleicht eine Lösung für mein Problem zu finden, aber da ist nichts.

Wie schon in den letzten Tagen ist da nichts.

»Scheiße!«, fluche ich.

»Und du fluchst immer noch so wie früher.«

Mein Kopf schießt in die Höhe und vor mir steht mein grinsender Ex-Freund Jasper.

»Jas!«, rufe ich und springe auf. »Was machst du hier?«

Er sieht gut aus. Seine blonden Haare sind ein wenig länger als früher, erinnern mich an einen waschechten australischen Surfer und er ist muskulöser geworden. Definitiv muskulöser, wenn ich mir seinen Bizeps unter dem engen Shirt ansehe. Seine blauen Augen funkeln mich schelmisch an.

Wir haben uns vor fast einem Jahr getrennt, als er sein Auslandsstudium in Australien antrat. Unsere Beziehung hatte sich zu dieser Zeit bereits im Sand verlaufen und ich glaube, wir waren beide froh, dass sein Aufenthalt am anderen Ende der Welt einen Schlussstrich ohne viel Erklärung ermöglichte. Wir haben sporadisch den Kontakt gehalten, aber längst nicht mehr so innig wie in den Jahren vor unserer Trennung. Jasper störte der Kontrollwahn meiner Eltern enorm und wir haben oft deswegen gestritten. Vielleicht sollte ich es aufgeben und mich damit arrangieren, dass ich keinen Mann finde, der das mitmacht auf Dauer. Jasper nicht, Zack nicht und von den Idioten in meinen Teenagerjahren will ich gar nicht erst anfangen.

»Ich bin zurück«, meint er und nimmt mich über den Tisch hinweg in den Arm. »Pünktlich zu deinem Geburtstag.«

Ich kichere und erinnere mich daran, dass er letztes Jahr einen Tag nach meinem Geburtstag nach Melbourne geflogen ist. Unglaublich, dass er nun wieder vor mir steht.

»Pünktlich zu meinem Geburtstag«, wiederhole ich seine Worte und spüre einen Stich im Herzen, dass ich diesen nicht mit Zack verbringen werde. Schnell vertreibe ich die Gedanken an ihn und richte meinen Fokus wieder auf Jasper.

»Setz dich doch«, biete ich ihm an und er kommt dem nach. »Wie hat es dir in Australien gefallen? Lohnt es sich?«

Er lacht und beginnt zu erzählen. Ich könnte ihm stundenlang zuhören, weil es mich so sehr fasziniert, was er alles erlebt hat. Ich hoffe sehr, dass Professor Derksen mir das Empfehlungsschreiben ausstellt, sodass ich eine ähnliche Erfahrung in England machen kann. Zack wird mir keine Probleme bereiten, denke ich, denn er hat begriffen, dass er auch gute Noten braucht, nicht nur hartes Training, um in die NFL zu kommen.

Meine Aufmerksamkeit lässt rapide nach, als Zack mit Cole und Trevor die Cafeteria betritt. Mein Herz schlägt schneller und ich würde am liebsten die Hand heben, um ihm zu signalisieren, wo ich sitze. Da fällt mir aber ein, dass er nicht mehr mit mir redet und dementsprechend wohl nicht reagiert. Mein Herz wird schwer und ich lasse die Schultern hängen. Traurig wende ich meinen Blick ab.

»Alles okay?«, fragt Jasper, dem meine veränderte Stimmung natürlich nicht entgangen ist. Wie sollte sie auch, so wie es mir momentan geht? Meine Mom fragt mich ebenfalls ständig, was los ist, aber ihr kann ich schlecht sagen, dass ihr Auftritt bei Zack unsere Beziehung auf dem Gewissen hat. Ich bin mir nicht mal sicher, ob wir jemals zusammen waren. Dafür ging an dem Nachmittag alles viel zu schnell.

»Klar«, lüge ich Jasper an und schenke ihm ein falsches Lächeln.

»Ich kenne dich, Tay«, meint er und hebt die Augenbrauen. »Was ist?« Er dreht den Kopf nochmals in Richtung der Wilson-Drillinge und stöhnt. »Oh … Die Wilsons.«

Nervosität macht sich in mir breit, dass Jasper mich so gut kennt und dass er nun eins und eins zusammenzählt. Natürlich müsste er raten, um welchen der Wilson-Brüder es geht, aber auch das würde er hinbekommen. Wir waren zwei Jahre zusammen, da ist es nicht so einfach, meine Emotionen vor ihm zu verbergen.

»Ja ... Die Wilsons«, weiche ich aus, in dem ich alles ins Lächerliche ziehe. »Wer kennt sie nicht?«

»Ach, komm schon ...« Er grinst mich an. »So ziemlich jede Frau in diesem Raum ändert ihre Stimmung, wenn die reinkommen.«

»Was?« Ich sehe mich um und tatsächlich schaut eine Reihe Studentinnen in ihre Richtung. Vorzugsweise zu Zack und am liebsten würde ich ihnen klarmachen, dass er mir gehört. Gott, ich benehme mich wie eine eifersüchtige feste Freundin, die ich nicht bin, und somit steht mir diese Reaktion auch nicht zu.

»Mit dem Unterschied, dass deine rapide gesunken ist«, stellt Jasper schmunzelnd fest. »Was hast du mit denen zu schaffen?«

Seine Augenbrauen wandern in die Höhe und sein Blick ist mahnend.

»Den Wilsons?«, frage ich dümmlich nach.

»Nein.« Jasper stöhnt. »Dem Mann im Mond ... Natürlich den Wilsons.«

»Zack ist mein Projektpartner bei Professor Derksen«, antworte ich ehrlich.

Jasper klappt die Kinnlade herunter und er dreht den Kopf noch einmal, um zu Zack zu sehen.

»Wie ... hast du das denn geschafft?«, stottert er.

»Die Frage ist eher, was Zack nicht schafft«, schnaube ich. »Nämlich das Semester und dabei helfe ich ihm. Sollte er den Kurs bei Derksen nämlich nicht bestehen, bedeutet das, dass er nicht mehr spielen darf und ...«

»... nicht zum Draft zugelassen wird im schlimmsten Fall«, vollendet mein Ex-Freund meinen Satz und ich nicke.

»Genau.«

»Läuft was zwischen euch?«, fragt er munter weiter.

»Was?«, kiekse ich und Hitze steigt mir unweigerlich in die Wangen. Ist es so offensichtlich, dass etwas zwischen uns läuft? Ich meine lief. Es *lief* etwas zwischen uns. Vergangenheit.

»Es läuft tatsächlich was zwischen euch. Wow«, schnalzt er mit der Zunge. »Und ich dachte, ich erobere dich zurück.«

Er wackelt mit den Augenbrauen und ich reiße schockiert die Augen auf. Bitte was hat er vor? Mal abgesehen davon, dass ich Zack habe ... Wieso sollten Jasper und ich noch einmal zusammenkommen? Das ist lächerlich. »Du wolltest ... Ich meine, ich will ...«

»Keine Panik, Tay«, amüsiert sich Jasper. »Ich will dich nicht zurück.«

»Na, vielen Dank auch.« Beleidigt verschränke ich die Arme vor der Brust und sehe ihn an.

»So meinte ich das nicht ...«, stöhnt er.

»Wie meintest du es denn?«, frage ich gespielt spitz. Diesmal durchschaut er mich nicht und beißt sich schuldbewusst auf die Lippe.

»Dass ich dich zurückwill, war ein Scherz, ein Witz.«

»Ich weiß was, was ein Scherz ist«, erwidere ich immer noch angefressen. »Aber ich lache nicht darüber, wie du unschwer erkennen kannst.«

»Tut mir leid.« Er seufzt. »Wie hat er es vergeigt?« Jasper zeigt auf Zack.

Ich hole Luft und will etwas sagen, aber tue es nicht. Jasper war schon immer sehr aufmerksam und hat Situationen richtig gedeutet. Tatsächlich lässt sich vermuten, dass Zack es versaut hat, doch diesmal liegt Jas leider falsch.

»Er hat es nicht vergeigt«, flüstere ich. »Sondern ich.«

»Du?« Im ersten Moment sieht Jasper schockiert aus, aber dann fängt er sich wieder. »Es ist wegen deiner Eltern, oder?«

»Wie kommst du denn …«, will ich mich empört geben, aber Jaspers Blick sagt alles. Er hat mich von der ersten Sekunde durchschaut, demnach muss ich mir nun auch keine Ausrede überlegen. »Sie sind schwierig und …«

»Sie sind kontrollsüchtig, Tay«, unterbricht er mich. »Sie wollten alles über jeden deiner Schritte wissen und das war vor einem Jahr. Ich dachte, dass es mittlerweile …« Nun lässt mein Blick trauriger Blick ihn verstummen. Schließlich fragt er: »Was ist passiert?«

»Das Übliche.« Ich zucke mit den Schultern. Jasper kennt die Situationen nur zu gut. »Zack und ich waren in einem Café, sie rufen an. Dann waren wir abends etwas essen – mein Dad stand plötzlich im Restaurant und …«

»Er stand …« Jaspers Augen sind riesig. »Er ist euch ins Restaurant gefolgt?«

Seine Reaktion zeigt mir, dass er wirklich schockiert ist von diesem Verhalten und ich nicke langsam. Er hat das Theater zwei Jahre mitgemacht. Natürlich kennt er meine Eltern sehr gut und eigentlich sollte ihn nichts mehr erschüttern, was sie tun, aber so, wie es aussieht, ist das doch möglich.

»Hm«, antworte ich und seufze. »Ich habe meinen Standort nicht aktualisiert, als ich wieder Netz hatte. Zu guter Letzt war ich vor ein paar Tagen bei Zack zu Hause und meine Mom hat mich abgeholt.«

Es ist mir unangenehm, das Jasper zu erzählen, nicht nur weil er weiß, dass es keine Zufälle sind, dass meine Eltern kommen, sondern auch, weil es ihn gar nichts angeht, wie nah Zack und ich uns stehen. Andererseits kann er sich gut in Zack hineinversetzen und mir vielleicht einen Rat geben, was ich da machen kann.

»Oh Shit«, bringt er nach einigen Sekunden hervor.

»Jetzt ist Zack sauer und redet nicht mehr mit mir.« Schmollend schiebe ich die Unterlippe vor.

»Bist du mit deiner Mom gegangen?«, hakt er in wissendem Ton nach.

»Ja.« Beschämt sehe ich ihn an. Es ist mir so peinlich!

»Taylor ...« Jasper schüttelt den Kopf. »Das kann so nicht weitergehen. Du wirst übermorgen zwanzig und sie kontrollieren dich ständig. Wie stellst du dir das in ein paar Jahren vor? Wohnst du mit deinem Partner bei ihnen zu Hause? Willst du ihnen vielleicht einen Schlüssel für deine spätere Wohnung geben und sie installieren Kameras? Überprüfen dich – und nicht zu vergessen deinen Partner – ununterbrochen?«

»Sie meinen es nicht böse und das weißt du«, erwidere ich und nehme meine Eltern in Schutz.

»Was ich weiß und was nicht, spielt keine Rolle«, kontert er. »Es wundert mich nicht, dass Zack das nicht mitmacht, wenn du ihn stehenlässt und mit deiner Mom gehst.«

»Was soll das heißen?«, schnappe ich.

»Darauf brauchst du keine Antwort«, kommentiert er nüchtern. »Denk doch mal weiter. Ich meine es wirklich ernst, was deine Zukunft und eine Partnerschaft angeht. Die tracken noch euer Auto und den Kinderwagen. Vielleicht nehmen sie dir das Kind direkt weg, um es von der ersten Sekunde zu beschützen.«

»Hör auf, dich über sie lustig zu machen!«, fahre ich ihn unwirsch an.

»Ich mache mich nicht lustig«, entgegnet Jasper ernst. »Ich kenne Wilson nicht, aber ich verstehe ihn. Du hattest die Wahl, bei ihm zu bleiben oder mit deiner Mutter zu gehen, und du bist mit deiner Mutter gegangen. So wie immer.«

»Wird das eine Aussprache, die wir nie hatten?«, gifte ich ihn an.

»Nein«, erwidert er ruhig. »Warum sollte es? Hätten wir uns wegen deiner Eltern getrennt und nur wegen deiner Eltern, wäre das viel früher passiert. Wir haben uns auseinandergelebt und ja, deine Eltern waren auch ein Faktor, dass das passiert ist. Mehr nicht und das weißt du, Tay.«

»Ja, sorry«, rudere ich zurück. »Aber, egal ... Zack ist sauer und versteht es nicht.«

»Du musst allerdings zugeben, dass es uncool ist zu verschwinden, noch dazu mit deiner Mom, nachdem ihr ... sicher nicht ferngesehen habt.«

Mit großen Augen schaue ich ihn an, aber antworte nicht. Das Gespräch wird immer unangenehmer. Ich will weder das Verhalten meiner Mutter mit ihm durchkauen, noch dazu den Sex mit Zack.

Ich wende den Blick von Jasper ab, als ich sehe, dass Zack, Trevor und Cole mit ihren Tabletts auf uns zukommen. Ich setze mich aufrechter hin und mein Herz schlägt schneller. Die Wilson-Drillinge entscheiden sich für den Tisch neben unserem.

»Hi, Zack«, sage ich und er sieht mich an. Die Lippen fest aufeinandergepresst, wirft er mir einen derart eisigen Blick zu, dass ich zu frösteln beginne. Ein winziges Lächeln hätte doch schon gereicht, um mich nicht vollends zu zerstören.

Zacks Blick fällt auf Jasper und er schnaubt abfällig, ehe er sein Tablett auf den Tisch knallt. Trevor und Cole schenken mir immerhin ein entschuldigendes Lächeln, aber sie sagen auch nichts.

»Wow!«, flüstert Jasper. »Der platzt gleich vor Eifersucht.«

Während mein Ex-Freund sich diebisch über die Situation amüsiert, bleibt mir nur ein Kopfschütteln.

»Sag das nicht so laut«, zische ich. »Er kann dich hören.«

»Und?«

»Jas!«

»Schon gut«, seufzt er. »Ich muss los.«

»Was?« Meine Stimme scheint einige Oktaven gestiegen sein, denn die Wilson-Drillinge sehen zu uns herüber.

»Ich muss noch einiges klären, wenn ich nächste Woche ins Semester einsteigen will«, meint er und lächelt mir zu. »Bis dann.«

Jasper steht auf und verabschiedet sich von mir, als mir einfällt, dass ich ihn noch zu meinem Geburtstag einladen möchte.

»Wenn du Freitagabend noch nichts vorhast, komm zu meinem Geburtstag.«

»Ich komme gern.« Sein ehrliches Lächeln heitert mich zumindest ein bisschen auf. »Danke für die Einladung.«

»Gern geschehen.«

Dann dreht er sich um und schlendert davon, sodass ich allein an meinem Tisch zurückbleibe. Ein beklemmendes Gefühl macht sich in mir breit und ich ziehe mein iPhone hervor, um mich zu beschäftigen. Einen Blick auf den Nachbartisch zu werfen traue ich mich nicht. Sofort aufstehen ist auch keine Option, weil es dann so aussieht, als würde ich vor Zacks Anwesenheit fliehen. Dabei täte ich nichts lieber. Ich fühle mich unwohl in seiner Nähe. Das sorgt schließlich dafür, dass ich aufstehe und die Cafeteria schnellen Schrittes verlasse.

16. Kapitel - Zack

Ich weiß nicht, wie lange ich meinen Blick auf den Nachbartisch gerichtet und Taylor angestarrt habe, ehe sie aufgestanden ist und die Cafeteria fluchtartig verlassen hat.

Sie sah, wie immer, toll aus. Aber ihr Blick war sehnsüchtig, während sie mich angeschaut hat. Als würde sie darauf warten, dass ich etwas zu ihr sage. Ihr ein stummes Zeichen gebe, dass wieder alles okay ist zwischen uns, aber das kann ich nicht. Ich bin immer noch zu wütend auf sie, dass sie mit ihrer Mutter gegangen ist.

Außerdem wüsste ich gerne, wer der Typ an ihrem Tisch war, der ihr eindeutig schöne Augen gemacht hat und den ich nicht kenne. Was will der von *meiner* Taylor?

»Danke für die Einladung«, äffe ich seine Aussage nach und werfe eine Pommes frustriert zurück auf meinen Teller, als Taylor geht. Jetzt hat sie ihn auch noch zu ihrem Geburtstag eingeladen! Dem Geburtstag, zu dem ich wohl nicht mehr willkommen bin. Nachdem ich sie rausgeschmissen habe, verdiene ich es auch nicht anders. Wer will schon seinen Geburtstag

mit einer Person verbringen, die einen vor die Tür
setzt? Ich ganz sicher nicht und Taylor auch nicht.

Die Situation ist total verfahren zwischen uns, weil
wir beide zu stur sind, einen Schritt auf den anderen zu
zu machen. Diesmal liegt die Schuld nicht eindeutig bei
mir und damit gibt es keinen Grund, mich zu
entschuldigen. Ich weiß aber auch, dass Taylor nicht
das Gespräch mit mir suchen wird. So ein Mist!

»Lass das.« Cole boxt mir gegen die Schulter.

Genervt sehe ich meinen ›großen‹ Bruder an. »Lass
du es doch«, zische ich.

Meine Brüder stöhnen auf, wechseln einen Blick und
ich kann mir nur zu gut vorstellen, welche
Moralpredigt mich nun erwartet.

»Du gehst uns seit Tagen mit deiner Laune auf den
Sack und jetzt hast du die Chance, mit ihr zu reden, und
tust es nicht«, maßregelt auch mein ›kleiner‹ Bruder
mich.

»Vielleicht will ich nicht mit Taylor reden«, antworte
ich angepisst, obwohl das nicht wahr ist. »Vielleicht
habe ich keinen Bock auf die Scheiße, die sie ...« Okay,
das ist nicht fair von mir. Taylor kann nichts für den
Kontrollwahn ihrer Eltern. Sie hat es sich nicht
ausgesucht, dass die beiden sie so behandeln.

»Rede nicht so einen Schwachsinn daher, Zack!«,
herrscht Trevor mich an. »Es war nicht cool von ihr, mit
ihrer Mom zu gehen, ja, aber meinst du nicht, dass sie
eine Chance verdient hat?«

Ich würde ihnen am liebsten mit ‹Nein›«, antworten,
aber traue mich nicht – was unter anderem daran liegt,
dass er recht hat, dass sie *beide* recht haben, weil Cole
Trevors Meinung teilt. Ich weiß um die Problematik

mit ihren Eltern und auch, dass es für Taylor nicht leicht ist, damit umzugehen. Sie will sie nicht vor den Kopf stoßen und dachte in diesem Moment wirklich, dass der Stress mit mir einfacher zu händeln ist. Fuck ...

Ich war so vor den Kopf gestoßen, nachdem wir diesen grandiosen Nachmittag miteinander verbracht haben und die Zeit mit meinen Brüdern. Für mich war klar, dass sie sich für mich entscheidet und nicht für ihre Mom.

Ich sollte Taylor eine Stütze sein und ihr den Rücken stärken. Stattdessen sitze ich hier, bin eifersüchtig auf einen Typen, den ich noch nie gesehen habe, und pampe meine Brüder an, die uns nur helfen wollen. »Tut mir leid«, seufze ich und reibe mir die Stirn.

»Du musst dich nicht bei uns entschuldigen, sondern bei Taylor«, sagt Trevor und Cole nickt.

»Hm ...« Ich lenke ein. »Ja, das sollte ich.« Ich weiche ihren Blicken aus und schiebe mir mehrere Pommes in den Mund.

»Zack«, nervt Cole weiter, »als dein großer Bruder sage ich dir, dass du ihr nachgehst.«

»Tust du das?«, schmatze ich. Er stöhnt genervt auf und ich hebe die Hände. »Schon gut, schon gut«, seufze ich. »Ich bin weg.«

Schneller, als ich gucken kann, haben Cole und Trevor mein Mittagessen unter sich aufgeteilt.

***

Ich finde Taylor auf einer abgelegenen Bank in der Nähe des Hörsaalgebäudes. Sie hat ihr MacBook auf dem Schoß und ihre AirPods in den Ohren: wieder nicht die beste Ausgangslage, um ein Gespräch mit ihr zu führen. Das letzte Mal, als sie die Dinger in den Ohren hatte, hat es richtig zwischen uns geknallt.

»Hey«, sage ich und sie hebt abrupt den Kopf.

»Hey«, antwortet Taylor und nimmt ihre AirPods heraus. Sie steckt sie in das Ladekästchen und legt dieses zurück in ihre Tasche.

»Darf ich?« Die Hände in die Taschen meiner Sporthose geschoben, deute ich mit einem Nicken auf den freien Platz neben ihr.

»Klar.« Taylor steckt ihr MacBook weg und sieht mich nervös an. Ich merke es daran, wie ihr Körper sich anspannt, sobald ich mich setze, und sie sich auf die Lippe beißt. Zusätzlich dazu schiebt sie die Hände unter ihre Oberschenkel.

»Es tut mir leid«, bricht es synchron aus uns beiden heraus, was uns tatsächlich lachen lässt.

»Du zuerst«, bittet sie.

»Okay«, antworte ich und atme noch einmal tief durch. »Es tut mir leid, dass ich dich rausgeschmissen habe.«

»Du hast mich nicht rausgeschmissen.«

»Doch, das habe ich«, entgegne ich. »Das hätte ich nicht tun dürfen. Stattdessen hätten wir besser gemeinsam eine Lösung gefunden.«

»Mir tut es leid, dass ich so schnell eingeknickt bin«, sagt sie und sieht mich an.

Ihr Blick ist traurig und zerreißt mir beinahe das Herz. Es tut mir so wahnsinnig weh, sie so leiden zu sehen. Ich möchte, dass sie mir vertraut und weiß, dass sie jederzeit zu mir kommen kann, wenn sie Probleme hat. Taylor soll nicht glauben, dass ich bei der kleinsten Schwierigkeit Reißaus nehme und verschwinde.

»Verzeihst du mir?«, wage ich mich langsam vor.

»Ich ... dir?«, will sie wissen und ich nicke.

»Ja«, sage ich. »Du mir.«

»Verzeihst du mir?«, wiederholt sie meine Frage und ich will ihr sagen, dass ich ihr verzeihe, aber Taylor stoppt mich. »Es wird immer wieder vorkommen, Zack. Sie lassen nicht locker bei dem Thema. Die App wird bleiben und auch, dass sie dich vermutlich bis auf die Unterhosen löchern werden.«

»So lange nur bis dahin«, antworte ich schmunzelnd und sie verdreht die Augen.

»Bitte bleib ernst!«, mahnt sie. »Meine Eltern können das nicht so leicht abstellen und auch, wenn es mich wirklich nervt, machen sie sich nur Sorgen um mich. Es ist nicht meine erste Beziehung, die daran scheitert ... scheitern würde. Du weißt schon.«

Ein süßes Lächeln erscheint auf ihren Lippen, dass wohl ihre Aussage überspielen soll. Doch ich habe das Wort ›Beziehung‹ sehr klar und deutlich gehört.

»Du weißt aber schon, dass das alles deutlich über Sich-Sorgen-Machen hinausgeht, oder?«, will ich dennoch von ihr wissen.

»Ja.« Taylor senkt die Lider und atmet tief durch. Sie zieht ihre Hände unter ihren Beinen heraus und greift nach meinen. Ohne zu zögern, verschränke ich unsere Finger miteinander und ziehe sie näher zu mir. Ihr blumiger Duft umhüllt mich und mein Herz schlägt schneller, als sie wieder bei mir ist. Am liebsten würde ich sie küssen, um ihr zu beweisen, dass ich es ernst meine und sie zu mir gehört, aber ich traue mich nicht.

Ein Kuss ist nicht der richtige Weg, um ihr zu versichern, dass ich mit ihr zusammen sein möchte. Taylor rückt zu mir, sodass ihre Schulter gegen meine stößt. Ich lächle wie der größte Idiot der Welt vor mich hin.

»Also ...«, beginne ich und hole noch einmal tief Luft. Das Grummeln in meinem Bauch ignoriere ich. Scheiße, was bin ich aufgeregt in diesem Moment! Dagegen ist der Snap von meinem Center bei noch fünf Sekunden auf der Uhr und vier Yards zu gehen bis in die Endzone ein Witz. »Gibst du mir noch eine Chance?«

»Das fragst du mich?«, ist nicht die Antwort, die ich erwartet habe.

»Äh ... Ja«, erwidere ich. »Wen denn sonst?«

»Sollte ich nicht dich fragen, ob du mir noch eine Chance gibst?«, will Taylor wissen und lächelt mich schüchtern an.

»Na, wenn das so ist«, kontere ich. »Ich gebe dir noch eine Chance.«

»Zieh es nicht ins Lächerliche, Zack Wilson!«

»Wirst du wieder schnippisch?«, frage ich sie.

»Zack!«

»Tony!«

»Ich meine es verdammt ernst. Und wenn das eine Quarterback-Show wird, dann ...«

Keine Ahnung, was sie mir noch alles an den Kopf werfen wollte, denn ich verschlucke die Worte mit einem Kuss. Fest presse ich meine Lippen auf Taylors und stöhne erleichtert auf, als sie in meinen Händen weicher wird und den Kuss erwidert. Taylors Körper lehnt sich meinem entgegen und ich löse meine Finger aus ihren und lege sie in ihren Nacken. In dieser

Position kann ich ihren Kopf anwinkeln. Sanft streiche ich mit meiner Zunge über ihre Unterlippe und bitte um Einlass. Seufzend kommt sie meiner Bitte nach. Unsere Lippen berühren einander und in mir explodiert ein nie gekanntes Feuerwerk. Ich glaube, ich habe mich noch nie so sehr in einem Kuss verloren wie in diesem.

Taylor zurückgewonnen zu haben, ist mein größter Erfolg diese Saison – Stand jetzt. Ihre warmen Finger krallen sich in den Stoff meines Shirts, als unser Kuss ungestümer wird. Ich ziehe Taylor noch näher an mich, bis wir den Kuss schweratmend beenden.

»Wow«, wispert sie und holt Luft. »Der war gut.«

»Oh ja«, bestätige ich. »Und weißt du, was das Beste ist?«

»Nein«, erwidert sie kichernd.

»Das kannst du ab sofort jeden Tag haben«, biete ich ihr großzügig an.

»Jeden Tag?«, fragt sie und ihre Augenbrauen wandern in die Höhe.

»Jeden Tag, jede Stunde, jede Minute ...«

»Jede Sekunde?« Taylor lacht und streicht mir ihrer Hand über meine Wange. »Das geht nicht.«

»Sicher?«, frage ich und lasse meine rechte Hand über ihren Schenkel wandern.

»Absolut«, erwidert sie. »Du musst trainieren und ich muss in die Vorlesungen.«

»Warum muss ich nicht in die Vorlesungen?«, frage ich. »Geht es dabei nicht bei unserem Deal?«

»Unser Deal ...«, wispert Taylor und beugt sich zu mir vor, ihre Lippen wandern über meine Wange bis zu meinem Ohr, eine Gänsehaut breitet sich auf meinem

Körper aus, »... beinhaltet vor allem, dass du, mein Freund, bei Laune bist, wenn ich dich sehe. Die Vorlesungen tragen nicht dazu bei.«

Mein Herz rast. Auch wenn Taylor mit ›mein Freund‹ nicht ›mein *fester* Freund‹ meinte. Man darf wohl noch träumen.

»Ich, dein Freund?«, hake ich nach.

»Nicht ... Ich meine ...« Ihre Wangen färben sich rosa und sie beißt sich verlegen auf die Lippe. »Tut mir leid, darüber haben wir nicht gesprochen.«

»Stopp, stopp, stopp«, halte ich sie davon zurück, sich komplett von mir zurückzuziehen und diese Worte zurückzunehmen. »Wenn du mich als deinen Freund bezeichnest, bin ich das natürlich sehr gerne.«

»Ja?«, will sie erstaunt wissen.

»Selbstverständlich«, entgegne ich.

»Okay.« Taylor grinst. »Mein Freund.«

»Der durch Vorlesungen nicht bei Laune gehalten wird.«

»Ja«, kichert sie. »Wir schaffen das Semester und du wirst sehen, dass sich alles regelt.«

»Wenn du das sagst, Tony«, stimme ich ihr zu und stehle mir einen weiteren Kuss. »Noch eine Frage zur Klärung.«

»Ja?« Skeptisch sieht sie mich an.

»Wer war der Typ aus der Cafeteria?«

»Mein Ex-Freund.«

Ihr Ex-Freund? Mein Griff um ihre Hüfte verstärkt sich. Als gäbe es irgendeinen Grund, dass ich sie festhalten muss. Die letzten Minuten und unser Gespräch haben deutlich gezeigt, dass sie mit mir zusammen sein möchte. Über diesen Ex-Freund muss ich mir keine Gedanken machen. Dennoch ist da der glühende Pfahl der Eifersucht, der sich langsam in mein Inneres bohrt.

»Dein Ex-Freund?«, will ich wissen und schlucke den Kloß in meinem Hals hinunter. »Was ... Was wollte der?«

»Er ist von seinem Auslandssemester in Australien zurück.« Taylor zuckt unbeteiligt mit den Schultern. »Wir haben uns heute wieder getroffen.«

»Mehr nicht?«

»Hast du Angst, dass ich dich sitzenlasse?«, kichert sie.

»Ja, natürlich«, protestiere ich. »‹Angeleckt meins› ist wohl nicht drin.«

»Oh, Zack«, ruft Taylor und legt ihre Hände in meinen Nacken. Lächelnd beugt sie sich zu mir herunter und haucht mir einen sanften Kuss auf die Lippen. »Ich will nur dich.«

»Gut«, bestätige ich. »Sehr gut.«

»Aber trotzdem habe ich ihn zu meiner Party eingeladen und will nichts weiter von dir dazu hören«, stellt sie klar. »Jasper und ich verstehen uns gut.«

Diesmal antworte ich ihr nicht mit Worten. Es ist ihre Entscheidung, wen sie einladen möchte und wen nicht. Der Kerl bedeutet keine Konkurrenz für mich. Wenn ich mir das noch eine Weile einrede, glaube ich es auch.

17. Kapitel - Taylor

»Happy birthday to you, happy birthday to you, happy birthday, dear Tony«, singt Zack unsagbar schief und hält dabei einen kleinen Kuchen in der Hand, in dem eine brennende Zwanzig steckt. »Happy birthday to you!«

Ich richte mich kichernd in meinem Bett auf. Er setzt sich zu mir und drückt mir einen sanften Kuss auf die Lippen. »Happy birthday, Baby.«

»Danke«, erwidere ich.

Zack hält mir den Muffin, in dem die Kerze steckt, unter die Nase. Ich schließe die Augen, hole tief Luft und blase die Kerze mit einem Atemzug aus. Grauer Rauch steigt zwischen uns auf, der uns aber nicht weiter stört. Indessen stellt er den Kuchen auf den Boden, nimmt mein Gesicht in seine Hände und küsst mich tief und innig.

»Dein Geschenk«, wispert er an meinen Lippen und zieht sich zurück. Zack klettert vom Bett und zieht eine kleine rosa Schmuckschatulle hervor. Mein Herz schlägt schneller. Ich habe noch nie Schmuck von einem meiner Ex-Freunde bekommen. »Ich hoffe, es gefällt dir«, murmelt er und klingt eindeutig nervös.

Schüchtern reicht er mir die kleine Schatulle, die liebevoll mit einem dunkelblauen Band verpackt ist.

»Du hättest mir nichts schenken müssen«, stoße ich hervor.

»Ein Danke hätte es auch getan«, erwidert er schmunzelnd.

»Danke«, sage ich und recke mich zu ihm hoch, um ihn zu küssen. Zack erwidert den Kuss, ehe ich mich von ihm löse und die Schatulle öffne. Darin befindet sich eine feine silberne Halskette mit einem Anhänger. Mit zitternden Händen nehme ich sie heraus. Der Anhänger ist ein ›Z‹ für Zack. »Sie ist toll«, sage ich und lege die Schatulle neben mich.

»Wirklich?«, fragt er.

»Natürlich«, entgegne ich entschieden. »Dankesehr.«

Ich richte mich auf und küsse ihn sanft. »Ziehst du sie mir an?«

Zack nickt und ich drehe mich herum, sodass er mir die Kette anlegen kann. Das Metall fühlt sich kalt an auf meiner Haut und ich berühre den kleinen Buchstaben mit meinen Fingern. Ich liebe die Kette jetzt schon. »Herzlichen Dank«, bekräftige ich noch einmal und drehe mich zu ihm herum.

Zack sieht mich liebevoll an und legt seine Lippen auf meine. Seufzend erwidere ich den Kuss und lasse mich rücklings auf mein Bett fallen. Zacks Hände streichen über meine Wangen und meinen Hals. Weiter über meine Brüste, die er sanft umfasst. Ich stöhne in den Kuss hinein, als er in meine aufgerichteten Brustwarzen kneift.

»Was hältst du von Geburtstagssex?«, raunt er mir zu und küsst meinen Hals. Ich genieße es einen Moment lang, ihn zu spüren, ehe ich antworte.

»Das klingt verlockend, aber ...«, lehne ich ab. Schwer atmend schiebe ich ihn von mir. »... meine Eltern erwarten uns zum Frühstück.«

Zack stöhnt und lässt seinen Kopf auf meine Schulter fallen. Ich lache leise und streiche durch seine Haare. Ich habe auch mehr Lust auf Sex mit ihm als auf ein Frühstück mit meinen Eltern, aber der Vorschlag kam von ihnen und dafür sind sie heute Abend bei der Party nicht anwesend. Es handelt sich hier eher um einen Deal als einen wirklichen Geburtstagsbrunch, aber das ist mir egal.

»Komm schon ...«, animiere ich Zack. »Wir haben heute noch genug Zeit.«

»Denkst du an heute Abend?«, fragt er und hebt den Kopf. In seinen schönen blaugrauen Augen blitzt Lust auf, die mir direkt zwischen die Beine schießt. Es pocht empfindlich zwischen meinen Schenkeln und ich beiße mir auf die Lippe. Ich darf jetzt nicht schwach werden.

»Guck nicht so«, murmelt er und küsst meine Schulter. Die Sanftheit seines Kusses im Kontrast zu dem Feuer in seinen Augen ist überwältigend. »Sonst überlege ich es mir anders.«

»Ich mir aber nicht.« Ich gebe ihm einen Klaps auf die Schulter und drücke ihn weg. Zack erhebt sich und wirft mir noch einen letzten Blick zu.

Ich klettere aus dem Bett und ziehe mir meinen Morgenmantel über meinen kurzen Pyjama. Er trägt

ein Shirt der Bay Rouge Lions und eine passende
Sporthose dazu.

»Na komm.« Ich nehme seine Hand. »Sie warten.«

»Fein«, seufzt er und lässt sich anstandslos aus
meinem Zimmer führen.

Meine Eltern mögen Zack, das weiß ich. Zwar war
meine Mom anfangs, besser gesagt vor zwei Tagen,
nicht sonderlich begeistert, als ich ihn als meinen
Freund vorgestellt habe, aber sie hat ihn akzeptiert.
Mein Dad hingegen mag Zack total, was mich nach
seinem Auftritt im Diner überrascht. Er hat sofort
einen Draht zu ihm gefunden und sie haben sich
vorgestern stundenlang über Football unterhalten.

»Guten Morgen«, wünsche ich ihnen.

Der Esstisch ist feierlich gedeckt und mit allem
ausgestattet, was man sich nur wünschen kann zum
Frühstück.

»Guten Morgen.« Meine Mom fährt herum und
kommt auf mich zu. Sie zieht mich in ihre Arme und
drückt mir einen Kuss auf die Wange. »Alles Gute zum
Geburtstag!«

»Danke«, sage ich und wende mich meinem Dad zu.

»Ich wünsche dir auch alles Gute zum Geburtstag,
mein Schatz.«

»Danke«, antworte ich erneut.

»Guten Morgen, Zack«, sagt meine Mom an ihn
gewandt.

»Guten Morgen«, erwidert er.

»Habt ihr gut geschlafen?«, will meine Mom wissen.
Meine Wangen nehmen einen zarten Rotton an,
obwohl es unmöglich ist, dass sie uns gehört haben. Ihr
Schlafzimmer liegt am anderen Ende des Hauses.

»Sehr gut.« Zack greift nach meiner Hand. »Das Frühstück sieht köstlich aus.«

Seine Ablenkung lässt meine Mom schmunzeln und mich noch weiter erröten. Warum bin ich nur so schüchtern in ihrer Gegenwart? Es ist doch nichts dabei, dass wir Sex haben. Das ist nichts, was meinen Eltern nicht bewusst ist.

Wir setzen uns an die reich gedeckte Tafel.

»Für die Party alles vorbereitet?«, will mein Dad grinsend wissen.

»Alles fertig«, antwortet Zack. »Getränke müssen später noch in den Kühlschrank und das Catering kommt gegen sieben.«

Meine Eltern haben darauf bestanden, dass ein Caterer beauftragt wird für das Essen. Ich habe zugestimmt, weil es viel einfacher ist, als selbst in der Küche zu stehen und etwas zuzubereiten. Zack hat sich um die Getränke gekümmert.

»Und du bist sicher, dass wir nicht bleiben sollen, bis deine Gäste eingetroffen sind?«, wirft meine Mom ein.

Ich verdrehe die Augen. Zack greift unter dem Tisch nach meiner Hand und drückt sie leicht, um mich zu beruhigen. Meine Mom versucht immer wieder, mich davon zu überzeugen, dass sie doch besser anwesend wäre auf meiner Party, obwohl das nicht nötig ist.

»Mom!«, sage ich und atme tief durch. »Zack und ich schaffen das.« Ich schmiege mich zur Verdeutlichung meiner Worte an ihn und lege meinen Kopf an seinem starken Oberarm ab.

»Meine Brüder sind auch da, Dr. Smith«, versucht Zack, sie zu besänftigen. Allerdings bezweifle ich, dass Cole und Trevor die geeigneten Personen dafür sind, eine Party davor zu bewahren, allzu wild zu verlaufen. Sie hegt einige Vorurteile gegen die Wilson-Drillinge und Footballspieler im Allgemeinen. Ich glaube nicht, dass das der richtige Ansatz ist. Ihr oberstes Gebot lautet, mich von ausschweifenden Collegepartys fernzuhalten, vor allem, weil sie immer das im Kopf hat, was mit McKenzie geschah.

»Clarence«, meint mein Dad und drückt ihre Hand. »Die beiden schaffen das und Zack hat alles unter Kontrolle.«

Dankend lächle ich ihn an.

»Wollen wir nicht frühstücken?«, frage ich und deute auf die Eier und den Bacon, die auf einer Hitzeplatte stehen.

»Natürlich«, seufzt meine Mom und greift nach meinem Teller.

Ich reiche ihr diesen und lasse mir Ei auffüllen, während ich mich immer noch an Zack lehne.

Ich bin froh, dass er bei mir ist und wir den heutigen Tag gemeinsam verbringen werden!

18. Kapitel - Zack

Vier Monate später

Morgen ist die alles entscheidende mündliche Prüfung für das Semester bei Professor Derksen. Unsere Projektarbeit haben Taylor und ich mit einer Zwei abgeschlossen und in der schriftlichen Prüfung hatte ich eine Drei. Mehr? Einfach nicht drin! Diese Texte zu analysieren war trotz der vielen Stunden, die Taylor und ich sie immer wieder durchgegangen sind, allein nicht möglich. Ich habe mich furchtbar schwergetan. Die Drei war mehr als verdient. Die mündliche Prüfung morgen ist ausschlaggebend für meine Endnote.

Ich bin seit Tagen unausstehlich, weil die Bay Rouge Lions parallel um die College Meisterschaft spielen. Eine Doppelbelastung, die ich so nicht kenne. Es ist nervig, sich gleichzeitig auf die Klausuren und mündlichen Prüfungen konzentrieren zu müssen, wenn man nichts anderes im Kopf hat als den Sieg in der Meisterschaft: Wir stehen das erste Mal seit zehn Jahren im Finale und natürlich möchten wir das Ding auch gewinnen. Unsere Gegner im Endspiel, die *Oklahoma Bulldozers,* sind sehr schwer zu bespielen und ihr Quarterback ist eine Maschine, was seinen

Wurfarm angeht. Außerdem besitzen sie mit die beste Defense der Liga. Einer ihrer ehemaligen Spieler wurde in seiner ersten NFL Saison ‹Rookie of the Year.›

»Zack!« Taylors Stimme reißt mich aus meinen Gedanken und ich sehe zu ihr auf. Sie trägt knappe Leggings und einen Sport-BH, der ihre süßen Brüste in Form drückt. Nicht, dass sie das nötig hätte. Taylors Körper ist verdammt heiß.

»Ja?«, frage ich.

Meine Freundin steht mit in die Hüften gestemmten Armen über mir und beäugt mich kritisch, während ich auf einer Matte in ihrem Zimmer liege und versuche, Sit-ups zu machen. Das hat absolut nichts mit Lernen für meine mündliche Prüfung zu tun.

»So anregend ich deinen Anblick auch finde«, meint sie und hockt sich zwischen meine gespreizten Beine, ihre Fingerspitzen tanzen über meine nackten Knie, »wir müssen lernen.«

»Sicher?«, frage ich und ziehe sie durch meine Beine hindurch auf meinen Körper. Lachend fällt Taylor auf mich drauf und stützt sich mit den Unterarmen rechts und links von meinem Kopf ab. Ihr Mund ist nur noch Zentimeter von meinem entfernt. Lächelnd beuge ich mich vor und küsse sie.

In den letzten Monaten sind wir zu einer Einheit zusammengewachsen und auch ihre Eltern haben es in meiner Anwesenheit geschafft, loszulassen und Taylor ihre Freiräume zu geben. Zwar schauen sie immer noch mit der App, wo sie sich befindet, aber die Kontrollanrufe haben komplett aufgehört. Im Großen und Ganzen ist es okay für sie, dass sie bei mir ist. Genauso, dass sie bei Cole, Trevor und mir in der

Wohnung übernachtet. Vor allem ihr Dad mag mich und das freut mich sehr.

Meine Eltern kommen zum Finale nach Miami. Sie sind wahnsinnig gespannt auf ihre Schwiegertochter in spe. Taylor habe ich nichts von ihrem Besuch gesagt, da sie sich unnötig aufregen würde. Es ist nicht nett, sie ins kalte Wasser zu werfen, aber es ist definitiv besser für sie.

Mit meiner Zunge teile ich ihre Lippen und streiche mit meinen Fingern über ihre Seiten bis zum Bund ihrer Leggings. Taylor wird weicher in meinen Armen, was ich nutze, um ihr die Hose über den Hintern zu schieben. Der schwarze Spitzenslip, der sich darunter verbirgt, lässt mich aufstöhnen. »Sexy«, kommentiere ich und streichle sie.

Taylor stöhnt gegen meinen Mund, als ich ihre Falten teile und mit zwei Fingern in sie eindringe. Ihr Körper sackt nach vorn und ihr Busen wird gegen meine Brust gedrückt. Gemächlich schiebe ich meine Finger rein und raus, und reize ihre empfindliche Klit zusätzlich mit dem Daumen. Zum Höhepunkt bringe ich sie nicht.

»Runter mit den Leggings«, stöhne ich und ziehe meinen harten Schwanz aus meiner Sporthose. Taylors Blick ist glasig und voller Lust. Sie ist sauer, dass ich sie nicht habe auf meinen Fingern kommen lassen, das weiß ich. Meine Freundin hasst nichts mehr als einen verwehrten Orgasmus.

In Windeseile streift Taylor ihre Leggings und ihren Slip ab. Dann sitzt sie halb nackt auf mir. »Du bist so schön, Babe«, raune ich anerkennend. Meine Fingerspitzen tanzen über ihren Bauch und ihre Scham bis zu ihrer Klit.

»Zack«, keucht sie, als ich das empfindliche Bündel zwischen ihren Beinen mit meinem Zeigefinger umkreise. Immer wieder reibe ich darüber.

»Ich will dich.«

»Dann nimm mich«, weise ich sie an.

Taylors Hand umschließt meinen harten Schaft. Ich stöhne auf und beiße mir im selben Moment auf die Lippe, um nicht zu laut zu werden.

Sie führt die glänzende Spitze zwischen ihre Beine und lässt sie vorsichtig in sich gleiten. Viel zu langsam senkt das Biest sein Becken herab. »Gott, Baby«, stöhne ich, weil ich sie ohne Barriere zwischen uns spüre. »Das ist so gut.«

»Ich weiß«, stimmt sie mir zu und legt ihre Hände flach auf meiner Brust ab.

Wir schlafen seit ungefähr einem Monat ohne Kondom miteinander. Taylor hat sich eine Spirale einsetzen lassen und keinerlei Probleme damit. Wenn sie die Spirale nicht vertragen hätte, würden wir weiterhin mit Pille und Kondom verhüten.

Taylors Becken bewegt sich auf und ab. Ihre Brüste heben und senken sich verführerisch in ihrem engen Sport-BH. Meine Hände wandern über ihre Seiten nach oben zu ihren Brüsten und ich umfasse sie. Drücke die hübschen Kugeln fest zusammen und stoße von unten fester in sie. Ihr Stöhnen flutet den Raum und ihre geschlossenen Augen signalisieren mir, wie sehr es ihr gefällt.

»Härter!«, ruft sie. »Bitte, Zack.«

Ich fasse Taylor an der Hüfte und drehe uns herum, sodass sie unter mir legt.

»So haben wir nicht gewettet«, bringt sie schwer atmend hervor. Ihre Augen funkeln mich biestig an. Grinsend beuge ich mich vor und küsse ihren Hals.

»Nein?«, raune ich gegen die erhitzte Haut und schiebe meine Hände unter ihren Sport-BH, um ihre nackten Brüste zu spüren. Ihre Brustwarzen sind zu festen Knospen zusammengezogen. Ich zerre den viel zu engen Stoff nach oben, dass ihre Brüste darunter zum Vorschein kommen. »Du bist so sexy, Baby.«

Taylor kichert zuerst, was im nächsten Moment in ein lautes Stöhnen übergeht. Ich nehme ihre rechte Brustwarze in den Mund und sauge daran.

»Zack«, wimmert sie unter mir.

Mit den Zähnen reize ich ihren Nippel weiter, drehe den anderen zwischen Daumen und Zeigefinger, während ich fest in sie pumpe. Ihr Körper wird immer ungebärdiger unter mir. Als ich ein letztes Mal meine Zähne auf ihrem Nippel zum Einsatz bringe, explodiert Taylor und ich komme mit ihr. In heißen Schüben pumpe ich mein Sperma in sie.

Scheiße, das war gut! Deutlich besser als lernen.

***

Hätten wir gestern gelernt und nicht gevögelt, würde ich jetzt nicht wie ein Häufchen Elend den Hörsaal nach der mündlichen Prüfung verlassen. Taylor und Cole warten auf mich.

»Wie ist es gelaufen?« Meine Freundin springt mich beinahe an, um zu erfahren, wie es war.

Ich nehme sie in den Arm und drücke ihr einen Kuss auf die Stirn. Es lief okay, aber die Blicke von Derksen und seinem Beisitzer, Dr. Logan, haben mich so nervös gemacht, dass mir die Antworten nur schwer über die Lippen kamen. Nachdem ich etwas gesagt habe, wurden ihre Mienen sanfter, aber beruhigt hat mich das nicht.

Beim Football habe ich dieses Problem nie: Ich kann meine Leistung genau einschätzen und weiß, was ich tue. In meinen Kursen? Keine Chance! Ich finde es sowieso furchtbar nervig, dass ich das College beenden muss. Ich will in die NFL, dafür brauche ich nichts über Theoretiker auswendig zu lernen.

»Ganz gut«, antworte ich Taylor.

Ich möchte nicht, dass sie sich Selbstvorwürfe macht und glaubt, dass sie nicht genug getan hat. Ohne sie hätte ich das Semester krachend vor die Wand gefahren.

»Das ist doch toll«, freut sie sich und drückt mir einen schnellen Kuss auf die Lippen. »Mach dir keine Sorgen.« Sie tätschelt meine Brust.

»Du hast so viel gelernt in den letzten Wochen«, mischt Cole sich ein. »Vor allem in Taylor«, setzt er nach und ich werfe ihm einen vernichtenden Blick zu. Mir gegenüber ist Taylor offen, was unser Sexualleben und ihre Vorlieben im Bett angeht, aber gegenüber meinen Brüdern tut sie sich immer noch schwer. Was ich auch verstehen kann, denn deren teils derbe Sprüche sind wirklich nicht für ihre Ohren geeignet. Die beiden haben sich in den letzten Wochen darin perfektioniert, uns nachzumachen ...

»Hast du nichts zu tun?«, blaffe ich ihn genervt an.

»Gerade nicht, nein«, wehrt er ab. »Du wirst bestanden haben, Zack. Ihr habt wirklich viel gelernt.«

Er kann es nicht sein lassen.

»Cole hat recht«, sagt Taylor gut gelaunt.

»Womit genau?«, hakt mein Bruder nach.

»Allem«, erwidert sie und zwinkert ihm zu.

Ich verdrehe die Augen und drücke ihr einen Kuss auf die Lippen. In den nächsten zwanzig Minuten sitzen wir vor dem Hörsaal und warten darauf, dass Derksen mich wieder hereinbittet, um mir meine Note mitzuteilen. Ich brauche mindestens eine Drei, um nicht vom Training suspendiert zu werden. In Anbetracht dessen, dass wir morgen nach Miami fliegen, wo wir um die College-Meisterschaften spielen, wird kein Mensch, der etwas Verstand im Kopf hat, mich suspendieren. Sie könnten die Karte ziehen, dass sie meine Strafe auf die nächste Saison ausweiten und das wäre richtig scheiße für mich, weil ich dann den Start für die finale College-Saison verpasse.

»Du hast sicher bestanden«, versucht Taylor, mich ein weiteres Mal zu beruhigen.

»Ich weiß nicht«, erwidere ich und atme tief aus. »Die lassen sich ganz schön Zeit.«

»Es ist nicht mal eine halbe Stunde vergangen.«

Sie hat recht, aber dennoch kommt es mir wie eine Ewigkeit vor, die ich warten muss.

Endlich geht die Tür vom Hörsaal auf und ich zucke zusammen.

»Mr. Wilson?«, sagt Dr. Logan. »Kommen Sie bitte herein.«

Ich schlucke und werfe Taylor einen letzten Halt suchenden Blick zu. Sie drückt meinen Arm und schenkt mir ein aufmunterndes Lächeln. »Du schaffst das«, flüstert sie.

Es scheint mir wie in Zeitlupe, dass meine Finger aus ihrer Hand gleiten und ich Dr. Logan mit schweren Schritten in den Hörsaal folge. Mein Herz rast, als wären nur noch fünf Sekunden auf der Uhr und die Endzone mit dem einen perfekten Pass zu erreichen. Ein Touchdown ist das Minimum, was ich erreichen muss, um dieses Spiel zu gewinnen. Sechs Punkte oder der Untergang.

Derksen hat die Hände auf dem Tisch zusammengefaltet und schaut mich mit ernster Miene an. Ich trete vor seinen Tisch.

»Mr. Wilson«, beginnt er. »Wir fühlen Sie sich?«

»Nervös«, antworte ich ehrlich.

»Gut.«

Er findet es *gut*, dass ich nervös bin? Na toll! Ihm scheint es Spaß zu machen, mich zu quälen. »Hm«, murmle ich, weil ich darauf nichts erwidern kann.

»Ihre Antworten waren nicht immer auf den Punkt«, beginnt er sein Urteil und ich schlucke hart.

Das war's. Ich habe nicht bestanden und meine NFL-Karriere endet hier und heute.

»Aber Sie haben dennoch richtig geantwortet. Oft hätte ich mir eine präzisere Antwort gewünscht, die die Theorien besser umschreibt, aber, was sie gesagt haben, war richtig.«

»Wa … Was?«, stottere ich, weil ich es gar nicht glauben kann.

»Ihre Antworten waren richtig, Mr. Wilson«, sagt er. »Alle.«

Ich reiße die Augen auf und suche den Schalk in seinem Blick, aber da ist keiner. Er meint das absolut ernst. »Alle … Antworten?«, keuche ich.

»Wenn ich es Ihnen doch sage.«

»Wow!«

»Herzlichen Glückwunsch.« Professor Derksen steht auf und reicht mir die Hand. Ich nehme sie an. »Sie haben meinen Kurs mit einer Zwei bestanden.«

»Das ist – wow … Ich kann das nicht glauben. Ich habe Ihren Kurs gehasst.« Ich beiße mir auf die Lippe. Seine Augenbrauen schießen fragend in die Höhe. »Ich sollte gehen und … Taylor von meiner Note berichten.«

»Das sollten Sie«, erwidert er mit strenger Stimme.

»Tschüss«, sage ich und verschwinde, so schnell ich kann, aus dem Raum. Ich reiße die große Tür des Hörsaals auf und stoße Luft aus. Mir war gar nicht aufgefallen, dass ich diese den gesamten Weg nach oben angehalten habe.

»Und?« Taylor stürmt sofort auf mich zu.

Cole ist zwei Schritte hinter ihr.

»Ich habe bestanden«, sage ich und ziehe sie in meine Arme. Lachend schlingt sie ihre Arme um meinen Hals und überschüttet mein Gesicht mit zahlreichen Küssen, bis sie an meinen Lippen ankommt. »Mit einer Zwei. Alle meine Antworten waren richtig.«

»Oh mein Gott«, kreischt sie und drückt mich wieder fester an sich. »Ich freue mich so für dich. Das heißt, du hast das Semester bestanden?«

»Habe ich.«

»Ich … Ich habe es geschafft«, sagt Taylor und sieht mich andächtig an.

Ich weiß nicht, was sie damit ausdrücken will, dass *sie* es geschafft hat. Falls sie aber meint, dass sie mich durchs Semester gebracht hat – ja. Das hat sie in der Tat geschafft und noch viel besser, als wir alle erwartet hätten. Eine Drei hätte mir gereicht und mehr hätte ich auch nicht für möglich gehalten. Doch dank ihres Engagements und unbedingten Willens, dass ich es schaffe, habe ich das Semester mit einer Zwei abgeschlossen.

»Wir haben es geschafft«, sage ich und küsse sie sanft. »Ohne dich hätte ich das niemals hinbekommen, Baby.«

Taylor lächelt mich an und küsst mich ein letztes Mal, ehe ich sie runterlasse.

»Glückwunsch«, sagt Cole und klopft zweimal mit seiner Faust gegen meinen Kopf. »In dem Dickschädel ist doch etwas drin.«

Ich rolle die Augen und meine Freundin kichert.

»Zur Feier des Tages lade ich euch auf einen Burger ein«, schlage ich vor und greife nach Taylors Hand, um sie an meine Seite zu ziehen.

19. Kapitel - Taylor

South Side Stadium, Miami, zwei Tage später

Das South Side Stadium in Miami, das Heimstadion der *Miami Wales*, ist der Austragungsort des Finales der diesjährigen College-Meisterschaften. Wir sind gestern angekommen und das Spiel findet heute statt. Bereits auf dem Weg zum Stadion säumen viele Fans die Straßen der Stadt. Nicht nur Anhänger der Bay Rouge Lions, sondern auch die unserer Gegner, der Oklahoma Bulldozer: eine wahnsinnig starke Mannschaft, wie Zack mir erklärt hat. Wirklich verstanden habe ich seine taktischen Erläuterungen nicht, denn während er sie aufzählte, küsste er mich ständig – und lenkte mich dadurch mächtig ab. Es war ihm auch egal, denn er schien so in seinem Element zu sein, dass er gar nicht mitbekam, wie wenig ich zugehört habe.

Alice läuft neben mir und sieht mich immer wieder grinsend an. Sie trägt, so wie ich, ein Trikot der Bay Rouge Lions mit Alex' Namen und Nummer auf dem Rücken. Ich trage selbstverständlich eines von Zack. Der Damenschnitt passt wie angegossen und ich fühle mich wohl darin. Kombiniert habe ich es mit

Jeansshorts und Sneakers: Für Januar ist es verdammt heiß in Miami.

Die Mannschaft von Coach Peters kann Historisches schaffen. Nicht nur für das College, sondern auch für unsere kleine Stadt, die hellauf begeistert ist, dass die Jungs das Finale erreicht haben.

Gerüchten zufolge hat der Dekan schon eine Malerfirma beauftragt, um die Jungs auf der ‹Wall of Fame› in der Bibliothek zu verewigen. Allerdings wird das nur passieren, wenn sie auch gewinnen. Niemand möchte durch ein Gemälde daran erinnert werden, nur Zweiter geworden zu sein, auch wenn die Zeit auf dem College für alle begrenzt ist.

Alice und ich halten unsere VIP-Tickets auf das dafür vorgesehene Lesegerät und ein Piepton signalisiert uns, dass die Karte gescannt wurde. Durch das Drehkreuz gelangen wir auf das Gelände des Stadions. Es ist ein imposantes Bauwerk und mit unserem Collegestadion kaum zu vergleichen. Ich freue mich für die Jungs, besonders für Zack, dass sie dieses Finale in einem richtigen NFL-Stadion spielen dürfen.

»Das ist echt krass«, haucht meine beste Freundin. »Kaum zu glauben, dass sie in etwas mehr als einem Jahr vielleicht für die Miami Wales auflaufen.«

So weit wie Alice möchte ich noch nicht in die Zukunft schauen. Ich lebe lieber im Hier und Jetzt und ignoriere relativ gekonnt, was in wenigen Wochen oder Monaten sein mag. Denn dann muss ich Zack sagen, dass ich ihm zu Beginn nur im Tausch für das Empfehlungsschreiben von Professor Derksen geholfen habe und mich für ein Auslandssemester in England bewerben möchte – für ein Jahr, was auch bedeutet, dass ich mich zum Zeitpunkt des NFL Drafts nicht in den USA befinde. In all den Monaten, in denen wir zusammen sind, habe ich es nicht übers Herz gebracht, ihm die Wahrheit zu sagen. Zack glaubt, dass ich ihm geholfen habe, weil ich ein guter Mensch bin und mir auch selbst beweisen wollte, dass ich es schaffe, ihn durchs Semester zu boxen, was aber dämlich ist. So nett bin nicht mal ich und in ihn verliebt war ich anfangs auch nicht. Ich fand ihn nicht mal ansatzweise sympathisch. Im Grunde konnte ich Zack zuerst nicht ausstehen.

Professor Derksen hat sich noch nicht bei mir gemeldet, aber das wird auch noch dauern. Immerhin muss er das Empfehlungsschreiben erst formulieren, ausstellen und mich in Oxford für das kommende Jahr vorschlagen. Das kann noch einige Wochen in Anspruch nehmen, was ich aber nicht hoffe. Denn umso länger es dauert, desto nervöser werde ich – und die Phase, in der ich Zack im Dunkeln tappen lasse, wächst mit. Ich will ihm auch nicht alles beichten und am Ende schaffe ich es gar nicht nach England. Schlafende Hunde weckt man nicht. Nicht nur Zack muss ich es sagen – auch meinen Eltern und Alice, wobei meine beste Freundin die Einzige aus dem Quartett sein wird, die sich für mich freut. Für meine Eltern bricht wahrscheinlich eine Welt zusammen und wäre James Bond keine fiktive Figur, würden sie ihn für meinen Schutz in Europa engagieren. Im Auftrag ihrer Majestät stünde er dann zwar nicht mehr, aber den Stellenwert einer Prinzessin habe ich für meine Mom und meinen Dad allemal.

»Das ist so aufregend!«, weckt Alice mich aus meinen Gedanken und ich sehe meine beste Freundin an. Wir betreten mit unseren VIP-Bändchen das Innere des Stadions und ich reiße die Augen auf: Von hier unten sind die rund achtzigtausend Plätze noch viel beeindruckender. Laut Zack haben wir Sitze in den ersten Reihen, um das Spektakel hautnah mitzuerleben.

»Lass uns zur Absperrung gehen«, schlage ich Alice vor und deute auf das Band, das die Teamzone vom Spielfeld trennt. Sie nickt und gemeinsam machen wir uns auf den Weg, als die Spieler aus dem Inneren des Stadions kommen. Immer noch sehr entspannt laufen Zack, Cole und Trevor nebeneinanderher. Keiner von ihnen hat seinen Helm in der Hand.

»Da sind sie«, sage ich und zeige auf die Drillinge, denen Alex und Brick folgen.

»Baby«, ruft Alice und winkt ihnen zu. Ihr Geschrei zieht nicht nur Alex', sondern auch die Aufmerksamkeit der anderen Spieler auf sich.

»Baby«, imitiert Brick sie sofort, was mich grinsen lässt.

»Du bist nur neidisch«, gibt Alex seinem Kumpel zur Antwort.

Die Jungs kommen bei uns an und Zack beugt sich über die Absperrung, um mich zu küssen. Lächelnd drückt er seine Lippen auf meine und ich genieße das Gefühl, ihn wieder so nah bei mir zu spüren.

»Hi«, sage ich und streiche über seine Brust, die bereits durch die Protektoren gepanzert ist. Seine blonden Haare sind verstrubbelt, was süß aussieht.

Zack möchte aber nicht hören, dass er süß ist. »Wie fühlst du dich?«

»Nervös«, antwortet Zack und streicht mir liebevoll eine Haarsträhne zurück. »Und du? Habt ihr gut hergefunden?«

»Klar«, sage ich. »Immer den Massen nach.«

Zack lacht auf und nickt zur Bestätigung.

»Zack, Cole, Trevor!« Die unbekannte männliche Stimme lässt mich zusammenfahren und ich drehe mich herum. Ein Paar im Alter meiner Eltern kommt auf uns zu. Cole und Trevor lächeln breit und Zacks Mundwinkel heben sich ebenfalls.

»Mom, Dad!«, rufen die Wilson-Drillinge aus.

Wie vom Donner gerührt erstarre ich und lasse meinen Freund los. Mom und Dad? Ich habe mich wohl verhört! Zack hat mir nicht mitgeteilt, dass seine Eltern hier sind. »Du hast nichts gesagt«, zische ich ihm zu.

»Sie haben es spontan entschieden«, meint er und zuckt mit den Schultern.

Spontan, natürlich. Es steht seit fast zwei Wochen fest, dass heute dieses Spiel stattfindet. Ich kann verstehen, dass es für seine Eltern ein riesiges Ding ist, sodass sie auf jeden Fall dabei sein wollen. Schon bei einem Sohn möchte man sich solch ein Match nicht entgehen lassen, aber drei? Keine Chance!

Zack drückt meine Hand und lächelt mich an.

»Zack«, ruft seine Mom. »Willst du uns nicht vorstellen?«

Ich sehe zu ihm und wieder zu seiner Mom.

»Sicher«, meint Zack. »Mom, das ist meine Freundin Taylor. Tay, das ist meine Mom Sylvie.«

»Hi«, sagt sie und reicht mir freundlich die Hand. Sie hat ein warmes Lächeln auf den Lippen. So wie Zack und Trevor ist sie blond. Die Haare trägt sie zu einer schicken Kurzhaarfrisur geschnitten. Cole dagegen ähnelt seinem Dad. Beide Elternteile tragen die Teamtrikots ihrer Söhne.

»Hallo«, erwidere ich und reiche auch seinem Dad die Hand.

»Hi«, sagt er. »Ich bin Oliver.«

»Taylor, freut mich.«

Mir ist es immer noch alles andere als angenehm, seine Eltern völlig ohne Vorwarnung kennenzulernen und darüber ist das letzte Wort auch noch nicht gesprochen. Wir hatten ausgemacht, dass wir sie in den Ferien besuchen werden und nicht, dass sie plötzlich hier stehen.

»Wir müssen«, verabschiedet Zack sich von mir und drückt mir noch einen Kuss auf die Lippen. »Bis später.«

»Bis später«, erwidere ich und küsse ihn sanft. »Du schaffst das!«

Er lächelt mich an, drückt seine Eltern noch mal und folgt Alex und Brick mit seinen Brüdern.

»Suchen wir unsere Plätze?«, fragt Alice an mich gewandt und ich nicke.

»Wir gehen zu unseren Sitzen«, lasse ich Zacks Eltern wissen.

»Macht das«, erwidert seine Mom. »Wir sehen uns sicherlich noch.«

»Ganz bestimmt«, erwidere ich und folge Alice.

***

Das Spiel ist hart umkämpft und ich habe mir bereits das ein oder andere Mal die Augen zugehalten, wenn Zack übel getackelt wurde. Die Defense-Spieler von Oklahoma halten, was ihr bulliges Aussehen verspricht: Sie attackieren unsere Offense, vor allem Zack, ohne Rücksicht auf Verluste. Sicher, das ist ihr Job, aber als seine Freundin wünsche ich mir natürlich, dass sie manchmal ein wenig nachsichtiger sind.

Mittlerweile befinden wir uns am Ende des dritten Viertels. Es sind noch zwei Minuten auf der Uhr und unsere Offense betritt erneut den Platz. Wir liegen mit sieben Punkten zurück und es wäre gut, wenn Zack bei diesem Drive einen Pass anbringt, der zu einem Touchdown führt. Die Jungs stellen sich auf.

»Down! Set! Hut!«, ruft Zack und sein Center Asher passt ihm den Ball zu. Ich klatsche aufgeregt in die Hände und mein Herz schlägt mir bis zum Hals, als mein Freund den Ball fängt und ein paar Schritte zurückgeht. Jetzt kommt die heiße Phase des Spielzugs, in dem es einzig und allein auf Zack ankommt: Er muss die Defense-Spieler im Blick behalten und gleichzeitig eine Anspielstation bei seinen Receivern finden.

»Komm schon«, murmle ich und wippe mit meinen Beinen auf und ab.

Zack verlagert sich noch ein paar Meter nach hinten, was mich die Luft einziehen lässt – auch weil sich dieser massige Defense-Spieler der Bulldozer auf Zacks linker Seite befindet. Zum Glück wird er den Ball im richtigen Moment los. Das Ei fliegt durch die Luft und landet sicher in Trevors Händen. Dieser rennt augenblicklich los, spielt dabei zwei Verteidiger von Oklahoma aus, und sprintet weiter in Richtung

Endzone. Es wäre der Wahnsinn, wenn Trevor mit diesem Lauf ein Touchdown gelingt! Doch leider haben die Bulldozer noch mehr Defense-Spieler und einer von ihnen tackelt ihn.

»Verdammt!«, rufe ich und ein Raunen geht durch die Fanreihen der Lions, während das Lager der Bulldozer jubelt. Nun sind wir bei zweiter und fünf: zweiter Versuch und noch fünf Yards bis zum nächsten First Down. Heute habe ich das erste Mal das Gefühl, dass mir die stundenlangen Football-Monologe meines Freundes etwas bringen. So kann ich zumindest einschätzen, ob wir eine Chance auf den Titel haben.

Die Offense stellt sich erneut auf. Zack gibt das Kommando »Down! Set! Hut!«, und los geht es. Asher passt ihm wieder den Ball zu und diesmal übergibt Zack ihn Cole, um einen Lauf zu machen. Das hat aber überhaupt keinen Erfolg und Cole wird nach nur zwei Yards zu Fall gebracht.

»Immerhin sind sie in Field Goal-Reichweite«, bemerkt Alice und ich nicke.

Bei einem Field Goal gibt es drei Punkte, wenn unser Kicker trifft. Aber da erst der dritte Versuch bevorsteht, wird Zack ihn ausspielen lassen – auch, weil noch so viel Zeit auf der Uhr ist, dass Oklahoma auf jeden Fall den Ball bekommt. Mit einem weiteren Drive nimmt man dem Gegner viele Sekunden.

»Sie gehen in den dritten Versuch«, vermute ich.

Auch dieses Mal stellen sie sich auf und gehen die routinierten Schritte bis zur Ballabgabe an Zack durch. Ich erwarte, dass er noch einmal Trevor anspielt, aber das tut er nicht: Zack läuft selbst!

»Was tut er da?«, rufe ich und springe von meinem Platz auf. Viele Fans um mich herum hält es auch nicht mehr auf ihren Sitzen. Wir alle stehen und schauen fassungslos dabei zu, wie Zack Yard um Yard mit dem Ball in der Hand zurücklegt.

»Du schaffst das!«, rufe ich, obwohl es völlig albern ist, ihn anzufeuern. Er hört mich nicht. Mein Herz pumpt hart in meiner Brust und ich schreie mir die Seele aus dem Leib. Zack tritt mit dem Ball in den Händen über die Linie zur Endzone und erzielt einen Touchdown. Sechs Punkte sind uns damit sicher.

Wow!

»Touchdown für die Bay Rouge Lions«, verkündet der Stadionsprecher lautstark, »durch ihren Quarterback Zack Wilson.«

Jubelnd reiße ich die Hände in die Luft und falle Alice um den Arm. Die Spieler auf der Bank springen ebenfalls auf und ab und beklatschen diese wahnsinnige Aktion ihres Quarterbacks.

Zack schlängelt sich unter seinen Mitspielern hervor und rennt quer über das Spielfeld in meine Richtung. Er wird doch nicht …?

Mit einem Satz springt er an der Bande hoch. Cole und Trevor stützen ihn an den Beinen, sodass er Halt hat.

»Der war für dich«, verkündet er stolz und lächelt zufrieden. Der Helm verhindert, dass ich ihn küssen kann.

»Du warst der Wahnsinn«, rufe ich ihm zu. »Und jetzt gewinn das Spiel für uns!«

»Das mache ich.«

Die Lions kommen mehr als gut ins letzte Viertel und bauen ihren Vorsprung mit einem weiteren Touchdown aus. Leider wirft Zack eine Interception, als nur noch zwei Minuten auf der Uhr sind. Damit provoziert er einen Turnover und Oklahomas Offense schafft es bis an die fünf Yard Linie! Wütend verlässt Zack den Platz, schreit Brick an, der etwas zu ihm sagt, und feuert seinen Helm in die Teamzone, was ihm einen Rüffel von Coach Peters einhandelt.

Nach dem Turnover ist es an unserer Defense, den Touchdown für die Bulldozer zu verhindern. Die Hände vor den Mund gepresst verfolge ich das Geschehen auf dem Rasen: Wenn das schiefgeht und sie noch mal auf einen Touchdown rankommen, wird Zack sich das ewig vorhalten. Nicht nur er wird sich Vorwürfe machen, sondern vermutlich auch die Presse, das College und wer noch alles meint, etwas zu dieser Interception sagen zu müssen.

Glücklicherweise weiß unsere Defense genau, was ihr Job ist und Oklahoma schafft nur ein Field Goal. Drei statt sechs oder gar sieben Punkten für einen Touchdown mit verwandeltem Extrapunkt sind deutlich besser.

Die letzten drei Minuten auf der Uhr, die die Spieler mit Auszeiten und langen Besprechungen vor den Drives für die Zuschauer auf satte zwanzig Minuten in die Länge ziehen, fühlen sich unerträglich an. Nun sind nur noch fünf Sekunden auf der Uhr, als Zack den Ball ein letztes Mal von seinem Center in Empfang nimmt.

»Vier, drei, zwei, eins«, zählen die Fans herunter.

Dann gibt es kein Halten mehr: Das Spiel ist aus und die Bay Rouge Lions gewinnen die College-Meisterschaft in diesem Jahr!

Alice und ich liegen uns in den Armen, jubeln und schreien abwechselnd angesichts des unglaublichen Erfolgs der Jungs. Diese haben ihre Helme mittlerweile abgenommen und liegen sich überglücklich in den Armen. Sie zollen ihren Gegnern aber auch den Respekt, den die verdienen: Oklahoma hat es ihnen verdammt schwer gemacht.

Nach und nach wird alles für die Siegerehrung aufgebaut; die Spieler gehen zu Interviews oder telefonieren per Face-Time mit ihren Liebsten in der Heimat.

Alice und ich betreten den Rasen. Meine beste Freundin ist keine Sekunde später verschwunden und fliegt Alex in die Arme. Er fängt sie auf und wirbelt sie überglücklich durch die Luft. Ich scanne den Platz nach Zack, kann ihn aber nicht entdecken. Cole und Trevor stehen bei Brick und Carson, um Fotos zu machen.

»Hey, Tony«, werde ich angesprochen und grinse. »Hast du Lust, dem arroganten Quarterback zu gratulieren?«

Ich fahre herum und sehe Zack strahlend an. Sein Trikot ist über und über mit Gras- und Matschflecken übersäht, aber das ist ihm egal. Wie könnte es auch anders sein? Er hat die College Meisterschaft gewonnen.

»Oh, hey«, gehe ich auf sein Spiel ein. »Du meinst diesen superheißen blonden Typen, der sich nur sehr schlecht Frauennamen merken kann?«

»Ja, genau den.« Er zwinkert mir zu. »Komm her, Baby.«

Er breitet die Arme aus und ich springe hinein. Zack fängt mich lachend auf. Ich schlinge meine Arme um seinen Hals und meine Beine um seine Hüften.

»Herzlichen Glückwunsch«, sage ich. »Du warst unglaublich. Du hast dir das hier so verdient!«

Er küsst mich überschwänglich. Seine Zunge findet ihren Weg in meinen Mund und wir kosten das einige Sekunden voll aus.

»Ich liebe dich, Tony«, sagt Zack auf einmal und mein Herz setzt für einen Schlag aus.

Bisher sind die drei Worte zwischen uns nicht gefallen. Nicht, dass ich nicht oft gedacht habe, dass ich ihn liebe. Es auszusprechen hat sich nie ergeben. In den letzten Tagen hätte er es wahrscheinlich nicht mal richtig registriert. Umso glücklicher bin ich, dass es er es mir heute Abend und nach diesem Triumph sagt, denn sein Kopf muss so voll sein von all den Erinnerungen und Reizen, die dieser Sieg mit sich bringt, dass ich da kaum noch Platz drin finden kann. Doch stattdessen denkt er auch an mich, an uns, und daran, dass er mich liebt.

»Ich liebe dich auch«, erwidere ich.

Zacks Lächeln überstrahlt alles.

Und Sekunden später frage ich mich, wie aus der Scheiße, in die ich mich geritten habe, wieder herauskommen soll? Immerhin will ich in wenigen Monaten nach England ziehen.

20. Kapitel - Taylor

Chicago, Illinois, zwei Wochen später

»Guten Morgen, schöne Frau«, weckt mich Zack und küsst meine nackte Schulter. Ein Kribbeln durchfährt meinen Körper und ich schmiege mich an ihn.

»Guten Morgen, schöner Mann«, nehme ich seine Wortwahl auf.

Es ist Anfang Februar, in Chicago liegen Unmengen von Schnee, und ich liebe es.

Nach dem gewonnenen Finale sind Zack und ich noch eine weitere Woche in Miami geblieben. Dort haben wir die Seele baumeln lassen und unsere Zweisamkeit genossen, von der wir in den Wochen davor wenig hatten. Die Zeit fernab von Uni- und Trainingsstress tat uns richtig gut. Danach ging es für einige weitere Tage heimwärts nach Bay Rouge, ehe wir gestern Richtung Illinois zu Zacks Eltern geflogen sind. Natürlich mit Cole und Trevor.

Ab und an muss ich mich immer noch daran gewöhnen, dass es meinen Freund oft nur im Dreierpack mit seinen Brüdern gibt. Cole und Trevor sind ein unglaublich wichtiger Teil von Zack, auf den er nicht verzichten kann und will.

Das Haus der Wilsons liegt in einer ruhigen Straße in einem Vorort von Chicago. Der riesige Garten bietet viel Platz für ausgedehnte Schneeballschlachten und Lagerfeuer, um zusammenzusitzen, Punsch zu trinken und die Nachbarn einzuladen – was wir gestern auch getan haben, denn Zacks Mom konnte es kaum erwarten, ihren Bekannten die *neue* Freundin ihres Sohnes vorzustellen.

Zacks Eltern sind wunderbar und haben mich herzlich in ihren Familienverbund aufgenommen. Bisher zerbrachen meine Beziehungen immer am Kontrollwahn meiner Eltern, bevor ich mich in den Familien meiner Partner einleben konnte. Jasper bildete die Ausnahme, aber seine Eltern fand ich merkwürdig: Sie zeigten nie Interesse daran, mich kennenzulernen.

Zacks Mom und Dad hingegen tun das genaue Gegenteil: Sie wollen alles über mich, mein Leben und meine Träume erfahren. Insgeheim machen sich Cole und Trevor schon darüber lustig, dass die Hochzeitsglocken läuten könnten – was mein Vorhaben, nach England zu gehen, schwieriger gestaltet: Ich werde noch mehr Menschen enttäuschen, die mir nahestehen.

Ich muss Zack endlich reinen Wein einschenken. Mit jedem Tag, den ich verstreichen lasse, wird er verletzter auf mein Verhalten reagieren, noch dazu, weil Derksens Empfehlungsschreiben zu Beginn der einzige Anreiz war, mich mit ihm abzugeben. Ohne diese Gegenleistung hätte ich ihm nicht geholfen, das wird Zack auch begreifen. Doch ich will mich nicht mit dem Gedanken auseinandersetzen, ihm von meinem Deal zu erzählen, solange ich keine E-Mail von Professor Derksen in meinem Postfache habe.

Ich drehe mich schließlich zu Zack herum, sodass unsere Nasenspitzen einander fast berühren.

»Was hast du heute vor?«, fragt er.

»In den Schnee gehen«, schlage ich vor.

»Natürlich«, seufzt er und küsst mich. »In den Schnee gehen.«

Seine linke Hand streicht über meine Seite bis hin zu meinem Hintern und schlüpft unter meine Schlafanzughose. »Vielleicht wärme ich dich vorher schon mal auf.«

»Oh ja«, schnurre ich. »Das klingt …«

»Zack!« Coles plärrende Stimme und das anschließende Klopfen an der Tür sind nicht zu ignorieren. »Können wir reinkommen?«

Zack wirft mir einen fragenden Blick zu, ob ich einverstanden bin, und ich nicke. Ich mag Cole und Trevor sehr. Sie sind mir in den letzten Monaten ans Herz gewachsen. Ein wenig wie Brüder, weil ich selbst nie welche hatte, aber manchmal besitzen sie kein Taktgefühl.

»Kommt rein«, ruft Zack, keine Sekunde später wird die Tür aufgestoßen und Cole und Trevor schlendern in den Raum.

»Und, ihr habt nichts Versautes getan?«, erkundigt sich Trevor und schnappt sich den Schreibtischstuhl in Zacks Jugendzimmer, während Cole sich auf die Bettkante hockt.

»Ihr wart ein paar Minuten zu früh«, murrt Zack und ich streiche ihm kichernd über die Wange.

»Du wirst noch genug Zeit haben, sie zu vögeln«, meint Cole und ich verdrehe die Augen.

Auch an ihre plumpen Sprüche und zweideutigen Anspielungen habe ich mich gewöhnt. Zack und ich setzen uns auf. Er zieht mich in seinen Arm, sodass ich meinen Kopf auf seine Schulter legen kann.

»Was habt ihr heute vor?«, fragt mein Freund seine Brüder.

»Eisangeln mit Dad auf dem Lake Michigan.«

»Mega!«, ruft Zack und das Glitzern in seinen Augen ist nicht zu übersehen.

Ich werfe ihm einen fragenden Blick zu.

»Oh ... Ich meine ... Tay und ich haben Pläne.«

Ich verdrehe die Augen. Zum einen, weil wir keine Pläne haben und zum anderen, weil ich ihm ansehe, dass er lieber mit seinem Dad und seinen Brüdern zum Eisangeln möchte. »Ich sehe doch, dass du mit ihnen gehen willst«, sage ich. »Ich muss sowieso noch für eine Hausarbeit recherchieren.«

»Wirklich?« Skeptisch betrachtet Zack mich.

»Wirklich«, bestätige ich.

»Danke«, sagt er und lächelt mich an. Keine Sekunde später springt er aus dem Bett und zieht aufgeregt seine Outdoorsachen aus dem kleinen Schrank in der Ecke.

»Wir sagen Dad, dass du dabei bist«, verabschieden sich Cole und Trevor bei uns. Dann verlassen sie das Zimmer.

Ich schiebe die Beine über die Bettkante und stehe auf. Zack zieht sich an.

»Und es ist wirklich okay für dich?« Zack schlingt von hinten seine Arme um mich und küsst meine Wange.

»Wenn ich es doch sage«, erwidere ich und drehe mich zu ihm herum. Grinsend recke ich mich zu ihm hoch und drücke meinen Mund auf seinen. Er erwidert den Kuss und zieht mich noch ein letztes Mal fest an sich.

»Du bist die Beste«, sagt Zack und verlässt sein Jugendzimmer. Kichernd bleibe ich zurück.

****

Nach einigen Recherchen signalisiert mein College-Mail Postfach, dass ich eine neue Nachricht bekommen habe. Mein Herz schlägt schneller, da ich auf die Mail von Professor Derksen warte. Bei dem Gedanken daran, dass es vielleicht das Empfehlungsschreiben ist, das die Tür nach England ganz weit aufstößt, gibt es für mich kein Halten mehr. Ich bewege die Maus über den Bildschirm und öffne das Postfach: Tatsächlich stammt die neue Nachricht von meinem Dozenten! Mein Herz rast und ich habe das Gefühl, kurzfristig keine Luft mehr zu bekommen. Das könnte die Mail sein, auf die ich so lange hingearbeitet, für dich ich mir letztes Semester den Arsch aufgerissen und zu Beginn blöde Kommentare von Zack ertragen habe. Alles nur für diese Mail, um meinen Traumstudienplatz in Oxford ergattern zu können. Und jetzt, wo ich so nah vor der Erfüllung meiner Wünsche stehe, weiß ich nicht, ob ich das noch möchte. Zack zurückzulassen widerstrebt mir. Andererseits will ich dieses Auslandssemester schon so lange, dass es blöd wäre, es nicht anzutreten: Das ist mein Traum.

Mit zittrigen Fingern öffne ich die Mitteilung von Professor Derksen.

Von: Prof. Dr. Thomas Derksen (t.derksen@br-college.com)
An: Taylor Smith (t.smith@br-college.com)
Betreff: Empfehlungsschreiben Oxford University

Sehr geehrte Ms. Smith,

im Anhang dieser Mail finden Sie das Empfehlungsschreiben für die University of Oxford, für deren Studienprogramm ich Sie vorgeschlagen habe. Im vorläufigen Verfahren wurde Ihre Bewerbung registriert und bestätigt.

Herzlichen Glückwunsch, Ms. Smith.!
Ich freue mich außerordentlich, mit Ihnen eine weitere herausragende Studentin nach Europa zu schicken, die unserem College dort alle Ehre machen wird.

Sollten Sie Fragen im weiteren Bewerbungsverfahren haben, für das Sie in den kommenden Tagen alle Informationen erhalten, zögern Sie nicht, mich zu kontaktieren.

Mit freundlichen Grüßen,
Prof. Dr. Thomas Derksen

Ich starre die Zeilen einige Sekunden an. Auch wenn ich mit der Mail gerechnet habe, scheint es irreal, dass sie endlich angekommen ist. Das Empfehlungsschreiben liegt vor und darüber hinaus hat Derksen mich auch schon für das Bewerbungsverfahren registrieren lassen. Das bedeutet einen riesigen Vorteil, weil ich nicht mehr in eine Vorauswahl muss, sondern jetzt bereits zu den Studenten zähle, die mit ziemlicher Sicherheit die Reise nach England antreten dürfen.

Meine Freude hält allerdings nicht lange, denn immer noch nicht habe ich meinen Eltern, Alice oder Zack von meinen Plänen erzählt. Zumindest bei meiner besten Freundin werde ich das nun ändern und mir einen Rat holen, wie ich die ganze Sache Zack und meinen Eltern schonend beibringe.

Ich greife nach meinem iPhone und rufe meine Freundin an.

»Hey, Süße«, meldet Alice sich nach dem ersten Klingeln. »Wie ist es im hohen Norden?«

»Weiß«, antworte ich gespielt fröhlich.

»Glaube ich dir«, meint sie. »Sonst alles klar?«

»Ja«, antworte ich, stehe von meinem Platz auf und gehe in Zacks Jugendzimmer auf und ab.

»Wie gefällt dir Chicago?«, fragt Alice.

»Gut.«

Oh Mann, meine einsilbigen Antworten machen mein Verhalten nicht gerade unauffällig vor Alice. Sie kennt mich zu lange und zu gut, um das nicht sofort zu durchschauen.

»Bist du sicher?«, hakt meine Freundin sogleich nach. »Du klingst ... angespannt.«

»Ich ...« Ich hole tief Luft und reibe mir mit der Hand über die Stirn, »... ich habe Mist gebaut, denke ich.«

»Du?«, fragt sie nach und lacht. »Ich wusste nicht, dass du das kannst, Tay.«

»Alice, bitte!«, mahne ich sie zur Ernsthaftigkeit. »Diesmal wirklich.«

»Hat es was mit Zack zu tun?« Sie trifft direkt ins Schwarze.

»Auch.«

»Auch?«, echot Alice besorgt. »Was ist passiert?«

»Ich habe ihn nicht durchs Semester gebracht, weil ich ein netter Mensch bin. Professor Derksen hat mir dafür etwas angeboten.«

»Etwas angeboten?«, fragt sie. »Jetzt mach es nicht so spannend. Ich hoffe, du hast keine Niere verkauft oder ihm dein Erstgeborenes versprochen.«

»Das ist nicht witzig«, zische ich.

»Dann komm auf den Punkt«, antwortet Alice im selben Tonfall.

»Zack war zu Beginn nicht die netteste Person, sagen wir mal so«, murmle ich. »Derksen hat mir als Gegenleistung für meine Nachhilfe ein Empfehlungsschreiben für die Oxford University in England versprochen.«

»Was?«, kreischt meine beste Freundin, sodass ich mir das iPhone einige Zentimeter entfernt von meinem Ohr halte. Ich kichere.

»Ja«, bestätige ich. »Freiwillig hätte ich es niemals gemacht. Zack wusste nicht mal meinen Namen und …«

»Scheiß auf Zack!«, unterbricht mich Alice. »Hast du das Schreiben bekommen?«

»Ja«, antworte ich kleinlaut und kann das überdimensionale Strahlen auf meinem Gesicht trotzdem nicht zurückhalten. Erneut durchfährt mich die Aufregung und ich stelle mir vor, wie ich in England studiere, das Leben in Europa kennenlerne, den fremden Kontinent bereise und nebenbei auch noch an einer der ältesten und renommiertesten Universitäten Europas ein- und ausgehe. Das ist ein Traum, der nun zum Greifen nah liegt. »Ich habe vorhin die Mail von Professor Derksen bekommen, die das Empfehlungsschreiben enthält sowie die Bestätigung, dass ich von ihm zum Bewerbungsverfahren registriert wurde. Studenten, die von ihrem Dozenten dazu eingetragen werden, sind quasi durch. Ich muss nicht mehr in die Vorauswahl.«

»Das ist der Wahnsinn!«, ruft Alice. »Meine beste Freundin studiert in Europa. Das ist so cool!«

»Du freust dich?«, frage ich und ein Lächeln schleicht sich auf meine Lippen.

»Natürlich freue ich mich«, antwortet Alice empört. »Du hast es dir verdient, Taylor. Das ist schon so lange dein Traum.«

»Das stimmt.«

»Zack hat keine Ahnung, oder?«, rät sie und ich atme tief durch. Damit kommen wir zum unangenehmen Teil des Gesprächs.

»Nein«, sage ich. »Zack weiß es nicht.«

»Und deine Eltern?«

»Wissen auch nichts.«

Mein Herz zieht sich zusammen und meine Mundwinkel sinken traurig herab, weil ich es ihnen immer noch nicht gesagt habe: Ich will Zack nicht verlassen und meine Eltern nicht in Angst versetzen – aber das hier ist die große Chance für meine Zukunft. Das ist *mein Draft.*

»Oh, Shit«, murmelt Alice. »Und wie willst du es ihnen mitteilen?«

»Ich habe keine Ahnung«, rufe ich und fahre mir durch die Haare. »Ich weiß nicht, wie ich meinen Eltern und Zack sagen soll, dass ich nach England gehe.«

»Du gehst nach England?«

Ich fahre herum und sehe Zack mit weit aufgerissenen Augen an.

Er steht in der Tür, hält seine Jacke in der Hand und sein Mund ist leicht geöffnet. Der ungläubige Blick vervollständigt das Bild eines vollkommen verwirrten Zack Wilson.

21. Kapitel - Zack

Nur etwa zehn Minuten, nachdem ich mit meinen Brüdern und meinem Dad aufgebrochen war, fällt Trevor auf, dass ich mir in dem noch kalten Auto meine Hände reibe: Ich habe es tatsächlich geschafft, bei Temperaturen deutlich unter dem Gefrierpunkt ohne Handschuhe aufzubrechen! Also kehren wir um. Wieder zu Hause laufe ich in Richtung meines Zimmers. Im Näherkommen kann ich hören, dass Taylor telefoniert. Als ich schließlich ihre Worte verstehe, werden meine klammen Finger nebensächlich und mein Herz fühlt sich an, als hätte sie es auf einen Schlag mit Eiswasser gefüllt: Wie es aussieht, scheint Taylor ihre Zukunft ziemlich klar geplant zu haben.

In Europa.

Genauer gesagt in Oxford bei London.

Ohne mich.

Für einige Sekunden starren wir uns an.

Als ich im ersten Moment aufgeschnappt habe, dass sie eine wichtige Bestätigungsmail bekommen hat und sich freut, dachte ich doch nicht daran, dass sie mich verlassen will! Ich nahm an, es ginge in dem Gespräch vielleicht um eine gute Note, die sie bekommen hat oder etwas anderes, das sie Alice erzählen möchte.

Die beiden sind seit ihrer Kindheit die besten Freundinnen. Natürlich teilen sie alles miteinander und reden viel. Da brauche ich mir nichts vorzumachen. Alice ist eine der wichtigsten, wenn nicht die wichtigste Person in Taylors Leben, ob mir das nun schmeckt oder nicht. Natürlich wünsche ich mir, dass sie all ihre Sorgen mit mir teilt, aber es gibt auch Dinge, auf die weiß nur Alice Taylor einen Rat zu geben – vielleicht sogar in erster Linie Alice, so wohl auch in Bezug auf ihr Vorhaben, nach England zu ziehen.

»Ich muss auflegen«, sagt Taylor. »Bis dann.«

Sie lässt das iPhone sinken und legt es hinter sich auf dem alten Schreibtisch ab. Ihr MacBook ist noch immer geöffnet und das Mailprogramm des Colleges auf dem hellen Bildschirm zu sehen.

»Hi«, murmelt sie.

»Hi«, antworte ich und schließe die Tür hinter mir.

Wir sehen uns einfach nur an und keiner sagt einen Ton. Für meine Wenigkeit wüsste ich auch nicht was. Immerhin habe ich diesen Hammer nicht von mir gegeben.

»Also ... Äh ...«, stottert Taylor. »Was machst du schon wieder hier?«

»Ich glaube nicht, dass das von Belang ist, oder?«, erwidere ich hart. In mir tobt ein Sturm an Gefühlen und aufgestauter Energie, wie ich sie sonst nur von einem verlorenen Spiel kenne, dessen schlechten Ausgang ich mir nicht erklären kann: eine Situation, die dafür sorgt, dass ich mich sofort unglaublich hilflos und schwach fühle.

»Nein«, antwortet Taylor. »Ist es nicht.«

Ich habe von Natur aus keine sonderlich große Geduld. Weder im Sport noch im echten Leben. Taylors Schweigen bringt mich an die Grenze meiner Belastbarkeit. Sie soll jetzt ausspucken, was es mit England auf sich hat, und zwar besser, bevor ich sie noch mal danach fragen muss!

»Setzen wir uns?«, weicht sie erneut aus und deutet auf mein altes Bett.

»Ich stehe gut«, antworte ich unversöhnlich und verschränke die Arme vor der Brust.

»Okay«, flüstert sie. »Ich setze mich.«

Ich unterlasse es, die Augen zu verdrehen, und beobachte sie dabei, wie sie Platz nimmt.

»Seit Beginn meines Studiums ist es mein Traum, an der University of Oxford in England zu studieren«, beginnt Taylor.

Ich runzle die Stirn, denn das ist mir gänzlich neu. Mir gegenüber hat sie noch nie erwähnt, dass sie gern in England studieren möchte. Bisher hatte ich immer den Eindruck, dass sie in Bay Rouge glücklich ist und mich schon davor gefürchtet sie nächstes Jahr eventuell zu einem Collegewechsel überreden zu müssen, wenn ich in die NFL komme.

»Das wusste ich nicht«, antworte ich ehrlich. »Du hast es nie erwähnt.«

»Nein.« Sie presst die Lippen aufeinander. »Ich habe es dir nie gesagt, weil ...?«

»Weil?«, frage ich ungehalten. »Jetzt mach es nicht so spannend!«

»Ich wusste nicht, wie, okay?«, erwidert sie und sieht mich einen Hauch zu trotzig an, denn das ist absolut keine Reaktion, die sie sich meiner Meinung nach in diesem Moment erlauben kann. Sie hat mir eine extrem wichtige Information vorenthalten, nicht ich ihr. »Was willst du von mir hören?«, entgegne ich. »Dass ich es cool finde, was du mir alles verschwiegen hast? Ganz sicher nicht!«

»Das habe ich auch nicht gesagt, oder?«, faucht sie.

»Also ...« Ich atme tief durch und versuche in erster Linie, mich wieder runterzubringen. Uns ist beiden nicht geholfen, wenn wir uns jetzt anschreien. »Du möchtest in England studieren und hast dich beworben, richtig?«

»Ja ... Nein.« Sie atmet ebenfalls tief ein. »Für das Austauschprogramm zwischen unserem College und der Oxford University braucht man das Empfehlungsschreiben eines Dozenten. Der schickt es einem zu und man gibt es bei seiner Bewerbung ab oder der Ausbilder schlägt einen beim zuständigen Ausschuss vor. Das hat den Vorteil, dass man nicht mehr in Konkurrenz mit allen Kommilitonen steht, die sich ebenfalls bewerben, sondern ziemlich sicher im Austauschprogramm mit dabei ist.«

Ich nicke. Von dem Bewerbungsverfahren habe ich schon gehört. Viele Studenten möchten ein Jahr im Ausland absolvieren. Wäre ich nicht an den Football gebunden, würde es mich auch reizen, für ein Jahr in Europa zu leben.

»Gut«, erwidere ich. »Hast du das Schreiben bekommen?«

»Ja.« Taylor nickt und geht wieder dazu über, mir zähe, einsilbige Antworten zu geben.

Ich bin nicht blöd und langsam, aber sicher komme ich meiner Freundin auf die Schliche. Die Wahrheit schmeckt mir absolut nicht, aber was soll ich machen? Taylor hat das Empfehlungsschreiben von Professor Derksen für Oxford als Gegenleistung dafür bekommen, dass sie mich durch das Semester gebracht hat. Wut steigt in mir auf und am liebsten würde ich ihr eine richtige Szene machen. Ja, ich war zu Beginn unseres Zusammenseins kein Charmebolzen und habe sie nicht nett behandelt, aber irgendwann hat sich das Blatt gewendet. Wir haben uns ineinander verliebt – lieben uns. Spätestens, seitdem es sich so verhält, wäre es angebracht gewesen, dass sie mir von ihren Plänen erzählt. Aber Taylor wartet bis zum bitteren Ende. Sogar für die Mitteilung der Nachricht, dass sie tatsächlich nach Oxford geht, war ich nicht wichtiger als Alice.

»Warum hast du nicht mit mir gesprochen?«, zische ich.

Die Klärung dessen, dass Derksen ihr die Empfehlung im Rahmen eines Deals ausgestellt hat, sparen wir uns. Es ist uns beiden klar, dass ich ihr Spiel durchschaut habe.

»Ich wusste nicht, ob meine Bewerbung durchgeht und ich … Ich wusste, dass du es nicht verstehst.«

»Dass ich *es* nicht verstehe?« Ich lache auf. »Ich glaube, *du* verstehst nicht, Taylor.«

»Ich verstehe sehr gut«, antwortet sie in ihrer betont schnippischen Art.

»Nein, das tust du nicht«, erwidere ich. »Du hast mich belogen.«

»Wenn überhaupt habe ich dir etwas verschwiegen.«

»Wo liegt der Unterschied?«, frage ich bissig. »Du hast mir nie gesagt, dass du nach England möchtest. Das ... Das ändert alles!«

Sie entgegnet nichts und schaut betreten zu Boden. Wenigstens sind wir uns in diesem Punkt einig. Uns wird ein ganzer Ozean trennen und ich weiß nicht, ob ich das ertragen kann. Ich will meine Freundin bei mir haben, so egoistisch das auch klingt, und mit ihr zusammen sein. In Bay Rouge oder wohin auch immer es *mich* nächstes Jahr verschlägt.

»Was ist passiert?«, hake ich nach. »Und jetzt erzähl mir bitte die ganze Geschichte.«

»Okay.« Taylor stützt ihre Hände links und rechts neben ihren Oberschenkeln ab und sieht mich an. Ich gehe zu meinem alten Schreibtisch und lehne mich dagegen. Die Arme vor der Brust verschränkt nehme ich eine immer noch defensiv-aggressive Haltung ein.

Plötzlich hupt mein Dad vor dem Haus. Ich hatte total vergessen, dass ich eigentlich nur meine Handschuhe holen wollte, reiße das Fenster auf und brülle nach unten: »Fahrt ohne mich! Ich muss hier noch was besprechen!«

Ohne eine Antwort schaltet mein Dad den Rückwärtsgang ein und fährt aus der Einfahrt. Als ich mich wieder Taylor zuwende, beginnt sie zu erklären.

»Professor Derksen hat mich nach der Vorlesung, nach der wir uns zum ersten Mal unterhalten haben, zu sich gebeten. Ich wusste bis dahin nichts von deinen Problemen.«

Sie atmet schon wieder durch und ich erinnere mich noch zu gut daran, wie genervt ich damals von der ganzen Situation war.

»Er bat mich, dir zu helfen, was ich sofort abgelehnt habe.«

Soweit kenne ich die Geschichte auch noch.

»Professor Derksen stellte mir das Empfehlungsschreiben in Aussicht, wenn ich dich im Gegenzug ‹auf Kurs bringe›, wie er es nannte.«

»Oh, wow!« Ich sehe sie an. »Das hast du geschafft.« Meine Stimme trieft vor Sarkasmus und Taylors schöne Augen überzieht ein trauriger Schleier.

»Ja, und dafür sollte ich das Empfehlungsschreiben bekommen«, spricht sie das Ende der Geschichte aus.

»Dann haben alle, was sie wollen, oder?«, will ich spöttisch wissen. »Derksen nicht die Schande, dass er mich melden musste, ich darf noch spielen beziehungsweise trainieren und du gehst nach England. Ganz toll!«

Taylor seufzt und steht auf. »Zack«, sagt sie und kommt auf mich zu. »So ist es nicht und das weißt du auch.«

»Doch, genauso ist es«, halte ich dagegen. »Jeder von uns hat seine Ziele erreicht. Ist doch super.« Es fällt mir schwer, nicht komplett aus der Haut zu fahren in dieser Situation. Ich fühle mich unheimlich hintergangen von Taylor.

»Du weißt, dass ich dich liebe, oder?«, will sie auf einmal wissen.

»Ist das Liebe?«, frage ich und zeige wütend auf ihr MacBook hinter mir. »Für mich nicht, Taylor. Ich war immer ehrlich zu dir, was meine Absichten sind in

Bezug auf dich sowie unsere Beziehung und meine Zukunft. Du warst es nicht.«

Wir liefern uns ein feuriges Blickduell, das sie nach wenigen Sekunden abbricht.

»Okay, fein«, räumt sie ein. »Ich habe dich zu Beginn nicht aus Nächstenliebe unterstützt, ich fand dich damals verdammt arrogant und scheiße. Ja, ich habe anfangs nur durchgehalten, weil ich nach England wollte«, räumt sie ein. »Was ist daran falsch?«

»Will«, korrigiere ich sie zunächst mal. »Du *willst* nach England und daran ist nichts falsch. Falsch ist, dass du nicht mit mir geredet hast.«

»Ich hatte Angst«, flüstert sie und sucht meinen Blick. »Ich liebe dich, Zack.«

Ich kann nicht anders als zu lächeln.

»Ich liebe dich auch«, antworte ich und seufze schwer. »Dennoch haben wir ein Problem. England ist in Europa. Auf einem anderen Kontinent und du hast mir Vieles so verdammt lange verschwiegen.«

»Ja, das habe ich«, gibt sie leise zu. »Kannst du nicht verstehen, dass ich Angst hatte, mit dir und meinen Eltern über meine Pläne zu sprechen?«

An ihre Eltern habe ich bisher keinen Gedanken verschwendet und das ist vermutlich auch gut so. Wir müssen das Chaos erst einmal für uns sortieren und dann sind ihre Eltern dran. Ihnen reinen Wein einzuschenken wird für Taylor sicher noch härter, als mir alles zu sagen. Trotzdem tut das in diesem Moment nichts zur Sache. Hier geht es um uns und unsere Zukunft.

»Bei deinen Eltern kann ich es verstehen, bei mir nicht«, antworte ich ehrlich. »Tay, ich ... Ich weiß nicht, was ich sagen soll. Mir zieht das völlig den Boden unter den Füßen weg, dass du fortwillst.«

»Es ist doch nur ein Jahr und ...«, argumentiert sie.

»Ein Jahr«, unterbreche ich sie und trete auf sie zu. »Weißt du, wie lang ein Jahr ist? Was *ich* in diesem Jahr alles ... durchstehe?«

»Es geht aber nicht um dich, Zack. Es geht um mich«, faucht sie. »Um meine Zukunft, um mein Leben. Wie oft muss ich dir noch erklären, dass es Studenten gibt, die sich mit ihrem Abschluss einen Job *suchen* müssen.«

»Du brauchst an meiner Seite keinen Job«, rutscht es mir unbedacht heraus. Oh, Scheiße, das wollte ich so nicht formulieren. Sie kneift die Augen zusammen und schnappt wütend nach Luft. »Taylor, ich ...«

»Wie kannst du so etwas sagen?«, herrscht sie mich an. »Ich bin doch keine Trophäe, die an deiner Hand hängt und ... und nur dafür da ist, dass es dir an nichts fehlt.«

»So meinte ich das nicht, aber ...«

»Genauso meintest du das!«, faucht sie. »Für dich ist alles klar. Du gehst nächstes Jahr in die NFL, in deinen Wunschvorstellungen gebe ich in Bay Rouge alles auf und bewerbe mich an einem College in der Stadt, in der du nach dem Draft landest. Dann studiere ich noch ein bisschen weiter, während du der Superstar bist, uns ein riesiges Haus kaufst und ich lieber gestern als morgen schwanger werde. Mein Leben, meine Träume, meine Eigenständigkeit haben sich dir und dem Leben in der NFL komplett unterzuordnen.«

Ich öffne den Mund, um etwas zu erwidern, als ich bemerke, dass sie meine Wunschvorstellung ziemlich auf den Punkt gebracht hat. Taylor muss nicht arbeiten gehen an meiner Seite und ich würde mich freuen, wenn wir jung Eltern werden, die ihren Kindern viel bieten können. »Was ist so schlimm daran, dass ich dir ein sorgenfreies und schönes Leben garantieren kann?«

»Darum geht es nicht, Zack«, stellt sie klar. »Ich liebe dich und nicht die Person, die du nach außen hin darstellst. Und mein Entschluss, nach England zu gehen, steht fest.«

»Dein Entschluss steht fest ...?« Ich schnaufe tief durch und balle die Hände zu Fäusten. Genervt mache ich einen Schritt auf Taylor zu. Sie weicht nicht zurück, zuckt nicht mal mit der Wimper, obwohl ich sie deutlich überrage.

»Er steht – und rück mir nicht so auf die Pelle«, bittet sie mich. »Versuch nicht, mich einzuschüchtern. So etwas tut man nicht, Zack!«

Tatsächlich weiche ich zurück und sehe sie einfach nur ratlos an. Ich verstehe sie nicht. Sie hat bei mir doch alles, was sie braucht. Was soll diese beschissene Rebellion gegen ihre Eltern? So ein Verhalten hat sie nicht nötig.

»Warum machst du das?«, frage ich. »Du musst nicht nach England, um deinen Eltern oder irgendwem etwas zu beweisen.«

»Ich mache das, weil ich das will«, donnert sie. »Es ist mein Traum, Zack. Genauso wie dein Traum darin besteht, in die NFL zu kommen.«

»Das kannst du doch gar nicht vergleichen«, zische ich. »Ich reiße mir seit der Highschool den Arsch auf für die NFL und du hast diese fixe Idee mit dem

Auslandssemester bloß, um deinen Eltern zu entkommen.«

»Das ist nicht wahr«, erwidert Taylor getroffen und ihre Augen werden wässrig. »Wieso benutzt du meine Eltern gegen mich? Klar ist es für mich dort ein anderes Leben, keine Frage, aber das ist nicht fair von dir. Wenn du glaubst, dass deine Träume wichtiger und größer sind als meine, bist du nicht der Richtige für mich.«

Taylor schluchzt und wendet sich ab.

Mein Herz rutscht mir mit einem Mal in die Hose und ich sehe mich vor den Trümmern meiner Beziehung stehen. Ich will sie nicht verlieren, ich liebe sie und aus diesen Gründen kann ich sie nicht nach England ziehen lassen. Das überlebt keine Partnerschaft.

»Baby«, sage ich und lege meine Hände beruhigend auf ihre Oberarme. Taylors Körper erbebt und sie zittert heftig. »So ist es nicht, aber England ist viel zu weit weg. Wir haben doch hier alles.«

»Ich wusste, dass du so reagierst!« Sie schüttelt meine Hände ab, nimmt ihr iPhone und verschwindet aus meinem Zimmer.

»Taylor«, rufe ich ihr nach. »Komm zurück.«

Ich folge ihr in den Flur und die Treppe hinunter. Hinter ihr fällt die Haustür krachend ins Schloss und ich reiße sie wieder auf.

»Bitte warte!«

»Lass mich in Ruhe!«, schreit sie und fährt herum. Ihre Wangen sind tränennass. »Du unterstützt mich nicht.«

»Das ist nicht wahr, aber ich bin der Meinung, dass wir das anders lösen müssen.«

»Und wie?«, fragt sie. »Kommst du mit nach England?«

Jetzt dreht sie durch. Das ist wohl ein schlechter Scherz, dass ich mit ihr nach England gehe. Ich stehe vor dem bisher wichtigsten Jahr meines Lebens. Auf keinen Fall ziehe ich mit ihr nach England um.

»Nächstes Jahr ist der Draft und …«

»Ja genau, Zack«, zischt sie. »Der Draft, der für dich so wichtige Draft. England ist *mein Draft*, mein Traum. Warum kannst du diesen Traum nicht mit mir träumen?«

»Weil ich dich nicht verlieren will.«

»Das tust du bereits«, antwortet sie und geht die Straße entlang.

Diesmal folge ich ihr nicht, sondern gebe ihr die Bedenkzeit, um zur Vernunft zu kommen, dass sie bei mir bleiben soll.

England.

Was für eine Schnapsidee!

22. Kapitel - Zack

Bay Rouge, drei Monate später

Es ist Anfang Mai und die Sonne brennt bereits unerbittlich vom Himmel herunter. Ich will zurück nach Illinois und nicht in der Hitze Louisianas zugrunde gehen. Fuck, ist das heiß! Ich wische mir mit dem Unterarm den Schweiß von der Stirn, bevor ich meinen Helm aufziehe und auf das Feld zum Training jogge. Heute gehen wir das erste Mal die möglichen Drives mit den neuen Spielern durch: teilweise Rookies, die von der Highschool kommen und bereits im Sommersemester bei uns einsteigen, obwohl ihr Studium erst im Herbst beginnt, und teils neue Spieler, die von anderen Colleges hierher gewechselt haben. Der Gewinn der Meisterschaft hat das Bay Rouge College verdammt attraktiv gemacht für ehrgeizige Footballer. Fähige Jungs können wir immer gebrauchen – solange sie nicht auf der Quarterbackposition spielen und an meinem Thron rütteln, was aber meiner Meinung nach absolut unmöglich ist. Mit dem Titelgewinn haben wir uns ein Denkmal gesetzt. Niemand, vor allem Coach Peters, wird so schnell auf die Idee kommen, auch nur einen von uns gegen jemand Neues auszutauschen.

»Hey, Zack«, begrüßt mich mein Center Asher.

»Hey«, antworte ich und begrüße ihn mit einem spielerischen Faustschlag. »Alles klar?«

»Alles bestens – und bei dir?«, meint er.

»Ja, bei mir auch«, antworte ich und schenke ihm ein Lächeln.

Langsam, aber sicher, ist auch wieder ‹alles bestens› bei mir. Das Training lenkt mich ab und die Vorbereitungen für meine finale Collegesaison ziehen mich in ihren Bann, sodass ich kaum noch einen Gedanken an Taylor verschwende.

Meine Ex-Freundin …

Nachdem sie mir bei meinen Eltern zu Hause in Illinois gesagt hat, dass sie nach England gehen möchte und dieser Punkt auch nicht zur Diskussion stand, lief es für einige Wochen beschissen zwischen uns. Zwar musste sie, nachdem sie das Empfehlungsschreiben von Derksen bekommen hatte, noch ihre Bewerbung absenden, aber jeder wusste, dass das bei Taylors Noten reine Formsache war. Sie befand sich mit dem Empfehlungsschreiben auf der sicheren Seite.

So sehr es mit ihrem Studium bergauf ging, so sehr ging es mit unserer Beziehung bergab. Wir nehmen es einander übel, dass der jeweils andere nicht von seinem Standpunkt abrücken will. Letztendlich war es aber Taylor, die sich von mir getrennt hat, übrigens mit der Begründung, dass sie ihren neuen Lebensabschnitt in England unter diesen Umständen nicht beginnen möchte.

Einfach so.

Sie ist genauso schnippisch aus meinem Leben verschwunden, wie sie es betreten hat.

Ich kann immer noch nicht glauben, dass wir nicht mehr zusammen sind und das nun seit fast zwei Monaten. Ich vermisse sie jeden Tag, frage mich, was sie macht und ob es ihr gut geht. Ob England das ist, was sie erwartet hat oder nicht. Ich frage mich, ob sie etwas braucht oder ob sie ihre Erlebnisse in Übersee gern mit mir teilen möchte.

Aber wie lächerlich sind diese Gedanken?! Wenn Taylor ihren Auslandsaufenthalt mit mir teilen wollte, hätte sie unsere Beziehung nicht beendet. Ich war nach dem ersten Schock, dass sie diesen Deal mit Derksen hatte, bereit, noch einmal vernünftig mit ihr zu sprechen. Wir hätten eine Lösung gefunden und zunächst eine Fernbeziehung geführt, aber Taylor hat einen Schlussstrich gezogen.

Ich müsste lügen, würde ich sagen, dass es mich *nicht* ärgert, dass *sie* Schluss gemacht hat. Immerhin hat sie den Mist gebaut und mir alles Mögliche verschwiegen. Letztendlich war ich auch noch so dumm und wollte ihr verzeihen. Dabei bestand ihr Ziel *immer* darin, in Oxford zu studieren. Alles andere war ihr egal – vor allem ich.

Vielleicht kam es ihr sogar gelegen, dass ich Interesse an ihr hatte – und sie eine Menge Spaß im Bett. Keine Ahnung, aber auf jeden Fall werde ich mich nie wieder von einer Frau von meinen Träumen abhalten lassen, wenn die nur ihre eigenen verfolgt!

Mittlerweile habe ich eingesehen, dass mein erster Gedanke falsch und ungerecht war, dass sie sich mir unterordnen muss und nur mein Ziel zählt, in die NFL zu kommen. Taylor soll alles erreichen, was sie sich wünscht. Sie hat es verdient.

Doch ihre Träume wird sie nun ohne mich verwirklichen.

»Zack?« Asher zeigt auf den Ball in meinen Händen.

»Sorry«, murmle ich. »Ich … Ich war in Gedanken. Was hast du gesagt?«

»Ich habe gefragt, ob du mir endlich den Ball gibst, sodass wir anfangen können.«

»Sicher.« Ich reiche ihm den Ball.

»Danke.« Asher grinst mich an und wir gehen in Position.

Das Training läuft gut und ich marschiere eine Stunde später zufrieden in die Kabine, um mich zu duschen und umziehen. Ab und zu möchte ich mich dazu hinreißen lassen zu sagen, dass ich mich in der Form meines Lebens befinde. Ich weiß aber nicht, ob das wirklich gerechtfertigt ist. Mir tut der Sport psychisch einfach gut und lässt mich vergessen, was die letzten Monate in meinem Leben passiert ist.

»Wollen wir noch was trinken?«, fragt Cole und ich nicke.

»Klar«, antworte ich, was ihn strahlen lässt.

Dem Großteil meiner Mitmenschen kann ich etwas vormachen, die Maske aufsetzen, die ich mir so gut antrainiert habe in den letzten Jahren, wann immer es mir nicht gut ging. Doch bei meinen Brüdern funktioniert das nicht. Sie kennen mich manchmal besser als ich mich selbst: Cole und Trevor wissen, dass ich Taylor höllisch vermisse und sie auch immer noch liebe. Zwar sprechen sie mich nicht direkt darauf an, aber sie versuchen, mich immer wieder mit

Einladungen auf ein Bier zu ködern, damit ich dabei vielleicht mit ihnen rede. Das will ich nicht und es ändert auch nichts an der Situation. Außer, dass ich dieses immerwährende Gedankenkarussell in meinem Kopf auch noch in Worte fassen muss: Taylor befindet sich in England und ich bin hier.

Für mich ist zu diesem Thema alles gesagt.

»Cool«, meint Cole. »Du wirst es nicht bereuen.«

Da bin ich mir nicht so sicher. Seufzend schnappe ich mir ein Handtuch und gehe in die Dusche.

***

Cole und ich betreten eine Studentenbar am Hafen und setzen uns an die Theke.

»Hey, Leute«, begrüßt uns Jerry, wie das kleine Schildchen links auf seiner Brust verrät, freundlich. »Was darf ich euch bringen?«

»Zwei Bier«, bestellt Cole; Jerry nickt und dreht sich um. Mein Bruder richtet seinen Blick wieder auf mich und lächelt mich an.

»Du bist ziemlich gut in Form«, meint er.

Weil ich direkt misstrauisch reagiere, ziehe ich skeptisch die Augenbrauen hoch: Cole macht nie eine Bemerkung über meine Form, wenn es gut läuft. Das hat er noch nie getan und ich dachte auch, dass es niemals geschehen würde. »Und?«, frage ich.

»Sag du es mir«, antwortet er und atmet tief durch. Das ist kein gutes Zeichen, denn es wirkt, als wolle er sich innerlich Mut zu sprechen. »Habt ihr wieder ... Kontakt?«

»Wir?« Ich weiß, dass er auf Taylor hinauswill, aber so leicht mache ich es ihm nicht.

»Du und Tay«, ergänzt er und rollt mit den Augen. »Komm schon, Zack.«

»Wir haben keinen Kontakt«, erwidere ich kalt. »Und das weißt du auch. Hast du mich eingeladen, um mich über meine Ex-Freundin auszufragen, die sich nach England abgerauscht ist, nachdem sie mich monatelang verarscht hat?«

Ich setze an, um aufzustehen, aber Cole packt mich am Arm und zieht mich zurück auf den Barhocker. Finster sieht er mich an.

»Jetzt komm mal runter«, meint er. »Ich dachte wirklich, dass ihr wieder miteinander redet. Du bist viel besser drauf in letzter Zeit.«

Ich schüttle den Kopf und bin froh, dass Jerry uns in diesem Moment das Bier hinstellt. Schnell greife ich danach und trinke einen großen Schluck, um Cole nicht antworten zu müssen. Mein Bruder scheint nicht auf die Idee zu kommen, dass es mir einfach besser geht. Nicht mehr und nicht weniger.

»Alles in Ordnung bei mir«, stelle ich fest. »Das Training läuft gut und ich freue mich auf unsere finale Saison.«

»Und Taylor?«

»Herrgott!«, knurre ich und balle die Hand zu einer Faust. »Sag, was du zu sagen hast, Cole.«

Er nippt an seinem Bier. Nachdenklich sieht er mich an, ehe er den Kopf schief legt und mich aufmerksam betrachtet. »Ich verstehe nicht, wieso ihr beide so stur seid«, meint er. »Taylor genauso wie du.«

»Ich weiß nicht, was du meinst«, stelle ich mich absichtlich dumm.

»Oh bitte!« Cole lacht ironisch auf. »Du weißt genau, was ich meine! Du liebst sie und sie liebt dich. Wieso bekommt ihr es nicht auf die Reihe, statt beide todunglücklich zu sein? Findet ihr eine Fernbeziehung wirklich so viel schlimmer als ... das hier?« Mit einer ausladenden Handbewegung zeigt er auf mich.

Meine Güte, er tut gerade so, als wäre mein Leben vorbei, als hinge meine Karriere am seidenen Faden und es liefe generell total beschissen für mich. »Mir ging es nie besser«, lüge ich.

»Zack.« Das erneute Augenrollen ist seine Antwort auf meine Aussage. »Verdammt, das gibt es doch nicht! Du liebst Tay und Tay liebt dich. Wieso habt ihr euch getrennt?«

»Sie hat sich von mir getrennt«, stelle ich klar und balle die Hand zu einer Faust. »Und das weißt du.«

»Nachdem du ihr gesagt hast, dass ihre Träume nicht so wichtig sind wie deine«, feuert er zurück. »Du Idiot!«

Ich antworte nicht und trinke von meinem Bier. Wieso habe ich ihm und Trevor nur den genauen Wortlaut unserer Unterhaltung in meinem Jugendzimmer und in der Einfahrt erzählt? Das werden sie mir ewig vorhalten.

»Zack, komm schon«, seufzt Cole. »Gib dir einen Ruck, flieg nach England und hol sie dir zurück.«

»Nein«, entgegne ich und sehe meinen Bruder genervt an. »Und ich hoffe, dass Trevor mich morgen nicht auch überreden will.«

»Wenn du nicht fliegst ...«

»Cole, ich warne dich«, zische ich. »Lass es!«

Er stöhnt auf und trinkt von seinem Bier. Gut, er hat aufgegeben, das ist sogar sehr gut. Um ein Haar hätte ich mich vielleicht wirklich überreden lassen, nach England zu fliegen und noch mal mit Taylor zu reden.

»Es geht ihr übrigens gut«, wirft er plötzlich in den Raum und mein Kopf fährt hoch.

»Was meinst du?«, muss ich wissen und mein Herz schlägt schneller. Natürlich weiß ich nicht, wie es Taylor geht, aber ich habe selbstverständlich immer gehofft, dass sie sich gut fühlt. Die Bilder auf ihren sozialen Netzwerken verraten es zumindest. Sie erkundet England, hat neue Freundinnen gefunden; das ist großartig und freut mich für sie.

»Taylor – es geht ihr gut in England«, wiederholt er.

»Woher weißt du das?«, bohre ich angespannt nach.

»Ich habe sie gefragt.« Er zuckt mit den Schultern, als wäre nichts dabei, dass er Kontakt zu meiner Ex-Freundin hat. Aber, Fuck … Und ob etwas dabei ist! Was soll das? Wieso tut er das? Er ist mein Bruder und sollte auf meiner Seite stehen, statt Nachrichten mit meiner Ex-Freundin auszutauschen. »Du hast sie … gefragt?«, hake ich zum besseren Verständnis nach.

»Ja.« Cole trinkt unbekümmert von seinem Bier. »Ich mag sie, Zack. Wir sind Freunde. Damit hattest du doch nie ein Problem.«

Das hatte ich auch nicht, bis ich eifersüchtig wurde. Darauf, dass Cole weiß, wie es der Frau geht, die ich liebe. Dass er Kontakt zu ihr hat und sich mit ihr austauscht. Gott, ich kotze innerlich bei dem Gedanken, dass mein Bruder ihr näher steht als ich!

»Tauscht sich Trevor etwa auch mit ihr aus?«, will ich wissen.

»Keine Ahnung.« Cole zuckt mit den Schultern. »Ich denke nicht.«

»Gut.« Ich nicke. »Du solltest die Verbindung ebenfalls abbrechen.«

»Du hast sie doch nicht mehr alle«, meint mein Bruder kopfschüttelnd. »Taylor und ich sind Freunde. Das hat sich nun mal ergeben in den Monaten, in denen ihr zusammen wart. Ja, ich find's auch daneben, dass sie dich belogen hat, was ihre Zukunftspläne angeht. Das habe ich ihr gesagt, aber es ändert nichts daran, dass ich sie mag.«

»Hast du ihr erklärt, dass du ihr Verhalten nicht in Ordnung fandest?«, will ich erstaunt wissen.

Cole nickt. »Ich bin nicht so beschissen, wie du gerade denkst, und Trevor auch nicht«, meint er und zwinkert mir zu. »Wir, Trev und ich, haben Taylor die Meinung gesagt, aber ihr auch mitgeteilt, dass es uns leid um euch tut und sie sich das mit der Trennung noch mal überlegen soll.«

Ich schwiege für einen Moment und drehe mein Bierglas in der Hand: Das hat nicht sonderlich gut funktioniert, dass sie es sich noch einmal überlegt.

»Zack«, holt mein Bruder mich zurück in unser anstrengendes Gespräch. »Du liebst sie.«

»Sie will mich nicht«, erwidere ich frustriert. »Ich war so lange gut genug, wie sie mich brauchte.«

»Das glaube ich nicht«, widerspricht er mir. »Taylor hat dich geliebt, sie liebt dich immer noch und sie ist eine echt miese Schauspielerin.«

»Punkt für dich«, räume ich schmunzelnd ein.

»Flieg nach England und hol sie dir zurück«, rät er mir ein weiteres Mal. »Komm schon, Zack. Seit wann gibst du einfach auf?«

»Sie hat ...«

»Ja, sie hat Schluss gemacht und, ja, sie hat dich angelogen«, zählt er genug Gründe auf, Taylor nicht nach England zu folgen. »Aber wir wissen beide, dass sie niemals den Mut haben wird, von sich aus das Gespräch mit dir zu suchen.«

Ich schweige und trinke mein Bier aus.

»Können wir gehen?«, erkundige ich mich und sehe meinen Bruder an.

Das Gespräch war stressig und ich muss nachdenken. Ob ich nach England fliege und Taylor zurückhole. Zurück an meine Seite. Natürlich wird sie in Oxford bleiben und ihr Studium dort planmäßig weiter verfolgen. Das wünscht sie sich und dabei möchte ich ihr nicht im Weg stehen. Es war nicht fair von mir, sie zu überreden, das Auslandssemester in England für meinen Draft abzusagen. Immerhin kommt sie fast schon wieder zurück, wenn es so weit ist.

»Sicher«, meint Cole und trinkt sein Bier ebenfalls aus. Dann wirft er ein paar Dollar auf den Tresen und deutet Jerry an, dass wir gezahlt haben. »Nach dir.«

Gemeinsam durchqueren wir die Bar, die mittlerweile richtig voll geworden ist.

Nicht nach vorne sehend prallt ein schlanker Körper gegen meinen, den ich gerade noch vor einem Sturz bewahren kann.

»Sorry, ich ...«, meldet sich eine zarte Stimme und zwei braune Augen, die von schwarzen Wimpern umrahmt werden, starren mich an.

»Luna«, stoße ich überrascht aus. »Was machst du denn wieder in Bay Rouge?«

»Mein Praktikum ist zu Ende«, antwortet sie. »Hey, Cole.«

»Hi«, sagt dieser und lächelt sie an.

Seitdem wir das Studium in Bay Rouge begonnen haben, ist Trevor mit Luna befreundet. Als sie vor einem Jahr zu ihrem Praktikum in Alicante aufgebrochen ist, war mein Bruder am Boden zerstört. Insgeheim glauben Cole und ich, dass Trevor weitaus tiefere Gefühle für seine beste Freundin hat, als er zugeben mag.

»Wir sehen uns heute Abend«, verabschiedet sie sich von mir.

»Ja klar«, murmle ich und sehe Cole an. »Was ist denn heute Abend?«

»Ach das«, druckst er herum und ich sehe ihn skeptisch an.

»Cole«, dränge ich ihn. »Wo sehen wir Luna heute Abend?«

»Na ja«, meint er. »Trevor hat Luna angeboten, bei uns zu wohnen, bis sie was Eigenes gefunden hat.«

Fassungslos sehe ich meinen Bruder an. Ich mag Luna, keine Frage, aber Trevor kann sie nicht einfach bei uns einquartieren.

»Hast du zugestimmt?«, will ich wenig begeistert wissen.

»Was sollte ich denn machen?«, antwortet er. »Ihre Mom und ihr Stiefvater haben sie rausgeschmissen und einen Wohnheimplatz bekommt sie nicht mehr.«

»Und wieso sagt mir keiner was?«, zische ich. »Das ist auch meine Wohnung!«

»Jetzt reg dich nicht so auf«, seufzt Cole und zieht mich hinter sich her aus der Bar. »Außerdem mag Trev Luna.«

Das ist wohl wahr.

23. Kapitel - Taylor

Oxford, England, einige Tage später

Es ist Anfang Mai und es regnet. Es regnet und regnet und regnet.

Letztes Jahr habe ich mich noch über die hohen Temperaturen in Louisiana beschwert und jetzt wünsche ich mir nichts mehr als diese Temperaturen zurück. Der Regen in Oxford deprimiert mich. Tagein, tagaus derselbe graue Himmel. Nicht ein Sonnenstrahl schafft es in den letzten Wochen durch die dicke Wolkendecke. Es ist zum Verrücktwerden.

Aber nicht nur der Regen deprimiert mich, sondern auch meine allgemeine Stimmung.

Oxford ist toll, die Hochschule hier meine Traumuniversität.

Und dennoch kann ich mein Auslandssemester nicht in vollen Zügen genießen, weil kein Tag vergeht, an dem ich Zack nicht vermisse. Immer wieder frage ich mich, ob es eine gute Entscheidung war, Schluss zu machen und hierher zu kommen.

Ja, nach Oxford zu gehen war richtig, sogar verdammt richtig, aber alles andere nicht. Ich hätte die Beziehung nicht beenden dürfen. Wir hätten eine

Lösung gefunden und wären noch zusammen. Ich bin mir sicher, dass das auch in seinem Interesse gewesen wäre. Zack hat an jenem Tag nicht den Eindruck gemacht, dass er unsere Partnerschaft aufkündigen möchte.

Doch so ist es nicht gekommen und jetzt bin ich hier und Zack ist in Louisiana. Zwölf Flugstunden und über siebentausend Kilometer liegen zwischen uns, aber wer nimmt es schon so genau?

Ich bleibe insgesamt ein Jahr in Oxford. Für mich schien es einfacher, ungebunden diesen neuen Lebensabschnitt zu starten. Für Zack wollte ich auch nicht, dass er sich in seinem finalen Jahr am College mit einer Freundin in Übersee herumschlagen muss. Wir hätten uns in dem Jahr maximal zweimal gesehen. Das ist keine Beziehung, das ist Folter. Obwohl ich mich in der aktuellen Situation auch gefoltert fühle, weil ich ihn so sehr vermisse.

Meine Eltern haben die Nachricht, dass ich nach Oxford gehe, für ihre Verhältnisse gut verkraftet. Meine Mom hielt den Plan anfangs für einen Scherz und hat die Echtheit meiner Dokumente angezweifelt. Was völlig absurd war, weil sie erstens genau weiß, dass ich mit so etwas niemals spaßen würde und zweitens die Echtheit meiner Unterlagen als Dozentin im Handumdrehen prüfen kann. Mein Dad reagierte entspannter, weil er meinte, dass es in Europa die höchsten Sicherheitsstandards gibt. Ich habe ihm aber schnell klargemacht, dass ich ihren Sicherheitswahn nicht brauche und vor allem nicht will. Dass sie aufhören müssen, mich mit McKenzie und dem, was ihr vor all den Jahren zugestoßen ist, zu vergleichen. Zu

Beginn haben sie mir täglich mehrere Nachrichten geschrieben und angerufen. Mittlerweile tauschen wir einmal am Tag Textnachrichten aus. Darüber hinaus versuche ich, meine Mom alle zwei bis drei Tage anzurufen. Bei meinem Dad ist die Kontaktaufnahme noch schwieriger geworden durch die Zeitverschiebung, aber das ist für ihn in Ordnung.

Ich glaube, dass es beiden guttut, dass ich nicht mehr in Bay Rouge bin. So können sie mich auch ein Stück weit los- und erwachsen werden lassen.

Ich schließe meine Zimmertür auf und betrete mein kleines Reich. Ein 90 mal 200 Zentimeter großes Bett, ein Schreibtisch und ein zu kleiner Schrank, die allesamt schon besseren Zeiten erlebt haben, bilden die Einrichtung. Angrenzend befindet sich ein Bad mit Dusche, Waschbecken und Toilette. In dem kleinen Raum kann ich mich kaum an- und ausziehen. Meine Eltern haben mir bessere Unterkünfte angeboten. Vor allem aber auch eine Sicherere, die sie im Vorfeld recherchiert hatten: abgelegen vom Campus-Alltag in einer noblen englischen Wohngegend. Aber ich wollte mich nicht so wie in Bay Rouge fernab vom Studentenleben niederlassen. Also habe ich mich für ein Wohnheimzimmer entschieden.

Meine Mitbewohner auf der Etage finde ich sehr nett. Insgesamt sind wir zehn Studenten: einige regulär in Oxford eingeschrieben, andere Austauschstudenten. Jeder hat ein eigenes Zimmer mit kleinem Bad. Die Küche teilen wir uns, was nicht immer von Vorteil ist.

Mit meinen Mitbewohnerinnen Sydney, die ursprünglich aus Liverpool stammt, und Maria aus Berlin habe ich mich angefreundet. Maria absolviert, so

wie ich, ein Auslandssemester und Sydney ist fest
eingeschriebene Studentin an der University of
Oxford. Natürlich können sie Alice nicht ersetzen, aber
sie sind verdammt cool.

Generell habe ich schnell Anschluss gefunden hier.
Das lag auch daran, dass ich jede Veranstaltung für
Austauschstudenten in den letzten Wochen besucht
habe. Da war zum einen der offizielle
Begrüßungsempfang in der riesigen Aula der
Universität, die aus dem fünfzehnten Jahrhundert
stammt, und zum anderen eine Stadtrallye sowie zig
weitere Hilfsangebote, die einen nicht nur sozial
integrieren, sondern auch fachlich.

Ich stelle meine Tasche ab und setze mich auf mein
Bett. Der heutige Tag war anstrengend und ich muss
dringend noch ein wenig Stoff aufholen. Das Niveau in
Oxford ist deutlich höher als in Bay Rouge. Genau das
wollte ich und das Studium macht mir Spaß. Es ist eine
große Chance für mich, um später einen Traumjob zu
bekommen: Ich möchte in einem der großen
Unternehmen in New York oder Los Angeles arbeiten.
Eine Studienbescheinigung aus Oxford macht sich
dabei sicher gut in meinen Bewerbungsunterlagen,
obwohl ich realistisch sehen muss, dass alle künftigen
Mitbewerber an exzellenten Universitäten waren. Ich
werde da keine Ausnahme darstellen.

Wie schön wäre es, wenn ein Team aus L. A. oder New
York Zack draftet und wir in der derselben Stadt leben!

»Scheiße«, murre ich und lasse mich nach hinten
fallen. »Denk nicht ständig an ihn.«

»An wen?«

Ich setze mich ruckartig auf und sehe Sydney im Türrahmen lehnen. Ich habe sie gar nicht klopfen hören.

»Hey!«, grüße ich. »Niemand.«

»Niemand?« Schmunzelnd zieht sie die Augenbrauen hoch. »Eigentlich wollte ich fragen, ob du Lust auf Thaiessen hast, aber du siehst eher nach einem Gespräch unter Freundinnen aus.«

Sydney schließt die Tür hinter sich und setzt sich zu mir aufs Bett. Das rechte Bein unter ihren Po geschoben und das linke vom Bett baumelnd, sieht sie mich an.

»Was ist los?«, fragt sie. »Oder besser – wer?«

»Mein Ex-Freund Zack«, erkläre ich leise und greife unbewusst an den kleinen silbernen Anhänger um meinen Hals. Ich habe die Kette nicht abgenommen, seitdem Zack sie mir zum Geburtstag geschenkt hat. Sie ist doch das Letzte, was mir in England noch von ihm bleibt. Von den Bildern auf meinem iPhone habe ich mich getrennt. Na gut, ich habe nur einen neutralen Hintergrund eingestellt. All diese schönen Erinnerungen löschen konnte ich nicht.

»Oh«, entfährt es Sydney. »Du hast noch nie von ihm erzählt.«

Oft erinnert sie mich an Alice, was mich einerseits lächeln und andererseits mein Herz schwer werden lässt: Ich vermisse meine beste Freundin und würde gern mit ihr über Zack reden. Und nein, ich habe hier noch nie von Zack erzählt, weil es mir schwerfällt, über ihn und das, was wir hatten, zu sprechen.

Ich vermisse ihn und leide schrecklich an Liebeskummer.

»Ja … Nein.« Ich zucke mit den Schultern, weil ich nicht einmal weiß, ob unser Abschied tatsächlich harmonisch verlaufen ist.

»War es eine hässliche Trennung?«, fragt Sydney. »Oder seid ihr eines der wenigen Paare, das im Guten auseinandergegangen ist?«

»Ich glaube, ich muss ganz von vorne anfangen.«

Sydney nickt und dann erzähle ich zum ersten Mal die Geschichte zwischen Zack und mir.

»Zack ist der Quarterback unserer Footballmannschaft, der Bay Rouge Lions, und somit der heißeste Typ des Colleges und ziemlich, nun ja … begehrt.« Ich grinse. »Leider ist ihm sein Erfolg letztes Jahr zu Kopf gestiegen und er hat nicht mehr gelernt. Die Dozenten sind dazu angehalten, die Spieler zu melden, wenn ihre Noten absacken. Ein Professor hat mich gebeten, mit Zack eine Projektarbeit zu machen, sodass er das Semester schafft und er ihn nicht melden muss.«

»Okay, krass.« Sydney lacht. »Klingt ziemlich kitschig.«

»War es auch«, antworte ich lächelnd. »Am Anfang mochte ich ihn überhaupt nicht, denn Zack hält sich für das gottgegebene Geschenk an die Frauenwelt. So benimmt er sich auch. Aber irgendwann … haben wir uns besser kennengelernt und ineinander verliebt.«

»Wie süß«, kichert Sydney, verstummt aber, als sie meinen traurigen Blick sieht. »Du liebst ihn wirklich, oder?«

»Ja, ich …«, räume ich ein, »… ich liebe ihn und bin allein an unserer Trennung schuld. Wenn ich ihm nicht verschwiegen hätte, dass ich nach Oxford gehe, wären wir vielleicht noch zusammen und ...«

»Warte kurz.« Sydney hebt die Hand und lässt mich verstummen. »Zack wusste nicht, dass du nach Oxford gehst?«

»Professor Derksen, unser Dozent, der mich gebeten hat, dass ich Zack helfe, hat mir im Gegenzug das Empfehlungsschreiben für die Oxford University versprochen.«

»Er hat dich bestochen«, bringt es Sydney auf den Punkt.

»Ja«, räume ich ein. »Ohne diesen Anreiz hätte ich Zack niemals geholfen. Er benahm sich furchtbar damals.«

»Und jetzt nicht mehr, nehme ich an?«, will sie grinsend wissen.

»Nein«, antworte ich und meine Mundwinkel ziehen sich nach oben. »Nachdem ich ihn kennengelernt habe, war er ganz anders. Leider hat er von Oxford nicht von mir in einem gemeinsamen Gespräch erfahren, sondern durch einen Zufall. Ich habe mit meiner besten Freundin Alice telefoniert, nachdem ich das Empfehlungsschreiben bekommen hatte. Ich wollte ihren Rat einholen, was ich tun soll und wie ich Zack alles sage. Den brauchte ich nicht dann mehr.«

»Scheiße!«, platzt es aus Sydney heraus und sie greift nach meiner Hand. Liebevoll drückt sie diese. »Das tut mir leid, Tay.«

»Zack konnte sich anfangs nicht mal merken, wie ich heiße«, erzähle ich ihr und lache herzlich dabei. »Er hat mich Tony genannt. Als ich ihm erklären wollte, dass ich Taylor heiße, hat er mich stehenlassen. Zunächst, weil er sich überhaupt nicht die Mühe machen wollte, mich anzuhören und mit mir zusammenzuarbeiten. Später nannte er mich zum Spaß ›Tony‹. Das wurde sein Spitzname für mich. Er dachte anfangs, dass ich ihn wie jeder andere auch anbete, und unsere Teamarbeit allein erledige.«

»Das klingt heftig.«

»Ja, so ist er … war er«, erwidere ich schmunzelnd. »In dem Gespräch, das wir im Anschluss an mein Telefonat mit Alice geführt haben, sind viele unschöne Dinge gesagt worden. Vor allem von Zack in Bezug auf *meine* Träume und *meine* Wünsche. Wie du weißt, gehen die Footballspieler nach dem College zum NFL Draft, um dort von einem Team ausgewählt zu werden.« Sydney nickt.

»Zack meinte, dass das wichtiger ist als alles, was ich will.«

»Was für ein Arsch!«, rutscht es meiner Freundin heraus.

»Er war wütend, meinte es nicht so, aber es hat mich sehr nachdenklich gemacht in Bezug darauf, was ihm wichtig ist im Leben und wie ich da reinpasse, wenn ich nicht nach seiner Pfeife tanze.«

»Mist. Und dann habt ihr euch getrennt?«

»Ich glaube, er dachte, dass wir zusammenbleiben.« Ein Schluchzer verlässt meine Kehle. »Es tat ihm leid und er wollte mich schließlich hierher gehen lassen. Aber ich habe mich dazu entschieden, die Beziehung zu beenden und den Kontakt abzubrechen.«

Im Nachhinein war das der größte Fehler meines Lebens.

»Oh, Taylor«, seufzt Sydney und rutscht neben mich. Liebevoll nimmt sie mich in den Arm und streichelt meinen Rücken. »Und ihr hattet seitdem keinen Kontakt mehr?«

»Ich habe ein paar Mal mit seinen Brüdern geschrieben, aber Zack habe ich gemieden.« Cole und Trevor waren anfangs alles andere als gut auf mich zu sprechen, aber nachdem sie mir die Meinung gesagt und auch eingeräumt hatten, dass Zack nicht immer einfach ist, konnten wir unser freundschaftliches Verhältnis von vor der Trennung wieder herstellen.

»Verständlich«, meint sie. »Hast du mal überlegt, ihn zu kontaktieren?«

»Nein«, platzt es aus mir heraus.

»Wieso?«

»Ich ... Ich habe Angst«, räume ich ein, »dass er eine Neue hat und wenn nicht, dass er immer noch sauer ist und mir keine Chance mehr gibt.«

»Glaubst du das wirklich?«

»Nein.« Ich schüttle den Kopf. »Weder das eine noch das andere. Zack wollte uns nicht aufgeben und hätte er eine neue Freundin, wüsste ich das. Trotzdem habe ich Angst, dass er einverstanden ist mit meiner Entscheidung und nicht mehr mit mir zusammen sein möchte.«

Sydney seufzt und beugt sich zu meiner Tasche vor. Sie wühlt darin herum, bis sie mein iPhone in der Hand hält und es mir reicht.

»Ruf ihn an«, fordert sie.

Ich reiße die Augen auf und schnappe nach Luft. Mein Herz rast und mein gesamter Körper lehnt sich dagegen auf, Zack anzurufen. »Auf keinen Fall«, entgegne ich.

»Anrufen!«, fordert sie wieder. »Los!«

»Nein, nein das geht nicht«, wehre ich ab. »Zack und ich sind getrennt und außerdem ... in Louisiana ist gerade früher Morgen.«

»Taylor!«, ermahnt sie mich. »Du wirst kein Feigling sein und den ersten Schritt machen.« Sie wackelt mit dem iPhone vor meiner Hand herum und ich reiße es schließlich aus ihrem Griff.

»Du wirst sehen, dass er keinen Bock auf mich hat«, maule ich und wähle mit zitternden Händen seine Nummer, die ich immer noch auswendig kann – und das im Zeitalter von Messengerdiensten!

Mir ist speiübel, als ich mir das iPhone ans Ohr halte. Ein Freizeichen erklingt und Sydney beugt sich zu mir herüber. Es tutet, aber Zack nimmt nicht ab. Ich wusste, dass er nicht rangehen wird und nun wird bei ihm mein entgangener Anruf auf dem Display angezeigt. Das ist so peinlich!

»Hallo«, nimmt er plötzlich das Gespräch entgegen und Sydney grinst mich breit an. Sie wirft mir einen Handkuss zu und verlässt mein Zimmer.

»Tony?«, fragt Zack und mein Herz schlägt schneller. »Bist du dran?«

»Hi«, wispere ich. »Ja, ich bin dran.«

»Oh, hey ...« Die Überraschung in seiner Stimme ist nicht zu überhören.

Ist das gut oder schlecht? Ich kann es nicht deuten und das macht mich zusätzlich nervös.

»Wie geht's dir?«

Dass er mir kein ‹Was willst du?› entgegenschleudert, ist ein gutes Zeichen und lässt mich aufatmen.

»Ganz gut.« Ich rutsche auf meinem Bett zurück an die Wand. Dabei ziehe ich meine Beine an und schlinge den linken Arm um meine Knie. »Und dir? Wie läuft das Training?« Wir müssen über so viel reden, aber diese Banalitäten sind wohl gerade das, was wir für eine erste Annäherung brauchen.

»Mir geht's auch gut«, antwortet er. »Das Training läuft super. Ich bin fit und freue mich auf die neue Saison.«

»Das glaube ich dir.«

Dann entsteht eine dieser unangenehmen Gesprächspausen, die niemand mag. Wo sich entscheidet, ob das Gespräch noch einmal Fahrt aufnimmt oder man auflegt, weil man sich nichts mehr zu sagen hat.

»Und bei dir?«, fragt Zack. »Wie gefällt dir Oxford?«

»Oh, es ist toll!«, rufe ich aus. »Meine Kurse machen Spaß und ich habe nette Leute kennengelernt.«

»Das freut mich«, antwortet er. »Bist du dort auch noch so eine Streberin?«

Ich kann den Schalk in seinen Augen vor mir sehen. »Nein«, kichere ich. »Bloß Durchschnitt.«

»Das glaube ich nicht«, meint Zack. »Du wirst niemals nur Durchschnitt sein.«

»Glaub es oder glaub es nicht«, sage ich. »Ich schneide im Mittelfeld ab. Das ist sogar cool, weil mir keine faulen Sportler aufgehalst wurden.«

»Mir hat dein Hals ziemlich gut gefallen«, sagt er in einer Stimmlage, die meinen Magen kribbeln lässt, »in gewissen Positionen.«

»Zack!«, rufe ich peinlich berührt aus. »Sag das nicht.«

»Was denn?«, fragt er betont unschuldig und ich höre hinter ihm Stimmen und ein Rauschen. So wie das klingt, ist er schon unterwegs. »Es ist schön, dass es dir gefällt und dass du gefunden hast, was du willst. Ehrlich Tony, ich freue mich für dich.«

Nein, das ist nicht, was ich will. Zumindest nicht nur. Ich will ihn. Mit ihm zusammen sein. Täglich mit ihm telefonieren, ihn wieder in die Arme schließen und küssen. Seinen Körper erkunden und meinen Körper von ihm erkunden lassen. Ich will das Feuerwerk spüren, das er in mir entzündet, wenn wir beide auf dem Höhepunkt unserer Lust sind. Genauso will ich mit ihm einschlafen und mich in seinen Armen geborgen fühlen. Ich will ihn, um glücklich zu sein.

»Ich vermisse dich«, platzt es aus mir heraus. Ich beiße mir auf die Zunge und kann die Worte nicht mehr zurücknehmen. Zack sagt nichts am anderen Ende der Leitung. Lediglich sein leiser Atem und das Rauschen zeigen mir, dass er nicht aufgelegt hat.

»Du vermisst mich?«, krächzt er.

»Ja«, antworte ich einsilbig.

»Ich vermisse dich auch«, antwortet er.

Mein Herz rast und mein gesamter Körper kribbelt. Die berühmten Schmetterlinge in meinem Bauch sind nicht mehr zu bremsen und ich presse das iPhone dichter an mein Ohr, um zu hören, was Zack als Nächstes sagt. Doch er schweigt.

»Und was tun wir dagegen?«, wage ich mich weiter vor.

»Wir sollten täglich telefonieren«, schlägt er vor.

Das finde ich gut.

»Und …«

Ein Klopfen an meiner Zimmertür lässt mich zusammenfahren. Ich versuche, es zu ignorieren, aber es wird vehementer.

»Warte mal«, bitte ich Zack. »Einer meiner Mitbewohner klopft bei mir.«

»Okay«, antwortet er.

Ich stehe von meinem Bett auf und gehe zur Tür. Das iPhone immer noch ans Ohr gepresst, reiße ich sie auf, um der Person zu sagen, dass ich nicht habe, was auch immer sie braucht.

Doch als ich öffne und diese Person vor mir stehen sehe, lasse ich vor Schreck mein iPhone fallen.

»Zack«, stoße ich hervor und sehe ihn fassungslos an. »Was … Was machst du hier? Wir … Wir haben telefoniert und jetzt bist du … hier.« Ich deute überfordert auf die Türschwelle.

»Überraschung!«, verkündet er und sieht mich grinsend an. »Warum telefonieren, wenn wir uns auch sehen können?«

»Was machst du hier?«, wiederhole ich meine Frage.

24. Kapitel - Zack

Taylors fassungsloser Blick lässt mich daran zweifeln, ob ich das Richtige getan habe, als ich zunächst nach London geflogenen und dann mit dem Bus weiter nach Oxford gefahren bin.

Aber: Ich sollte mir wohl keine Sorgen darüber machen, ob es falsch ist, hier zu sein. Taylor hat mir noch vor wenigen Sekunden am Telefon gesagt, dass sie mich auch vermisst. Und das, bevor *ich* es ihr mitgeteilt habe.

Ich stand vor ihrem Wohnheim, als sie anrief, und dachte im ersten Moment, dass sie mich gesehen hat und wegschicken will. Doch ihre Unbefangenheit ließ mich schnell von dieser Theorie abkommen.

»Hi«, begrüße ich sie noch einmal.

»Hi«, antwortet Taylor.

Erneut entsteht ein unangenehmes Schweigen zwischen uns. Ich habe nicht damit gerechnet, dass unsere Begegnung derart verkrampft ablaufen wird. Immer wieder habe ich mir ausgemalt, dass sie mir um den Hals fällt, wir uns küssen und Friede, Freude, Eierkuchen herrschen. Gott, was für eine verdammt dumme und auch voreilige Vorstellung! Wir haben uns nicht im Guten getrennt und zwischen uns wurden

viele Dinge gesagt, die zumindest ich für meinen Teil
sehr bereue. Es ist nur natürlich, dass Taylor mir nicht
sofort um den Hals fällt vor Freude.

»Darf ich reinkommen?«, frage ich und deute mit
einem Nicken ins Innere ihres Zimmers.

»Natürlich.« Taylor nickt und macht einen Schritt
beiseite, sodass ich eintreten kann. Sie schließt die Tür
hinter sich und ich sehe mich um.

Das hier ist kein Vergleich zu ihrem Zimmer in Bay
Rouge oder meiner Wohnung. Vielmehr bietet der
beengte Raum gerade einmal Platz für ein Einzelbett,
einen Schrank und den Schreibtisch. Ich kann mir
kaum vorstellen, dass Clarence und Louis ihr diese
Unterkunft besorgt haben.

»Nett«, kommentiere ich.

»Ja ... Es reicht aus.« Taylor ringt sich ein Lächeln ab,
aber es erreicht mich nicht. Sie faltet die Hände
zusammen und wippt auf den Füßen hin und her.

Ich kann ihr die Nervosität an der Nasenspitze
ansehen und muss zugeben, dass es mir auch nicht
besser geht: Ich saß einen halben Tag im Flugzeug, um
vielleicht eine Abfuhr zu bekommen. Das sind keine
besonders rosigen Aussichten. »Natürlich.« Ich
räuspere mich.

»Was machst du hier, Zack?«, fragt Taylor. »Erst
telefonieren wir und dann ... stehst du vor meiner Tür?«

»Ich wollte mit dir reden«, antworte ich und halte die
Luft an, als würde ich darauf warten, dass sie mich nun
abweist. Mein Herz zieht sich zusammen, wenn ich
daran denke, dass genau das geschehen könnte.

»Und das ging nicht am Telefon?« Ihre Augenbrauen
wandern fragend in die Höhe.

Ich atme tief durch und schüttle den Kopf. »Ich hatte Angst, dass du auflegst«, gestehe ich ihr.

»Oh!«, entfährt es Taylor. »Das hätte ich nicht getan.«

»Wirklich?«, will ich hoffnungsvoll wissen.

»Na ja«, wiegelt sie ab, »ich habe dich vor wenigen Minuten noch angerufen. Warum hätte ich also auflegen sollen?«

Ich lächle. »Vielleicht weil ich mich wie ein Arsch benommen habe?«, schlage ich vor.

Taylor schmunzelt und nickt. »Ja, das hast du«, stimmt sie mir zu. »Aber ich war auch nicht fair. Ich hätte dir viel früher sagen müssen, dass ich mich in Oxford bewerben will, und auch über den Deal mit Professor Derksen sprechen sollen.«

»Ja«, stimme ich ihr diesmal zu. »Das hättest du tun müssen.«

»Es tut mir leid«, sagt Taylor. »Anfangs war es mir egal … Ach, das habe ich dir schon erklärt.«

Sie geht an mir vorbei und setzt sich auf ihr Bett. Ich folge ihr mit meinem Blick und bleibe ein wenig ratlos zurück. Langsam beschleicht mich doch wieder das Gefühl, dass es eine dumme Idee war, hierher zu fliegen, um mit Taylor zu reden.

»Es tut mir leid, dass ich meine Träume über deine gestellt habe, das gehört sich nicht und das hätte ich nicht tun dürfen.« Ich presse die Lippen fest aufeinander und stemme die Hände in die Hüften. Mein Herz rast und kalter Schweiß steht mir auf der Stirn, während ich auf Taylors Antwort warte.

»Warum hast du das getan?«, will sie wissen und sieht mich mit großen Augen an.

Ihr Blick zerreißt mich innerlich und am liebsten würde ich sie wortlos in meine Arme ziehen, aber das kann ich nicht. »Weil es in diesem Moment für mich keinen Sinn ergeben hat, dass du das hier ...«, ich mache eine ausladende Handbewegung, um ihr Leben in Oxford zu definieren, »... einem Leben an meiner Seite vorziehst.«

»Das tue ich nicht«, sagt Taylor nachdrücklicher als erwartet. »Und das habe ich auch nie getan, Zack. Ich wollte nur einmal weg von zu Hause, vor allem von meinen Eltern. Glaubst du, es ist mir leichtgefallen, dich in deinem entscheidenden Collegejahr allein zu lassen?«

Verzweifelt sieht sie mich an und ich schüttle den Kopf: Nein, das glaube ich nicht.

»Ich habe auf Professor Derksens Schreiben gewartet und das Gespräch mit dir darüber so lange rausgezögert, bis ich wirklich einhundert Prozent sicher sein konnte, angenommen zu werden«, rechtfertigt sie sich. »Ich wollte niemand unnötig beunruhigen.«

»Es hätte mich nicht beunruhigt« erwidere ich. »Vielmehr hätten wir reden können und uns auf das hier einstellen. Hast du mir so wenig vertraut, dass du es mir nicht sagen konntest?«

»Das hatte nichts mit Vertrauen zu tun.«

»Für mich schon«, erwidere ich schärfer als beabsichtigt. »Ich hätte durchaus gern gewusst, dass du in Europa studieren möchtest.«

»Ich weiß«, räumt Taylor ein. »Und es tut mir leid. Ich weiß, dass ich einen großen Fehler gemacht habe.«

Sie steht auf und kommt auf mich zu. Ihre großen Rehaugen sehen mich entschuldigend an. Taylor öffnet den Mund, um etwas zu sagen, und schließt ihn im nächsten Moment wieder.

»Ich kann nicht glauben, dass du nach Oxford gekommen bist«, platzt es schließlich überraschend aus ihr heraus.

Ich lächle und nicke daraufhin. »Als das Flugzeug gelandet ist, habe ich auch endlich realisiert, dass ich hier bin.«

Taylor macht einen weiteren Schritt auf mich zu, sodass ihr Körper fast meinen berührt. So nah waren wir uns seit Monaten nicht und mir wird erneut bewusst, wie sehr ich sie vermisse. Ihr Duft weht mir um die Nase und ich strecke vorsichtig die rechte Hand aus, um ihr eine Haarsträhne hinters Ohr zu streichen. Taylor weicht mir nicht aus, als ich das tue. Im Gegenteil, sie lehnt ihre Wange in meine Handfläche und schmiegt sich daran.

»Mit ziemlich großer Wahrscheinlichkeit werde ich dich hierlassen müssen«, sage ich und sie seufzt leise. »Aber nicht so, wie es momentan ist. Ich will mit dir zusammen sein, Taylor. Was ist schon ein Jahr, wenn wir noch ein ganzes Leben haben?«

Ihr Kopf schnellt noch oben und sie schaut mich mit großen Augen an.

»Oh Shit«, murmle ich. »Habe ich das gerade gesagt?«

Sie kichert und streicht mit ihren Fingern über meine Brust.

»Ein bisschen kitschig für deine Verhältnisse«, stichelt sie und zwinkert mir zu.

»Ich meine dennoch es ernst«, bestätige ich und suche ihren Blick. Vorsichtig nehme ich meine Hand von ihrer Wange, was Taylor für den Bruchteil einer Sekunde einen enttäuschten Laut von sich geben lässt. Doch ich habe keinesfalls vor, mich von Taylor zu lösen. Stattdessen lege ich meine Hände auf ihre Hüften und ziehe sie noch näher an mich.

Ich habe mit dieser Reise alles auf eine Karte gesetzt. Die Notwendigkeit, Taylor zurückzuerobern, steht außer Frage. Mit weniger gebe ich mich nicht zufrieden. Auch wenn ich mittlerweile im vierten Versuch stecke und noch mehr als zehn Yard zu gehen habe. Ein Touchdown für uns fühlt sich aktuell nicht in greifbarer Nähe an. Wir haben noch eine Auszeit, die wir nehmen können. Nach dieser greifen wir wieder gemeinsam an. Ich bin mir sicher, dass wir beide den Touchdown schaffen.

»Ich will mit dir zusammen sein«, stelle ich unmissverständlich klar. »Es war falsch von mir zu glauben, dass meine Träume wichtiger sind als deine. Als du mir gesagt hast, dass du mich ... uns für Oxford aufgeben willst, war ich schlichtweg ratlos und wütend. Ich war enttäuscht und konnte mir nicht vorstellen, dass es für dich etwas Schöneres geben könnte, als an meiner Seite zu sein. Denn ...«, ich mache eine Pause und hole einmal tief Luft, »... für mich gibt es das nicht, Tony.« Sie schmunzelt bei der Benutzung ihres persönlichen Spitznamens. »Ja, Football bedeutet mir eine Menge und ich würde das Spielen zunächst nicht aufgeben, aber in den letzten Wochen habe ich gemerkt, dass mir noch etwas ganz elementar Wichtiges fehlt. Du.«

Taylors Augen füllen sich mit Tränen, was ich nicht bezwecken wollte. Sie zum Weinen zu bringen mit meinem Geständnis war meine allerletzte Intention.

»Zack, ich ...«

»Ich bin noch nicht fertig«, unterbreche ich sie. »Du musst wissen, dass der Football mein Leben bestimmt. Jetzt und hoffentlich in den nächsten zehn bis fünfzehn Jahren. Ich kann verstehen, wenn du das nicht möchtest, weil du dich mir deshalb gegebenenfalls unterordnen musst. Immerhin hast du deine eigenen Vorstellungen und ...«

»Zack!«

»Nein, Taylor«, würge ich sie erneut ab, »lass mich ausreden. Könntest du dir vorstellen, nach diesem Austauschjahr zurückzukommen? Zu mir und ... und mit mir zusammenzuleben in der Stadt, in die es mich nach dem Draft verschlägt?« Ich beende meine Rede und sehe sie aufgeregt an.

»Natürlich kann ich das«, antwortet sie und ich glaube, dass mir ein ganzer Felsbrocken vom Herzen fällt. Ich habe nicht gemerkt, dass ich die letzten Sekunden über die Luft angehalten habe.

»Ich will auch mit dir zusammen sein und ja, ich gehe mit dir – wenn ich dort einen Studienplatz bekomme.«

»Das lässt sich regeln«, antworte ich und zwinkere ihr zu. »Ich liebe dich.« So, nun habe ich es gesagt. Ich liebe sie und das wird sich nicht ändern.

Erneut huscht ein Lächeln über ihre Lippen. Taylor schiebt ihre Hände in meinen Nacken und verschränkt ihre Finger dort miteinander. In dieser Position zwingt sie mich dazu, meinen Kopf nach unten zu beugen. Ihr Atem schlägt mir entgegen und ich nehme ihren blumigen Duft wahr. Verdammt, wie hat mir ihre Nähe gefehlt!

»Ich liebe dich auch«, sagt Taylor und legt ihren Mund auf meinen.

Das erinnert mich an unseren allerersten Kuss, bei dem sie ebenfalls die Initiative ergriffen hat. Ohne zu zögern, erwidere ich den Kuss und ziehe sie ganz fest an mich.